Arbeitsvorgänge in Bibliotheken

Arbeitsvorgänge in Bibliotheken

—

2. Wissenschaftliche Bibliotheken (AVWB) und
Staatliche Bücherei- und Bibliotheksfachstellen (AVBF)

Herausgegeben vom
Berufsverband Information Bibliothek (BIB)
in Zusammenarbeit mit dem
Verein Deutscher Bibliothekarinnen und Bibliothekare (VDB)
sowie dem Deutschen Bibliotheksverband (dbv)

Erarbeitet von
Anke Berghaus-Sprengel, Kirsten Brodmann, Heike Budnitz, Katharina Ebrecht,
Wolfgang Folter, Volker Fritz, Heike Lochner, Petra Mende, Robert Zepf

AVBF erarbeitet von
Jürgen Blim, Volker Fritz, Günter Pflaum

DE GRUYTER
SAUR

Berufsverband Information Bibliothek e.V.

ISBN 978-3-11-108707-8
e-ISBN (PDF) 978-3-11-108717-7
e-ISBN (EPUB) 978-3-11-108759-7
DOI https://doi.org/10.1515/9783111087177

[CC BY-NC-ND]

Dieses Werk ist lizenziert unter einer Creative Commons Namensnennung – Nicht-kommerziell – Keine Bearbeitung 4.0 International Lizenz. Weitere Informationen finden Sie unter https://creativecommons.org/licenses/by-nc-nd/4.0/.

Die Creative Commons-Lizenzbedingungen für die Weiterverwendung gelten nicht für Inhalte (wie Grafiken, Abbildungen, Fotos, Auszüge usw.), die nicht im Original der Open-Access-Publikation enthalten sind. Es kann eine weitere Genehmigung des Rechteinhabers erforderlich sein. Die Verpflichtung zur Recherche und Genehmigung liegt allein bei der Partei, die das Material weiterverwendet.

Library of Congress Control Number: 2023948441

Bibliographic information published by the Deutsche Nationalbibliothek
Die Deutsche Nationalbibliothek verzeichnet diese Publikation in der Deutschen Nationalbibliografie; detaillierte bibliografische Daten sind im Internet über http://dnb.dnb.de abrufbar.

© 2024 bei den Autor:innen, Zusammenstellung © 2024 Berufsverband Information Bibliothek e.V., publiziert von Walter de Gruyter GmbH, Berlin/Boston. Dieses Buch ist als Open-Access-Publikation verfügbar über www.degruyter.com.
Einbandabbildung: Eine große Gruppe von Menschen in Form eines Buches. Weißer Hintergrund, © tai11 / Shutterstock
Satz: bsix information exchange GmbH, Braunschweig
Druck und Bindung: CPI books GmbH, Leck

www.degruyter.com

Inhaltsübersicht

Vorwort des Berufsverbands Information Bibliothek e. V. (BIB) —— IX

Vorwort des Vereins Deutscher Bibliothekarinnen und Bibliothekare e. V. (VDB) —— X

Vorwort des Deutschen Bibliotheksverbands e. V. (dbv) —— XI

Abkürzungsverzeichnis —— XII

I Grundlagen —— **1**
1 Zu diesem Werk —— **1**
    Zielgruppen —— **1**
    Inhalt und Zweck —— **1**
    Was dieses Werk nicht enthält —— **2**
    Beteiligte an dieser Publikation —— **2**
2 Vorgang der Eingruppierung —— **3**
2.1 Drei Arbeitgeber, zwei Tarifverträge —— **3**
2.2 Die Eingruppierungs-Paragrafen in den Tarifverträgen —— **4**
2.3 Drei Entgeltordnungen zu den Tarifverträgen – und eine Richtlinie —— **5**
2.4 Unterschiede bei den Entgeltgruppen in den Entgeltordnungen —— **6**
2.5 Weitere wichtige Texte in den EGO —— **6**
2.6 In den EGO: Die Tätigkeitsmerkmale und die „unbestimmten Rechtsbegriffe" —— **7**
2.7 Hinweise und Erläuterungen zu einzelnen Tätigkeitsmerkmalen —— **8**
2.8 Nichteingruppierungsrelevante Aspekte —— **11**
2.9 Das Eingruppierungsverfahren und Möglichkeiten des eigenen Vorgehens —— **12**
    Anhang —— **12**
3 Stellenbeschreibung und Stellenbewertung —— **16**
    Stellenbeschreibungen —— **16**
    Erfassung von Arbeitsvorgängen —— **17**
    Vorgang der Stellenbewertung —— **17**
4 Berufsbilder —— **21**
    Ausbildung bzw. mittlerer Dienst —— **22**
    Hochschulstudium bzw. gehobener Dienst —— **22**
    Wissenschaftlicher Hochschulabschluss bzw. höherer Dienst —— **23**
5 Arbeit mit den Tabellen der Arbeitsvorgänge —— **25**

II Tabellen der „Arbeitsvorgänge in wissenschaftlichen Bibliotheken" (AVWB) —— **27**
    Nicht in den Tabellen aufgeführte Tätigkeitsbereiche —— **27**
        Leitung —— **27**
        Vertretungstätigkeit —— **28**
        Fachreferat —— **29**
        Übergreifende Kooperationen —— **30**

1 Bestandsaufbau, Erwerbung, Medienbearbeitung (AV 1–96) —— **32**
1.1 Bestandsaufbau: Managementaufgaben, Verträge, Konzeptionen, Etatverteilung, Erwerbungsprofile —— **32**
1.2 Bestellvorgang —— **37**
1.3 Medienzugang —— **39**
1.4 Formalerschließung (Historische Materialien s. a. 1.5) —— **41**
1.5 Erschließung von historischen Materialien und Sonderbeständen —— **44**

1.6	Inhaltliche Erschließung, Sacherschließung	**47**
1.7	Technische Medienbearbeitung	**50**
1.8	Einbandstelle	**50**
1.9	Leitungsfunktionen im Bereich Bestandsaufbau, Erwerbung, Medienbearbeitung	**51**
2	Benutzung (AV 97–138)	**53**
2.1	Medienzirkulation	**53**
2.2	Mahnwesen, Ersatzbearbeitung	**55**
2.3	Fernleihe, Dokumentlieferung	**55**
2.4	Regalordnung, Lesesaal, Magazin, Einstellarbeiten	**57**
2.5	Aufsicht, Auskunft, Support	**57**
2.6	Support spezieller Funktionsbereiche (Lernräume, Medienlabore, etc.)	**59**
2.7	Leitung der Benutzung	**60**
3	IT in der Bibliothek (AV 139–202)	**61**
3.1	Lokalsysteme	**61**
3.2	Discovery-Systeme	**62**
3.3	Verbundbetreuung, lokale und überregionale Services	**63**
3.4	Infrastruktur	**64**
3.5	Sicherheit, Rechtemanagement verschiedene Systeme, Risikoanalysen	**66**
3.6	Arbeitsplatzverwaltung und -einrichtung	**67**
3.7	Digitalisierungsinfrastruktur: Inhouse-Lösungen	**68**
3.8	Texterkennung von retrodigitalisierten Texten	**71**
3.9	Leitung der Bibliotheks-IT	**73**
4	Schulung und Beratung (AV 203–230)	**74**
4.1	Führungen	**74**
4.2	Schulungen und Workshops	**75**
4.3	Beratungen	**76**
4.4	Vorträge	**77**
4.5	Asynchrone Formate	**78**
4.6	Leitung Schulung und Beratung, Übergreifende Tätigkeiten	**78**
5	Öffentlichkeitsarbeit und Kommunikation (AV 231–251)	**80**
5.1	Öffentlichkeitsarbeit	**80**
5.2	Kommunikation	**82**
5.3	Leitung Öffentlichkeitsarbeit und Kommunikation	**82**
6	Forschungsnahe Dienste (AV 252–301)	**84**
6.1	Wissenschaftliches Publizieren	**85**
6.2	Langzeitarchivierung	**86**
6.3	Tätigkeiten im Rahmen von Universitätsverlagen	**86**
6.4	Publikationsinfrastruktur: Softwarelösungen	**87**
6.5	Publikationsunterstützung	**88**
6.6	Fachinformationsdienste	**91**
6.7	Forschungsdatenmanagement	**92**
6.8	Forschungsinformationssysteme (FIS)	**93**
6.9	Digital Humanities, Datendienste	**94**
6.10	Forschungssoftware	**96**
6.11	Patent- und Normdienste	**96**

7	Bau und Einrichtung (AV 302–315) —— **98**	
8	Aus- und Fortbildung (AV 316–326) —— **103**	
9	Verwaltung in der Bibliothek (AV 327–354) —— **108**	
9.1	Allgemeine Verwaltungstätigkeiten —— **108**	
9.2	Personalverwaltung —— **110**	
9.3	Haushalts- und budgetbezogene Verwaltungstätigkeiten —— **111**	
9.4	Rechtsbezogene Verwaltungstätigkeiten —— **112**	
9.5	Statistik und Controlling —— **113**	
9.6	Sekretariat und Assistenz —— **114**	

III Arbeitsvorgänge in staatlichen Bücherei- und Bibliotheksfachstellen (AVBF) —— 115
   Erläuterungen zu den Tätigkeitsbereichen —— **116**
   Tabellen der Arbeitsvorgänge (AV BF 1–BF 70) —— **118**
1 Leitung und Management —— **118**
2 Verwaltung —— **119**
3 Fachberatung —— **120**
4 Aus- und Fortbildung —— **121**
5 Bibliotheks- und Medienpädagogik —— **123**
6 Veranstaltungsangebote und Öffentlichkeitsarbeit —— **125**
7 Bibliotheksförderung —— **126**
8 Medienangebote und Fachbibliothek —— **127**
9 Konsortialaufgaben und Verbünde —— **129**

IV Anhänge —— 130
Entgeltordnung zum TV-L (= Anlage A zum TV-L) —— **130**
   Teil I Allgemeine Tätigkeitsmerkmale für den Verwaltungsdienst —— **130**
   Teil II Tätigkeitsmerkmale für bestimmte Beschäftigtengruppen —— **134**

Tarifvertrag über die Entgeltordnung des Bundes (TV EntgO Bund) – Anlage 1: Entgeltordnung —— **135**
   Teil III Tätigkeitsmerkmale für besondere Beschäftigtengruppen —— **135**
   Teil I Allgemeine Tätigkeitsmerkmale für den Verwaltungsdienst —— **137**

Eingruppierungsrichtlinie für Beschäftigte in Archiven, Bibliotheken, Büchereien, Museen und anderen wissenschaftlichen Anstalten [Bund] —— **138**

Entgeltordnung (VKA) (Anlage 1 zum TVöD) —— **139**
   Teil A Allgemeiner Teil – I. Allgemeine Tätigkeitsmerkmale —— **139**
   Teil B Besonderer Teil – V. Beschäftigte in Bibliotheken, Büchereien, Archiven, Museen und anderen wissenschaftlichen Anstalten —— **141**

Glossar —— **142**

Literatur- und Linkübersicht —— **149**
   Grundlagenliteratur —— **149**
   Textausgaben —— **149**
   Kommentare —— **150**
   Links —— **150**

Vorwort des Berufsverbands Information Bibliothek e. V. (BIB)

Fragen der Eingruppierung beschäftigen Berufsverbände, bibliothekarische Verbände wie auch Personalverantwortliche, Personalvertretungen und Beschäftigte, die in Bibliotheken unter unterschiedlichen Tarifverträgen und Entgeltordnungen tätig sind. Bedeutende Meilensteine konnte die Fachwelt feiern, als die Tätigkeiten von Bibliotheksbeschäftigten nicht mehr in speziellen Teilen beschrieben wurden, sondern nach den allgemeinen Merkmalen für den Verwaltungsdienst (EGO VKA 2017; EGO TV-L 2020). Seitdem wird in Kommunen und Ländern nach diesen allgemeinen Merkmalen eingruppiert.

2020 erschien mit den *Arbeitsvorgänge in Bibliotheken – Teil 1: Öffentliche Bibliotheken (AVÖB)* der erste Band der Neubearbeitung von Arbeitsvorgängen, der sich auf die Entgeltordnung im Bereich TVöD-VKA bezieht. Allerspätestens mit Inkrafttreten der neuen Entgeltordnung (EGO) zum Tarifvertrag für den öffentlichen Dienst der Länder (TV-L) zum Januar 2020 bestand der große Wunsch in der Fachwelt nach einer aktualisierten Fassung der *Arbeitsvorgänge in Wissenschaftlichen Bibliotheken (AVWB)*, deren letzte Ausgabe sich im Jahr 2000 noch auf den Bundes-Angestelltentarifvertrag (BAT) bezogen hatte. Es war also längst an der Zeit für ein aktuelles Arbeitsinstrument. Mit den neuen AVWB liegt nun also der zweite Teil vor. Beide Bände geben damit ein gutes Arbeitsmittel, um Eingruppierungsfragen in Bibliotheken und Informationseinrichtungen betrachten zu können. Zum ersten Mal überhaupt werden in diesem Werk auch die Arbeitsvorgänge in staatlichen Bücherei- und Bibliotheksfachstellen beschrieben.

Seit der Vorgängerpublikation *Arbeitsvorgänge in wissenschaftlichen Bibliotheken* aus dem Jahr 2000 hat sich die Bibliothekslandschaft weiter rasant entwickelt. Die technologischen Fortschritte und die zunehmende Digitalisierung haben die Art und Weise, wie Informationen und Medien gesammelt, verwaltet und bereitgestellt werden, revolutioniert. Auch die Aufgaben in Fachstellen (auch hier wird überwiegend nach EGO TV-L eingruppiert) haben sich wesentlich verändert und unter anderem neben Fachberatung, Bibliotheksentwicklungsplanung, von Leseförderung bis zu *Informationsdiensten* und Förderung regionaler Kooperationen eine ganze Bandbreite von neuen Dienstleistungen im Portfolio.

Der rasante Fortschritt im Bereich der Informations- und Kommunikationstechnologien hat im gesamten Bibliotheks- und Informationssektor eine grundlegende Umgestaltung der Arbeit bewirkt. Diese Veränderungen haben selbstverständlich Auswirkungen auf die Arbeitsvorgänge in der Bibliotheksbranche und damit auf die Eingruppierung der dort tätigen Mitarbeitenden. Dabei umfassen die Aufgabengebiete längst nicht mehr ausschließlich die eher klassischen bibliothekarischen Tätigkeiten, sondern erfordern je nach Aufgabe beispielsweise tiefergehende IT-Kenntnisse, Datenkompetenzen, die Fähigkeit zur innovativen Nutzung neuer Informationsressourcen bis hin zu Grundlagen der Didaktik.

Als Hilfestellung für Beschäftigte und Personalverantwortliche wie auch Personalvertretungen und -verwaltungen sind die Arbeitsvorgänge eine gute Grundlage, um die Zuordnung von Tätigkeitsmerkmalen zu Entgeltgruppen bzw. den Eigenschaften der jeweiligen Arbeitsvorgänge einzuordnen.

Auch für den zweiten Band der Arbeitsvorgänge in Bibliotheken hat eine bibliotheksspartenübergreifende Gruppe von Expert:innen erfolgreich daran gearbeitet, ein Hilfsmittel bereitzustellen, das praxisorientiert bei der Erstellung von Stellenbeschreibungen unterstützen soll. Die Arbeitsgruppe AVWB bestand aus Vertreterinnen und Vertretern des Deutschen Bibliotheksverbands (dbv), des Vereins Deutscher Bibliothekarinnen und Bibliothekare (VDB) sowie des Berufsverbands Information Bibliothek (BIB). Den Teil der Bibliotheksfachstellen betreute zudem eine Arbeitsgruppe, in welcher neben dem BIB auch Beschäftigte aus Fachstellen vertreten waren. Auch im vorliegenden Band 2 hatte die BIB-Kommission für Eingruppierungsberatung (KEB) die Projektleitung inne. Alle Beteiligten waren in intensiver Arbeit – auch unter erschwerten Bedingungen der Covid19-Pandemie – mit enormem Engagement bei der Entstehung des Werks im Ehrenamt beteiligt. Ein besonderer Dank geht an alle Mitwirkenden, die ihre Fachkenntnisse und Erfahrungen in diesen Band eingebracht haben. Ohne ihre wertvollen Beiträge wäre dieses Werk nicht möglich gewesen.

Ist meine Tätigkeitsdarstellung richtig? Ist die Stellenbewertung adäquat? Wir hoffen, dass diese Publikation dazu beiträgt, das Verständnis für die Arbeitsabläufe in Wissenschaftlichen Bibliotheken und Fachstellen zu vertiefen und den Leser:innen wertvolle Einblicke zu vermitteln. Mit den AVWB liegt nun für Beschäftigte, Personalverantwortliche, Personalratsmitglieder und Personalverwaltungen eine umfangreich ausgearbeitete Arbeitshilfe vor. Als Orientierung und Hilfestellung möge sie bei der Erstellung von Tätigkeitsdarstellungen, Stellenbewertungen wie auch für Inhalte zu Stellenausschreibungen dienlich sein.

Dr. Ute Engelkenmeier
Bundesvorsitzende des Berufsverbands Information Bibliothek e. V. (BIB)

Vorwort des Vereins Deutscher Bibliothekarinnen und Bibliothekare e. V. (VDB)

1978 erschienen die *Arbeitsvorgänge in wissenschaftlichen Bibliotheken* (AVWB) als „Beiträge zur Praxis der Beschreibung und Bewertung von bibliothekarischen Arbeitsplätzen nach dem Bundesangestelltentarifvertrag". Grundlegend aktualisiert wurde das Werk 2000. 2023 ist es also 45 Jahre her, dass die AVWB erstmalig zur Unterstützung von Eingruppierungsvorgängen herangezogen werden konnten. 45 Jahre immer schnellerer Digitalisierung und Automatisierung von Arbeitsvorgängen in (wissenschaftlichen) Bibliotheken.

Seit 2020 werden zudem Bibliothekar:innen und Beschäftigte in Bibliotheken, Büchereien und Museen gemäß den allgemeinen Tätigkeitsmerkmalen für den Verwaltungsdienst eingruppiert. Damit sind Entwicklungsperspektiven für Tätigkeiten in Bibliotheken entstanden, die es mit Arbeitsvorgängen und deren Anforderungen zu füllen gilt.

Die Autor:innen dieses Komplementärwerkes zu den 2020 erschienenen AVÖB haben sich im Sommer 2020 vorgenommen, die Arbeitsvorgänge in wissenschaftlichen Bibliotheken umfassend, praxisnah und fachlich korrekt zusammenzutragen und damit einen Leitfaden für die korrekte Erstellung von Stellenbeschreibungen bzw. Eingruppierungsvorlagen vorzulegen.

Das hat lange gedauert. Erst kam Corona, begleitend unterschiedliche Organisationsformen in den Bibliotheken, in denen die Autor:innen tätig sind. Die Digitalisierung der Bestände, der Workflows und der Beschreibungen steigerten die Komplexität und haben die Erarbeitung der AVWB zu einem dreijährigen Projekt gedehnt.

Vollständigkeit wird nicht beansprucht, die Dynamik der Veränderungen von Wissenschaft und Forschung generiert Veränderungen in den Infrastruktureinrichtungen.

Die Idee zu diesem Buch entstand aus dem Anliegen, eine klare Struktur und Transparenz der Beschreibungen von Arbeitsabläufen in wissenschaftlichen Bibliotheken zu erarbeiten. Denn nur die korrekte Beschreibung von verschiedenen Aufgaben und Verantwortlichkeiten in unseren Einrichtungen ermöglicht die Ermittlung einer korrekten Bezahlung der Mitarbeiter:innen.

Dabei haben wir bewusst darauf geachtet, eine praxisnahe und verständliche Darstellung zu bieten.

Das Ziel ist es, mit diesem Buch eine Grundlage zu schaffen, auf der Bibliotheken ihre Arbeitsvorgänge einordnen und die korrekte Eingruppierung ermitteln können. Es soll als Leitfaden dienen und Orientierung bieten, sowohl für Arbeitgeber:innen als auch für Arbeitnehmer:innen. Denn nur wenn wir eine klare Struktur haben, können wir die Qualität unserer Arbeit weiter verbessern und den Herausforderungen der Zukunft erfolgreich begegnen.

An dieser Stelle möchte ich mich bei allen Mitgliedern der Arbeitsgruppe bedanken, die mit ihrem Engagement und ihrer Expertise dieses Buch verantworten. Ihre unterschiedlichen Sichtweisen haben zu einer umfassenden und ausgewogenen Darstellung geführt, die hoffentlich für viele Bibliotheken und Bibliothekar:innen von großem Nutzen sein wird. Dank auch an den Berufsverband BIB für die Initiative und an die Kommission für Eingruppierungsberatung des BIB für profundes Fachwissen, organisatorische Einbettung und Ausdauer.

Anke Berghaus-Sprengel
Vorsitzende des Vereins Deutscher Bibliothekarinnen und Bibliothekare e. V. (VDB)

Vorwort des Deutschen Bibliotheksverbands e. V. (dbv)

Die mehr als 2.000 im Deutschen Bibliotheksverband zusammengeschlossenen Bibliotheken unterscheiden sich hinsichtlich ihrer Aufgaben, ihres öffentlichen bzw. institutionellen Auftrags, ihrer Unterhaltsträger und organisatorischen Rahmenbedingungen. Gemeinsam ist ihnen jedoch, dass der Erfolg ihrer Arbeit von gut ausgebildeten, motivierten und innovativ denkenden und arbeitenden Beschäftigten abhängt.

Die Tätigkeiten der in den Bibliotheken arbeitenden Menschen verändern sich dabei durch die Digitalisierung fast aller Prozesse im Bibliotheksbereich und die digitale Transformation des wissenschaftlichen Publizierens grundlegend: Während die klassischen Aufgabenfelder sich weiter entwickeln, zum Teil an Bedeutung verlieren oder gar obsolet werden, haben sich auf zahlreichen Handlungsfeldern in den vergangenen Jahren neue technologisch getriebene Aufgaben und Prozesse für die Versorgung von Studium, Lehre, Forschung und Transfer herausgebildet.

Die von den Sektionen der öffentlichen und wissenschaftlichen Bibliotheken des Deutschen Bibliotheksverbands 2018 bzw. 2021 erarbeiteten Positionspapiere WB 2025 und ÖB 2025 sowie das ergänzende Positionspapier der Regionalbibliotheken reflektieren diese Veränderungen und beschreiben anschaulich die wichtigsten Zukunftsfelder der Bibliotheken der Gegenwart.

Vor diesem Hintergrund ist die Gewinnung und Qualifizierung von Mitarbeitenden eine zentrale Schlüsselfrage für die Bibliotheksentwicklung der kommenden Jahre. 2022 haben die drei großen deutschen Bibliotheksverbände – dbv, BIB und VDB – daher eine gemeinsame Fachkommission gegründet, mit dem Ziel, die zeitgemäße Wahrnehmung des Berufsbildes in der Öffentlichkeit zu fördern und das Marketing für die Berufsfelder in Bibliotheken und Informationseinrichtungen zu professionalisieren.

Im Wettbewerb mit anderen Sparten und Berufszweigen sind für die Attraktivität des Berufsbildes aber vor allem auch die ökonomischen Rahmenbedingungen entscheidend: Nur wenn es gelingt, jenseits der Sicherheit des Arbeitsplatzes im öffentlichen Dienst auch eine attraktive und gerechte Bezahlung sowie zeitgemäße Entwicklungsmöglichkeiten zu bieten, wird es möglich sein, Menschen für das Berufsbild zu gewinnen und sie im Beruf zu halten.

Die 2017 bzw. 2020 in Kraft getretenen neuen Entgeltordnungen für Bund und Kommunen (TVöD) und Länder (TV-L) haben für die Mitarbeiterinnen und Mitarbeiter in Bibliotheken eine neue Situation geschaffen: Ihre Tätigkeiten sind nun denen in den Verwaltungen gleichgestellt. Nach vielen Jahrzehnten der Sonderregelungen auf der Grundlage des früheren Bundesangestelltentarifs sind nun für die bibliothekarischen Arbeitsvorgänge die Allgemeinen Teile der Entgeltordnungen anzuwenden.

Der vorliegende Band, der für die wissenschaftlichen Bibliotheken das angeht, was seine Schwesterpublikation seit 2020 für die öffentlichen Bibliotheken leistet, wird allen am Eingruppierungsprozess Beteiligten – den Bibliotheksleitungen und Vorgesetzten, den für Personal und Organisation zuständigen Verwaltungen, den Personal- und Betriebsräten, aber last but not least auch den Beschäftigten selbst – eine fachlich fundierte Orientierung bieten, um die bibliotheksspezifischen Tätigkeiten zu beschreiben und durch Anwendung der einschlägigen Tätigkeitsmerkmale den Entgeltgruppen zuzuordnen.

Dabei fasst der vorliegende Band erstmals alle Arbeitsvorgänge bis E 15 in einem Werk zusammen – und trägt damit den erweiterten Entwicklungsmöglichkeiten für die Beschäftigten Rechnung.

Im Namen des Deutschen Bibliotheksverbands danke ich dem Berufsverband Information Bibliothek und seiner Kommission für Eingruppierungsberatung für die Organisation und Steuerung dieses Projekts, dem Verein Deutscher Bibliothekarinnen und Bibliothekare für die intensive Mitarbeit und Unterstützung von Anfang an sowie allen ehrenamtlichen Mitgliedern der Projektgruppe für ihr Engagement, die intensive Arbeit und die konstruktiven Diskussionen im Entstehungsprozess und sowie die Zusammenstellung der Publikation.

Volker Heller
Vorsitzender des Deutschen Bibliotheksverbands e. V. (dbv)

Abkürzungsverzeichnis

AG	Arbeitsgruppe
AL	Arbeitsleistung
ArbSchG	Arbeitsschutzgesetz
ArbZG	Arbeitszeitgesetz
API	Application Programming Interface
AT	Arbeitstabelle
AV	Arbeitsvorgang
AVB	Arbeitsvorgänge in Bibliotheken
AVBF	Arbeitsvorgänge in staatlichen Bücherei- und Bibliotheksfachstellen
AVÖB	Arbeitsvorgänge in öffentlichen Bibliotheken
AVWB	Arbeitsvorgänge in wissenschaftlichen Bibliotheken
AWBD	Arbeitsplatzbewertung für den wissenschaftlichen Bibliotheksdienst
BAG	Bundesarbeitsgericht
BAK	Beschreibung des Aufgabenkreises
BBiG	Berufsbildungsgesetz
BHO	Bundeshaushaltsordnung
BIB	Berufsverband Information Bibliothek e. V.
BKM	Beauftragte der Bundesregierung für Kultur und Medien
BMS	Bibliotheksmanagementsystem
BSI	Bundesamt für Sicherheit in der Informationstechnik
BVA	Bundesverwaltungsamt
CI	Corporate Identity
CIFS	Common Internet File System
DBIS	Datenbank-Informationssystem
DBS	Deutsche Bibliotheksstatistik
dbv	Deutscher Bibliotheksverband e. V.
DDC	Dewey-Dezimalklassifikation
DFG	Deutsche Forschungsgesellschaft
DFN	Deutsches Forschungsnetzwerk
DIN	Deutsche Industrienorm
DINI	Deutsche Initiative für Netzwerkinformation
DNB	Deutsche Nationalbibliothek
DNS	Domain Name System
DOI	Digital Object Identifier
EG	Entgeltgruppe
EGO	Entgeltordnung
ERM	Electronic Resource Management
EZB	Elektronische Zeitschriftenbibliothek
FaMI	Fachangestellte:r für Medien- und Informationsdienste
FAQ	Frequently Asked Questions
FG	Fallgruppe
FID	Fachinformationsdienst
FIS	Forschungsinformationssystem
FRBR	Functional Requirements of Bibliographic Records
GND	Gemeinsame Normdatei, *s. a. Glossar*
GW	Gesamtkatalog der Wiegendrucke
HGrG	Gesetz über die Grundsätze des Haushaltsrechts des Bundes und der Länder
IIIF	International Image Interoperability Framework, *s. a. Glossar*
ISO	International Standards Organization
JArbSchG	Jugendarbeitsschutzgesetz
LDAP	Lightweight Directory Access Protocol
LHO	Landeshaushaltsordnung(en)
LVO	Leihverkehrsordnung
MEI	Music Encoding Initiative
METS	Metadata Encoding & Transmission Standard
MuSchG	Mutterschutzgesetz
NBM	Non-Book-Material / Non-Book-Media

NFDI	Nationale Forschungsdateninfrastruktur
OA	Open Access
OAI	Open Archives Initiative
ÖB	Öffentliche Bibliothek / Bücherei
OCR	Optical Character Recognition
OJS	Open Journal Systems
OMP	Open Monograph Press
ORCID	Open Researcher and Contributor ID
PDA	Patron-Driven Acquisition
PDF	Portable Document Format
PE	Protokollerklärung
PID	Persistent Identifier
PIZ	Patentinformationszentrum
PR	Public Relations
RDA	Resource Description & Access (Regelwerk), *s. a. Glossar*
REST	Representational State Transfer
RFID	Radio Frequency Identification, *s. a. Glossar*
RISM	Répertoire International des Sources Musicales
RNAB	Ressourcenerschließung mit Normdaten in Archiven und Bibliotheken
RVK	Regensburger Verbundklassifikation
SRU	Search/Retrieve via URL
TCP/IP	Transmission Control Protocol/Internet Protocol
TdL	Tarifgemeinschaft deutscher Länder
TDM	Text and Data Mining
TEI	Text Encoding Initiative
TM	Tätigkeitsmerkmal
TV-L	Tarifvertrag für den öffentlichen Dienst der Länder
TVöD	Tarifvertrag für den öffentlichen Dienst
TVöD-Bund	Tarifvertrag für den öffentlichen Dienst im Bereich Bund
TVöD-VKA	Tarifvertrag für den öffentlichen Dienst im Bereich der Vereinigung der kommunalen Arbeitgeberverbände
TVÜ-Länder	Tarifvertrag zur Überleitung der Beschäftigten der Länder in den TV-L und zur Regelung des Übergangsrechts
UrhG	Gesetz über Urheberrecht und verwandte Schutzrechte
URI	Uniform Resource Identifier
URN	Uniform Resource Name
VD 16	Verzeichnis der im deutschen Sprachbereich erschienenen Drucke des 16. Jahrhunderts
VD 17	Verzeichnis der im deutschen Sprachbereich erschienenen Drucke des 17. Jahrhunderts
VD 18	Verzeichnis der im deutschen Sprachbereich erschienenen Drucke des 18. Jahrhunderts
VDB	Verein Deutscher Bibliothekarinnen und Bibliothekare e. V.
VKA	Vereinigung der kommunalen Arbeitgeberverbände
VO	Verordnung
VOB	Vergabe- und Vertragsordnung für Bauleistungen
VOL	Vergabe- und Vertragsordnung für Leistungen
WB	Wissenschaftliche Bibliothek
WLAN	Wireless Local Area Network
ZDB	Zeitschriftendatenbank
ZMV	Verordnung zur barrierefreien Zugänglichmachung von Dokumenten für blinde und sehbehinderte Personen im gerichtlichen Verfahren

I Grundlagen

1 Zu diesem Werk

Wissenschaftliche Bibliotheken haben sich in den vergangenen 30 Jahren massiv verändert. Mit der digitalen Transformation wurden viele neue Angebote entwickelt, und damit verbunden hat sich das Aufgaben- und Tätigkeitsspektrum wissenschaftlicher Bibliotheken stark erweitert. Die dafür erforderlichen Kompetenzen sind so vielfältig, dass in wissenschaftlichen Bibliotheken zunehmend auch Beschäftigte aus anderen Berufsfeldern arbeiten. Klassische hierarchische Denkmuster hinsichtlich der Eingruppierung in Bibliotheken sind durch die Bologna-Reform, die Entgeltordnung und neue Studienabschlüsse aufgebrochen worden, und die Durchlässigkeit zwischen den Qualifikationsebenen hat an Bedeutung gewonnen. Wie können diese Änderungen in die Entgeltgruppen der seit 2020 geltenden Entgeltordnung „übersetzt" werden?

Das vorliegende Werk beschreibt den Arbeitsalltag in wissenschaftlichen Bibliotheken mit seinen zahlreichen Arbeitsvorgängen. Es ist unter Federführung des Berufsverbands Information Bibliothek e. V. (BIB) und Mitwirkung des Vereins Deutscher Bibliothekarinnen und Bibliothekare e. V. (VDB) und des Deutschen Bibliotheksverbands e. V. (dbv) entstanden. Hier ist das Fachwissen von vielen Kolleg:innen aus der Praxis vereint, einerseits von Mitgliedern der Kommission für Eingruppierungsberatung im BIB (KEB) und andererseits von Menschen aus dem aktiven Berufsleben, die sich mit Arbeitsvorgängen in wissenschaftlichen Bibliotheken seit Jahren befassen.

Zielgruppen

Das Werk richtet sich an:
- Beschäftigte in wissenschaftlichen Bibliotheken im Bereich Bund und Länder, unabhängig von Tätigkeit oder Ausbildung, die ihre Eingruppierung im Gefüge der Entgeltordnung des TV-L / TVöD-Bund überprüfen oder eine Stellenbeschreibung erstellen bzw. aktualisieren
- Beschäftigte in staatlichen Bücherei- und Bibliotheksfachstellen und Büchereizentralen
- Personen in Leitungsfunktionen wissenschaftlicher Bibliotheken, die für ihre Beschäftigten Stellenbeschreibungen erstellen
- Beschäftigte in den zuständigen Organisationseinheiten wie Personalabteilungen sowie übergeordneten Institutionen oder Beratungsfirmen, die mit Stellenbewertung oder Eingruppierung von Beschäftigten in wissenschaftlichen Bibliotheken befasst sind
- Mitglieder von Personalvertretungen, die sich mit diesen Themen beschäftigen

Inhalt und Zweck

Das vorliegende Werk ersetzt die Vorgängerwerke AVWB[1] und AWBD[2]. Die Tabellen listen umfassend die Arbeitsvorgänge in wissenschaftlichen Bibliotheken sowie die entsprechenden Anforderungen und Tätigkeitsmerkmale auf. Dabei liegt der Schwerpunkt auf Tätigkeiten, die eine bibliotheksspezifische Ausbildung oder ein entsprechendes Studium erfordern. Als praxisorientiertes Handbuch vermittelt es Grundlagenwissen zum Thema Eingruppierung und gibt Orientierung sowohl bei Stellenbeschreibungen als auch bei Stellenbewertungen.

Erstmals werden in dieser Publikation im Teil III. auch Arbeitsvorgänge für die Beschäftigten in staatlichen Bücherei- und Bibliotheksfachstellen aufgeführt und den entsprechenden Entgeltgruppen der Entgeltordnung der Länder und auch derjenigen der Kommunen zugeordnet. Das Arbeitsverhältnis des überwiegenden Teils der Fachstellenbeschäftig-

---

[1] Arbeitsvorgänge in wissenschaftlichen Bibliotheken (AVWB): Beschreibung und Bewertung nach dem Bundes-Angestelltentarifvertrag (BAT). Berlin 2000.
[2] Arbeitsplatzbewertung für den wissenschaftlichen Bibliotheksdienst (AWBD): Beiträge zur Beschreibung und Bewertung von Arbeitsplätzen nach den Vergütungsgruppen IIa bis I des Bundes-Angestelltentarifvertrages (BAT). Berlin 1997.

ten richtet sich nach dem TV-L, aber auch nach dem TVöD-VKA (z. B. bei der Büchereizentrale Schleswig-Holstein). Bisher gab es für sie kein vergleichbares Werk. Obwohl die Fachstellen eher dem Bereich Öffentliche Bibliotheken zuzuordnen sind, ist die Aufnahme in diesen zweiten Band der Arbeitsvorgänge in Bibliotheken bewusst geschehen, da hier – wie bei den meisten wissenschaftlichen Bibliotheken auch – überwiegend der TV-L relevant ist.

Ein Glossar, ein Abkürzungs- und annotiertes Literaturverzeichnis runden das Werk ab.

Was dieses Werk nicht enthält

Es war nicht die Absicht der Arbeitsgruppe, eine weitere Publikation zu den Grundlagen der Eingruppierung zu erarbeiten, sondern praxisorientiert ein Handbuch zur Verfügung zu stellen, das sowohl bei der Erstellung von Stellenbeschreibungen als auch bei der Stellenbewertung zurate gezogen wird.

Dieses Werk enthält keine Musterstellenbeschreibungen, da jede Stelle individuell zu beschreiben ist.

Nicht umfassend aufgeführt sind Tätigkeiten, für die die Entgeltordnung eigene Abschnitte vorsieht. Beispiele hierfür sind Informatiker:innen (eigene Entgeltordnung, sofern sie nicht in den Bereich der Bibliothekstätigkeiten fallen), Mediengestalter:innen, Fahrer:innen, Restaurator:innen und Reinigungskräfte.

Verwaltungstätigkeiten werden in Bibliotheken sowohl von Fachangestellten für Medien- und Informationsdienste und von Absolvent:innen informationswissenschaftlicher Studiengänge als auch von Verwaltungsangestellten ausgeübt. In *9. Verwaltung in der Bibliothek* werden jedoch nur solche Arbeitsvorgänge genannt, die häufig in Bibliotheken vorkommen und eingruppierungsrelevant sein können.

Alle Angaben in dieser Publikation beziehen sich auf die in den Entgeltordnungen TV-L und TVöD-Bund aufgeführten Entgeltgruppen und Tätigkeitsmerkmale. Nicht berücksichtigt werden gesondert beschlossene Tarifverträge wie z. B. der Tarifvertrag des Landes Hessen.

Hinsichtlich gendergerechter Sprache hat sich die Arbeitsgruppe darauf verständigt, geschlechtsneutrale Begriffe (zum Beispiel „Beschäftigte") und dort, wo dies nicht möglich war, die derzeit üblichen Konventionen anzuwenden.

Beteiligte an dieser Publikation

Die Autor:innen sind Mitarbeiter:innen verschiedener Bibliothekstypen und gleichzeitig Verbandsvertreter:innen von BIB, dbv und VDB sowie Mitglieder der Kommission für Eingruppierungsberatung (KEB) im BIB.

Koordiniert von Wolfgang Folter, der im Zuge der Erarbeitung auch Kapitel I.2 über den Vorgang der Eingruppierung unter Berücksichtigung der neuen Entgeltordnungen der letzten Jahre neu erarbeitet hat, hat die Arbeitsgruppe die Zahl der Arbeitsvorgänge gegenüber früheren Fassungen von AVWB und AWBD deutlich erhöht und an neue Gegebenheiten angepasst. Dank geht bezüglich nachgenutzter Tabellen an die Kolleg:innen der Universitäts- und Landesbibliothek Bremen für Arbeitsvorgänge im Bereich Erwerbung und Formalerschließung, an Jürgen Bley für die Bewertungskriterien im Geschäftsbereich der BKM und an die Autor:innen der AVÖB und der genannten Vorgängerversionen AVWB und AWBD. Den *Teil III. Arbeitsvorgänge in staatlichen Bücherei- und Bibliotheksfachstellen* haben Jürgen Blim, Volker Fritz und Günter Pflaum erarbeitet.

Die breite Kompetenzverteilung der Autor:innen hatte zur Konsequenz, dass im Redaktionsteam sehr viele Grundsatzdebatten über die Verschiedenheiten von Bibliothekstypen, die Relevanz klassischer Berufsbilder und die Verortung von Quereinsteiger-Qualifikationen geführt wurden. Vor dem Hintergrund der außerordentlich großen Diversifizierung der Berufsbilder von in Bibliotheken tätigen Menschen besteht jedoch große Einigkeit im Redaktionsteam darüber, dass Tätigkeiten in Bibliotheken hochgradig dynamisch in stetiger Veränderung begriffen sind und dass es daher heutzutage nicht mehr Ziel einer solchen Publikation sein kann, alle Arbeitsvorgänge, die in Bibliotheken vorkommen, abzubilden.

Die Menge der hier zusammengetragenen Arbeitsvorgänge gibt aber genügend Hinweise, wie mit neuen Aufgaben in Bezug auf die Eingruppierung umzugehen ist.

2 Vorgang der Eingruppierung

In diesem Werk geht es um wissenschaftliche Bibliotheken, sie fallen in aller Regel unter die Tarifverträge der Länder und des Bundes. Deshalb beschränkt sich auch dieses Kapitel weitestgehend auf diese beiden Arbeitgeber. Die Situation bei den Kommunen wird der Vollständigkeit halber kurz dargestellt. Die vollständigen Entgeltordnungen (bzgl. Bibliotheks-Eingruppierung) von Ländern, Bund und Kommunen sind unter *IV. Anhänge* abgedruckt.

In diesem Kapitel grundsätzlich verwendete Abkürzungen:

EG = Entgeltgruppe(n) / FG = Fallgruppe(n) (der EG), EGO = Entgeltordnung(en), RL = Richtlinie (des Bundes; s. u. 2.3), TM = Tätigkeitsmerkmal(e), TV = Tarifvertrag

2.1 Drei Arbeitgeber, zwei Tarifverträge

Eine Eingruppierung hängt zuerst davon ab, welcher Tarifvertrag (TV) und welche Entgeltordnung (EGO) für die/den Beschäftigten gelten, denn bei den drei großen öffentlichen Arbeitgebern gibt es unterschiedliche Regelungen.

Für Einrichtungen der Bundesländer (ausgenommen Hessen, s. u.) gilt der *Tarifvertrag für den öffentlichen Dienst der Länder (TV-L)*, abgeschlossen zwischen den Gewerkschaften und dem Arbeitgeberverband „Tarifgemeinschaft deutscher Länder (TdL)".

Der Arbeitgeber Bund und die deutschen Kommunen haben grundsätzlich den gemeinsamen *Tarifvertrag für den öffentlichen Dienst (TVöD)* mit den Gewerkschaften vereinbart – meist kurz und inoffiziell bezeichnet als „TVöD-Bund" oder „TVöD-VKA" (letztere Abkürzung, weil er mit dem Arbeitgeberverband „Vereinigung der kommunalen Arbeitgeberverbände (VKA)" abgeschlossen worden ist). Beim TVöD ist zu beachten, dass es einzelne Paragrafen in jeweils zwei unterschiedlichen Fassungen gibt, gerade zum Beispiel bei der Eingruppierung: „§ 12 (Bund)" und „§ 12 (VKA)". Aber auch, wenn dies nicht der Fall ist, finden sich in den Texten der Paragrafen oft Unterschiede zwischen Bund und Kommunen. Der (auch in diesem Kapitel) meist nur TVöD genannte Tarifvertrag ist offiziell der „Allgemeine Teil" (AT) und beinhaltet, wie der TV-L, die – in beiden TV größtenteils identisch betitelten – §§ 1–39.

Für bestimmte Beschäftigte bzw. Bereiche gibt es zahlreiche „Sonderregelungen". Im TV-L schließen sich diese mit § 40 ff. direkt an (so auch § 40: Sonderregelungen für Beschäftigte an Hochschulen und Forschungseinrichtungen). Beim TVöD gibt es einen eigenen *TVöD – Besonderer Teil Verwaltung – (BT-V)*, mit fünf Paragrafen für alle Beschäftigten sowie den Abschnitten „Sonderregelungen (Bund)" und „Sonderregelungen (VKA)" für bestimmte Verwaltungsbereiche.

(Für die Kommunen gibt es noch fünf weitere „Besondere Teile", z. B. für Krankenhäuser oder Sparkassen. Auf der Homepage der VKA sind nur sogenannte „Durchgeschriebene Fassungen" veröffentlicht, in denen der Allgemeine und jeweils einer dieser sechs Besonderen Teile zusammen in einem Text integriert sind (z. B. durch zusätzliche Absatzbezeichnungen). Für Bibliotheken ist nur der „TVöD-V" relevant, die integrierte Fassung von TVöD-AT plus dem Besonderen Teil Verwaltung. Die originalen Fassungen von TVöD-AT sowie BT-V sind nur auf der Homepage des Bundes zu finden.)

Im öffentlichen Dienst gelten noch viele andere TV – entweder für Gruppen (wie z. B. Auszubildende oder Ärzte) oder zu Einzelthemen (wie z. B. Altersversorgung oder Corona). Aber alle diese Regelwerke spielen für die AVWB keine Rolle.

Wichtig sind jedoch die Tarifverträge „zur Überleitung der Beschäftigten der Länder / des Bundes / der kommunalen Arbeitgeber in den TV-L / TVöD und zur Regelung des Übergangsrechts (TVÜ-Länder / TVÜ-Bund / TVÜ-VKA)". Sie wurden für die Regelungen zum Übergang in die neuen TVöD/TV-L in 2005/06 geschaffen und haben für viele damalige Beschäftigte noch heute eine Relevanz. Im Lauf der Jahre wurden in diese TVÜ dann auch die Vorschriften zu den jeweiligen Überleitungen in neue Entgeltordnungen der drei Arbeitgeber aufgenommen, auch diese sind für viele Beschäftigte noch wichtig. – (Zum TV EntgO Bund s. u. 2.3.)

Auch zahlreiche andere Arbeitgeber, u. a. die großen Wissenschafts- und Forschungseinrichtungen, wenden ebenfalls TV-L oder TVöD-Bund und deren EGO an.

Hessen ist als einziges Land kein Mitglied der TdL. Für Bibliotheken im hessischen Landesdienst sind drei relevante TV zu nennen:
- Tarifvertrag für den öffentlichen Dienst des Landes Hessen (TV-H)
- Tarifvertrag für die Johann-Wolfgang-Goethe-Universität Frankfurt am Main (TV-G-U)
- Tarifvertrag für die Technische Universität Darmstadt (TV-TU Darmstadt)

mit jeweils eigenen EGO. Sie unterscheiden sich an einzelnen Stellen sprachlich vom TV-L und natürlich in ihren Bezugnahmen auf andere Regelungen, nicht jedoch bei den bibliothekarischen Eingruppierungen. Ausnahme: In all diesen hessischen TV ist die Stufe 1 der Entgelttabelle in allen Entgeltgruppen (EG) in zwei Stufen geplittet (1a, 1b) und es gibt in Hessen eine EG 16.

2.2 Die Eingruppierungs-Paragrafen in den Tarifverträgen

Jede Eingruppierung erfolgt durch ein rechtlich geregeltes Verfahren. Ausgangspunkt ist „§ 12 – Eingruppierung" im jeweiligen TV, in diesem sind die rechtlichen Regelungen für eine Eingruppierung zu finden. In der „Übersicht 1: § 12 TV-L – Eingruppierung: Text mit Verständnishilfen" (im Anhang zu diesem Kapitel) ist in der linken Spalte der vollständige Text des § 12 TV-L enthalten, Kursivdruck soll die Lektüre erleichtern. In Zwischenzeilen und in der rechten Spalte gibt es – Satz für Satz – zusätzliche Lese- und Verständnishilfen, bitte unbedingt durchlesen!

(Die Fassung des § 12 TVöD (Bund wie VKA) unterscheidet sich von der des TV-L lediglich dadurch, dass er im TVöD aus drei Absätzen besteht, weil die Sätze 3–8 des § 12 Absatz 1 TV-L im TVöD einen eigenen Absatz 2 mit den Sätzen 1–6 bilden, wodurch sich natürlich auch die Bezugnahmen auf die Satzziffern ändern.)

Als wichtigste Punkte des § 12 seien nochmals herausgehoben:
- Eine Eingruppierung erfolgt immer aufgrund der „auszuübenden", also der vom Arbeitgeber übertragenen, Tätigkeit. (Wenn sich diese – wie in der Praxis so oft – „schleichend" ändert, wenn „immer mehr dazukommt", sollte eine geänderte Tätigkeitsbeschreibung verlangt werden!)
- Zugrunde liegen *Arbeitsvorgänge* (in einer Tätigkeitsbeschreibung) – das sind *Arbeitsleistungen ... die ... zu einem ... abgrenzbaren Arbeitsergebnis führen.*
- Die Arbeitsvorgänge sind anhand der *Tätigkeitsmerkmale* in der EGO zu prüfen.
- Die Eingruppierung bzw. die Entgeltgruppe richten sich schließlich danach, welche(s) TM (welcher EG) von mindestens der Hälfte der Arbeitsvorgänge erfüllt wird.

Neben diesem § 12 zählen zu den juristischen Regelungen einer Eingruppierung die Tätigkeitsmerkmale und weitere Texte in den Entgeltordnungen, s. u. 2.5 und 2.6.

Voraussetzung jeder Eingruppierung ist eine Tätigkeitsbeschreibung. Eine den TV-Vorschriften entsprechende Eingruppierung erfordert zwingend die Erstellung einer Tätigkeitsbeschreibung, wenn auch in der Praxis veraltete oder nicht vorhandene Beschreibungen viel zu oft vorkommen.

Um den Anforderungen des § 12 zu genügen (s. o.), muss die Gesamttätigkeit einer/s Beschäftigten in *Arbeitsvorgänge* gegliedert werden. Diese werden in einer *Tätigkeitsbeschreibung* dargestellt (hierfür gibt es viele unterschiedliche Begriffe: Stellen-, Arbeitsplatz-Beschreibung, Tätigkeitsdarstellung, Berlin: BAK usw.). Eigentlich ist das Erstellen dieser Beschreibung Aufgabe der/s Vorgesetzten, oft wird aber auch die/der Beschäftigte um Zuarbeit gebeten.

Dann wird die Tätigkeitsbeschreibung von Bewerter:innen beurteilt – dies ist in aller Regel die personalbearbeitende Stelle des Arbeitgebers bzw. der Institution (Personalabteilung/-verwaltung/-amt/-stelle), manchmal werden auch externe Dienstleister oder Firmen hiermit beauftragt. Diese bewerten die Arbeitsvorgänge anhand der Tätigkeitsmerkmale der EGO und gelangen so zu einer Bewertung mit einer EG. – Ausführlich wird dieses Thema in *1.3 Stellenbeschreibung und Stellenbewertung* behandelt.

Zwei weitere Paragrafen in den TV betreffen Sonderfälle des Themas Eingruppierung (in TV-L und TVöD nicht sprachlich, aber inhaltlich identisch). In § 13 „Eingruppierung in besonderen Fällen" geht es um sogenannte „zugewachsene Tätigkeiten":

„Ist der/dem Beschäftigten eine andere, höherwertige Tätigkeit nicht übertragen worden, hat sich aber die ihr/ihm übertragene Tätigkeit (§ 12 Absatz 1 Satz 3) nicht nur vorübergehend derart geändert, dass sie den Tätigkeitsmerkmalen einer höheren als ihrer/seiner bisherigen Entgeltgruppe entspricht (§ 12 Absatz 1 Satz 4 bis 8), und hat die/der Beschäftigte die höherwertige Tätigkeit ununterbrochen sechs Monate lang ausgeübt, ist sie/er mit Beginn des darauffolgenden Kalendermonats in der höheren Entgeltgruppe eingruppiert. Für die zurückliegenden sechs Kalendermonate gilt § 14 sinngemäß." Dieser Paragraf ist für die Fälle gedacht, bei denen sich zwar nicht die übertragene Tätigkeit geändert hat, aber die Anforderungen bei dieser Tätigkeit höher geworden sind, z. B. durch Einflüsse von außen.

In § 14 Absatz 1 ist die „Vorübergehende Übertragung einer höherwertigen Tätigkeit" geregelt:

„Wird Beschäftigten vorübergehend eine andere Tätigkeit übertragen, die den Tätigkeitsmerkmalen einer höheren Entgeltgruppe entspricht, und wurde diese Tätigkeit mindestens einen Monat ausgeübt, erhalten sie für die Dauer der Ausübung eine persönliche Zulage rückwirkend ab dem ersten Tag der Übertragung der Tätigkeit."

Allerdings ist die Höhe der Zulage (Absatz 3) zwischen beiden TV unterschiedlich geregelt.

2.3 Drei Entgeltordnungen zu den Tarifverträgen – und eine Richtlinie

Für die inhaltliche Bestimmung jeder Eingruppierung spielen die „Entgeltordnungen", die zu den TV gehören, die entscheidende Rolle. Für den Länderbereich stellt die *Entgeltordnung zum TV-L* die Anlage A zum TV-L dar, bei den Kommunen die *Entgeltordnung (VKA)* die Anlage 1 zum TVöD. Der Bund ging einen etwas anderen Weg: Er hing seine Entgeltordnung nicht dem TVöD an, sondern schuf hierfür einen weiteren eigenen Tarifvertrag, den *Tarifvertrag über die Entgeltordnung des Bundes (TV EntgO Bund)*.

Die drei EGO sind verschieden strukturiert, sortiert und nummeriert (glücklicherweise hat es die/der „normale" Beschäftigte ja nur mit der eigenen EGO zu tun …). Es gibt „Teile" und innerhalb dieser dann „Abschnitte", evtl. noch „Ziffern".

Für Bibliotheksbeschäftigte gibt es auf den ersten Blick jeweils einen eigenen „Titel":
– In der TV-L-EGO im „Teil II Tätigkeitsmerkmale für bestimmte Beschäftigtengruppen" den Abschnitt „1. Beschäftigte in Archiven, Bibliotheken, Büchereien und Museen"
– In der EGO des Bundes im „Teil III Tätigkeitsmerkmale für besondere Beschäftigtengruppen" den Abschnitt „2. Beschäftigte in Archiven, Bibliotheken, Büchereien, Museen und anderen wissenschaftlichen Anstalten"
– In der EGO des TVöD-VKA im „Teil B Besonderer Teil" den Abschnitt „V. Beschäftigte in Bibliotheken, Büchereien, Archiven, Museen und anderen wissenschaftlichen Anstalten".

Jahrzehntelang (im TV-L noch bis 2019) wurden Bibliotheksbeschäftigte nach formalen Kriterien und „speziellen TM" eingruppiert, es ging – zumindest in den oberen EG – um Kriterien wie Größe des Bibliotheksbestandes, Ausleihzahlen, Unterstellungsverhältnisse, bestimmte Positionen usw. Und: die höchste Eingruppierung war (nach heutigen Maßstäben) EG 10! Seit (mindestens) 1971 wurde dagegen protestiert und Anfang 1993 haben Gewerkschaften und Berufsverbände gefordert, auch Bibliotheksbeschäftigte nach inhaltlichen Kriterien, nämlich nach den „Allgemeinen Tätigkeitsmerkmalen" bzw. dem „Allgemeinen Teil" der Entgeltordnung, einzugruppieren.

Es hat 30 bzw. 50 Jahre gedauert, aber die Kommunen (ab 1.1.2017) und die Länder (ab 1.1.2020) kamen dieser jahrzehntelang erhobenen Forderung nach. Das bedeutet:
– In der TV-L-EGO steht im eben erwähnten Abschnitt II.1 unter der Überschrift jetzt nur noch der Satz „Es findet Teil I Anwendung" – nämlich „Teil I Allgemeine Tätigkeitsmerkmale für den Verwaltungsdienst" und
– In der VKA-EGO heißt es im eben erwähnten Abschnitt B.V unter der Überschrift jetzt nur noch „Es finden die Allgemeinen Tätigkeitsmerkmale des Teils A Abschnitt I Ziffer 3 Anwendung", das ist im „Teil A Allgemeiner Teil", Abschnitt „I. Allgemeine Tätigkeitsmerkmale" die Ziffer „3. Entgeltgruppen 2 bis 12 (Büro-, Buchhalterei-, sonstiger Innendienst und Außendienst)".

Dies sind seitdem bei Ländern und Kommunen die für Bibliotheksbeschäftigte relevanten TM.

Lediglich der Bund bleibt bis heute dabei, in seinem oben erwähnten EGO-Abschnitt III.2 spezielle TM für Bibliotheksbeschäftigte aufzuführen, wenn auch unter weitgehender Verwendung der Begrifflichkeiten aus seinem „Teil I Allgemeine Tätigkeitsmerkmale für den Verwaltungsdienst". Dadurch (und auch durch tarifpolitische Entscheidungen der Arbeitgeber) sind im Laufe der TVöD- und TV-L-Jahre Defizite und Ungleichheiten zwischen den Bibliotheks-Eingruppierungen in den drei EGO eingetreten, die eingruppierungsrelevant und bei der Anwendung der vorliegenden AVWB zu beachten sind (s. u. 2.4).

Beim Bund wurde wegen dieser Defizite und Ungleichheiten am 23. November 2022 eine *Eingruppierungsrichtlinie für Beschäftigte in Archiven, Bibliotheken, Büchereien, Museen und anderen wissenschaftlichen Anstalten* erlassen. Durch diesen Erlass wurden – gegenüber TV-L und VKA-EGO fehlende – Eingruppierungen auch beim Bund möglich. Aber: Diese Richtlinie (RL) gilt nur, wenn der einzelne Arbeitgeber sie auch anwendet (was wohl auch heißt, dass er das Geld und die Stellen für solche Eingruppierungen hat). Und: Da diese RL einseitig vom Arbeitgeber stammt und nicht in einem Tarifvertrag vereinbart ist, ist deren Anwendung für die Beschäftigten auch nicht einklagbar!

In TV-L und TVöD gibt es jeweils 17 EG (1–8, 9a/b/c, 10–15), jede hat sechs Erfahrungsstufen (Abweichungen in Hessen, s. o. in 2.1). In einer EGO sind alle EG mit den zugehörigen TM aufgeführt – mal aufsteigend, mal absteigend geordnet. Gibt es innerhalb einer EG mehrere „Fälle", ist diese EG durch nummerierte *Fallgruppen* (FG) untergliedert.

2.4 Unterschiede bei den Entgeltgruppen in den Entgeltordnungen

Einige Eingruppierungsmöglichkeiten in den Entgeltordnungen unterscheiden sich zwischen Ländern und Bund (sowie Kommunen). Wie oben schon erwähnt, wird nach der EGO des TV-L auf Bibliotheksbeschäftigte der Teil I der EGO („Allgemeine Tätigkeitsmerkmale für den Verwaltungsdienst") angewendet, für Anwendungsfälle der EGO des TV EntgO Bund gilt hingegen der Abschnitt „III.2. Beschäftigte in Archiven, Bibliotheken, Büchereien, Museen und anderen wissenschaftlichen Anstalten".

- Im TV-L gibt es generell keine EG 9c und in den „Allgemeinen TM" keine EG 7 (der Text der EG 9c von VKA und Bund findet sich im TV-L als FG 1 der EG 9b)!
- Im TV EntgO Bund gibt es für Bibliotheksbeschäftigte keine EG 7 und keine 9a sowie keine zweite FG in EG 4 und 9b.

Zwei weitere wichtige Unterschiede bestehen zudem darin, dass

- nach TV-L (und VKA-EGO) in der EG 6 nur „gründliche und vielseitige Fachkenntnisse" erforderlich sind, während beim Bund für die EG 6 zusätzlich „1/4 selbständige Leistungen" verlangt werden,
- und dass „gründliche und vielseitige Fachkenntnisse + selbständige Leistungen" (also mind. 50 %) nach TV-L (und VKA-EGO) in EG 9a führen und beim Bund nur in die EG 8.

Diese Unterschiede sind auch bei der Benutzung der Tabellen der Arbeitsvorgänge in dieser AVWB zu beachten und deshalb in den Tabellen jeweils angegeben.

Im Anhang zu diesem Kapitel in der „Übersicht 2: Alle Tätigkeitsmerkmale (Bibl.) und ihr Vorkommen in den Entgeltordnungen" findet sich in den rechten Spalten die Angabe, in welchen EG diese vorkommen, beim Bund ist differenziert nach „TV" (= EGO des TV EntgO Bund) und „RL" (= Eingruppierungsrichtlinie). Die Schreibweise z. B. „9b/2" bedeutet EG 9b FG 2.

2.5 Weitere wichtige Texte in den EGO

Zu den juristischen Eingruppierungsregelungen zählen – neben § 12 TV-L/TVöD und den Tätigkeitsmerkmalen – weitere wichtige Texte in den Entgeltordnungen:

Vorbemerkungen: Der EGO vorangestellt sind im TV-L *Vorbemerkungen zu allen Teilen der Entgeltordnung*, im TVöD-VKA *Grundsätzliche Eingruppierungsregelungen (Vorbemerkungen)*. Beim TV EntgO Bund finden sich inhaltlich entsprechende Regelungen insbesondere in den §§ 1–14. In allen drei EGO gibt es zudem oft auch noch „Vorbemerkungen" zu Beginn eines Teils oder sogar speziellen Abschnitts.

Klammerzusätze: Mit „Klammerzusätze" werden erläuternde Texte bezeichnet, die direkt hinter einem TM in Klammern eingefügt sind (z. B. in den Allgemeinen TM der VKA-EGO).

Protokollerklärungen (PE): Dies sind nummerierte weitere erläuternde Texte, die einem Abschnitt in der EGO gesammelt nachgestellt sind. Am Ende des Textes eines TM steht dann z. B. „(Hierzu Protokollerklärung Nr. 2)", alle PE finden sich am Ende des Abschnitts, hinter der letzten EG.

Leider ist es so, dass sich (oft völlig identische) Regelungen z. B. in der einen EGO in den generellen Vorbemerkungen finden, während sie in einer anderen EGO als PE auftauchen (bzw. beim Bund in einem Paragrafen) oder in einem Klammerzusatz. Das ist bei der Lektüre mühsam, aber alle diese drei bislang genannten Arten von Texten sind integrale – und somit justiziable – Bestandteile der EGO und damit des TV, sie sind also genauso strikt zu beachten wie die TM selbst!

Übrigens finden sich unter diesen Texten z. B. auch Regelungen zu DDR-Abschlüssen, zu Unterstellungsverhältnissen und Vertretungen, aber auch zu den Definitionen der Abschlüsse „Berufsausbildung, Hochschulbildung, Wissenschaftliche Hochschulbildung" und zur „Absenkung" (um eine EG, wenn kein Ausbildungsabschluss vorhanden), s. u. 2.7.

Eine vierte Kategorie sind die *Niederschriftserklärungen*, diese gelten nicht als Bestandteil des TV. Sie stellen zwischen Gewerkschaften und Arbeitgebern gemeinsam formulierte „Interpretationsverständigungen" (oder auch Beispiele u. ä.) zu einzelnen Teilen, Abschnitten, Paragrafen oder PE dar. Sie finden sich meist ganz am Ende des TV oder auch einer EGO, sind allerdings des Öfteren in Internet-Fassungen oder in Büchern nicht enthalten.

2.6 In den EGO: Die Tätigkeitsmerkmale und die „unbestimmten Rechtsbegriffe"

Den Hauptinhalt in einer EGO stellen die sogenannten *Tätigkeitsmerkmale* (TM) dar, deren Anforderungen nach § 12 TV-L/TVöD die eigene Tätigkeit „erfüllen" muss. Im Grunde gibt es zwei Arten von TM:

Nach § 12 TV-L/TVöD ist nach der auszuübenden Tätigkeit einzugruppieren, nicht nach einem persönlich erreichten Abschluss. Dies ist die Grundlage für den „Tätigkeitsstrang" in den EGO, in dessen Rahmen es in jeder EG eine Fallgruppe gibt, definiert durch „unbestimmte Rechtsbegriffe" (s. u.). Somit sind die Allgemeinen TM theoretisch von EG 2 bis EG 15 durchlässig, ohne jemals das Erfordernis irgendeiner abgeschlossenen Ausbildung erfüllen zu müssen.

In § 12 TV-L/TVöD gibt es außerdem die Regelung „Ist in einem Tätigkeitsmerkmal als Anforderung eine Voraussetzung in der Person der/des Beschäftigten bestimmt, muss auch diese Anforderung erfüllt sein." In den neueren EGO ist – jeweils als Alternative – auch ein „Ausbildungsstrang" eingeführt worden, mit den Ebenen „(Berufs-) Ausbildung, Hochschulbildung, Wissenschaftliche Hochschulbildung – mit entsprechender Tätigkeit". Aber es gibt in jeder EG unverändert immer auch eine Möglichkeit der Eingruppierung ohne diesen Ausbildungsabschluss.

Von der geforderten Ausbildung (und in EG 13–15 der Anzahl von Unterstellten) abgesehen, gelten für Bibliotheksbeschäftigte inzwischen keine zwingend formalen Kriterien mehr für die Eingruppierung, sondern hauptsächlich solche, die sich an der Tätigkeit orientieren. Was die Eingruppierung nicht unbedingt einfacher macht, denn die inhaltlichen Kriterien für die Bewertung einer konkreten Tätigkeit sind durch unkonkrete Tätigkeitsmerkmale geregelt, nämlich durch „unbestimmte Rechtsbegriffe".

Solche unbestimmten Rechtsbegriffe sind uns geläufig z. B. durch Formulierungen wie „Treu und Glauben, grob fahrlässig, wichtiger Grund, öffentliches Interesse" etc. Der Rechtsbegriff ist unbestimmt – aber er ist justiziabel und durchaus der Auslegung im Einzelfall durch ein Gericht unterworfen (s. a. u. 2.9).

Zu bedenken ist, dass sich zu diesen unbestimmten Rechtsbegriffen in den „Allgemeinen TM" (die es für den Bereich des „Bürodienstes" ja schon seit vielen Jahrzehnten gibt) eine Rechtsprechung zur Interpretation bzw. Auslegung dieser Begriffe entwickelt hat (wenn auch nur höchst selten zu konkreten Tätigkeiten in Bibliotheken, aber die Urteile sind oft allgemein gehalten und daher gut übertragbar).

Die für Bibliotheksbeschäftigte infrage kommenden unbestimmten Rechtsbegriffe sind (s. a. „Übersicht 2: Alle Tätigkeitsmerkmale (Bibl.) und ihr Vorkommen in den Entgeltordnungen" im Anhang zu diesem Kapitel):

- Einfache Tätigkeiten
- Eingehende Einarbeitung / fachliche Anlernung
- Schwierige Tätigkeiten
- Gründliche Fachkenntnisse
- Vielseitige Fachkenntnisse
- Selbständige Leistungen
- (Ausbildung +) Entsprechende Tätigkeit
- Tätigkeit ist besonders verantwortungsvoll
- Tätigkeit hat besondere Schwierigkeit und Bedeutung
- Maß der mit der Tätigkeit verbundenen Verantwortung
- Hochwertige Leistungen bei besonders schwierigen Aufgaben

Nicht alle diese unbestimmten Rechtsbegriffe erschließen sich auf den ersten Blick, auch sind nicht alle TM-Formulierungen am „normalen Sprachgebrauch" zu messen.

Die AVWB können und wollen aber nicht das x-te erläuternde Buch zur Eingruppierung darstellen. Es gibt genügend gute Literatur hierzu (s. im Anhang „Literatur- und Linkübersicht"). Wer sich näher mit der Eingruppierungsproblematik beschäftigen muss/will oder sich in Streitigkeiten befindet, der/dem sei dringend empfohlen, sich mit diesen gut erläuternden Werken zu beschäftigen. Dort ist dann auch die Rechtsprechung verarbeitet.

Folgende Herangehensweise sei empfohlen:
- Als allererster Einstieg sollte die Lektüre der Protokollerklärungen (TV-L, TV EntgO Bund) bzw. Klammerzusätze (VKA-EGO) in den EGO selbst stehen[3], denn diese helfen manchmal schon weiter, weil sie zu einigen unbestimmten Rechtsbegriffen bereits Konkretisierungen bieten (und sie sind ja auch zwingender Text des TV).
- Sehr gute und im Internet leicht zugängliche Darstellungen bieten dann die zwei PDF-Arbeitshilfen des Bundesverwaltungsamtes (BVA)[4]:
  - „Definitionskatalog zu den unbestimmten Rechtsbegriffen" und
  - „Definition und Kommentierung zu den allgemeinen Tätigkeitsmerkmalen für den Verwaltungsdienst"

Zum tieferen Einstieg dann „echte Literatur": die seit Jahren bewährten und immer wieder in neuen Auflagen erschienenen Werke[5]:
- Gamisch / Mohr: Grundlagen der Eingruppierung TVöD und TV-L
- Richter / Gamisch / Mohr: Eingruppierung TV-L / TVöD-Bund / TVöD-VKA in der Praxis (3 Parallelbände)
- Kaufung, Harald: Tätigkeitsbewertung nach TVöD und TV-L

Zu beachten ist bei diesen Lektüren, dass die dort genannten EG und FG von den für Bibliotheksbeschäftigte geltenden abweichen können, die Begriffe aber identisch sind. Empfehlenswert ist immer auch ein Blick in folgende tabellenartige Werke[6]:
- Die vier *Bibliothekskatalog(e)* auf der Homepage des Bundesverwaltungsamtes und die
- *Bewertungskriterien für Beschäftigte im Fachdienst von Bibliotheken (Stand: 28. November 2017)*.

Die Kataloge des BVA beruhen auf Bewertungen, die das BVA auf Anforderung bei Behörden vorgenommen hat. Die Bewertungskriterien sind eine Gemeinschaftsarbeit großer Bibliotheken im Bereich des Bundes bzw. der Institutionen im Bereich der „Beauftragten der Bundesregierung für Kultur und Medien (BKM)". Beiden liegen zwar die TM des TV EntgO Bund zugrunde, sie bieten aber durch die tabellenartige Zuordnung von Tätigkeiten in Bibliotheken zu den Begriffen der TM (die ja bei allen Arbeitgebern identisch sind) bzw. zu EG eine gute Hilfe auch für Bibliotheksbeschäftigte, die unter TV-L oder die VKA-EGO fallen.

2.7 Hinweise und Erläuterungen zu einzelnen Tätigkeitsmerkmalen

Wenn es um Auslegungen oder Interpretation der unbestimmten Rechtsbegriffe geht oder um die weiterführende Rechtsprechung hierzu, sollten die genannten, wirklich guten Werke zu Rate gezogen werden. Trotzdem folgen einige Hinweise zum besseren Verständnis.

Tätigkeitsmerkmale des Ausbildungsstrangs
Etwas allgemein gesagt: Die EGO spiegeln das deutsche Bildungssystem mit seinen Ausbildungsebenen genauso wider wie die Struktur der traditionellen Beamtenbesoldung:

---

3 s. IV. Anhänge
4 s. https://www.bva.bund.de/DE/Services/Behoerden/Beratung/Beratungszentrum/Eingruppierung/_documents/stda_eingruppierung.html
5 s. IV. Literatur- und Linkübersicht
6 https://www.bva.bund.de/DE/Services/Behoerden/Beratung/Beratungszentrum/Eingruppierung/_documents/stda_eingruppierung.html?nn=228846#doc215660bodyText3 und https://files.dnb.de/Organisation/20171124_TMs_BibDienst_akt_2019_WebDAV.pdf

EG 2–4: Un- und Angelernte / Erste Qualifikationsebene, weiterhin geläufig: „Einfacher Dienst"
EG 5–9a: EGO: „Dreijährige Berufsausbildung" (z. B. FaMI) / Zweite Qualifikationsebene, weiterhin geläufig: „Mittlerer Dienst"
EG 9b–12: EGO: „Hochschulbildung" (Bachelor; ehem. Dipl.-Bibl.) / Dritte Qualifikationsebene, weiterhin geläufig: „Gehobener Dienst"
EG 13–15: EGO: „Wissenschaftliche Hochschulbildung" (Master; ehem. meist nur Beamtete nach Studium und Referendariat) / Vierte Qualifikationsebene, weiterhin geläufig: „Höherer Dienst"

Die Begriffe wie die Ebenen sind in den 16 Bundesländern inzwischen ziemlich uneinheitlich definiert, bei den vier alten „Dienst-Begriffen" aus dem Beamtenrecht weiß in der Regel jede:r, was gemeint ist.

Zu beachten ist, dass nach den EGO neben dem Ausbildungsabschluss (EG 5 ff., 9b ff., 13 ff.) immer auch eine (der Ausbildung) „entsprechende Tätigkeit" hinzukommen muss.

In den TM der drei EGO heißt es immer „mit abgeschlossener ... Bildung", gelegentlich auch „erfolgreich abgeschlossener". In den EG 5 ff. und 9b ff. fordert (nur) der Bund eine „einschlägige" Berufsausbildung bzw. Hochschulbildung; über evtl. Auswirkungen dieses Wortes in der Praxis liegen uns aber bis heute keine Erfahrungen vor.

(Die formalen Kriterien für die drei Ausbildungsabschlüsse finden sich im TV-L in den PE Nr. 1, 11, 12 zu Teil I, beim Bund in den §§ 7, 8, 11 TV EntgO Bund und in der VKA-EGO in den Vorbemerkungen Nr. 3–5.)

In den EG 9b ff. sehen Bund und VKA, in den EG 13 ff. alle drei EGO neben den Absolvent:innen mit einem Ausbildungsabschluss auch vor: „... sowie sonstige Beschäftigte, die aufgrund gleichwertiger Fähigkeiten und ihrer Erfahrungen entsprechende Tätigkeiten ausüben". Das sind die seit alters her sogenannten „Sonstigen". Das heißt, dass durchaus auch Beschäftigte ohne den entsprechenden Abschluss auf solchen Stellen als „Sonstige" eingruppiert werden können. Allerdings hat hier die Rechtsprechung relativ hohe Hürden entwickelt, die/der Sonstige soll dann mehr oder weniger das gesamte Ausbildungswissen mitbringen und in diesem Rahmen fast überall eingesetzt werden können.

Wenn jemand einen im TM geforderten Ausbildungsabschluss nicht mitbringt, sie/er aber die übrigen Anforderungen des TM erfüllt, wird sie/er oft eine EG niedriger eingruppiert (Minus-Eins-Regelung). Das ist die tariflich vorgesehene sogenannte „Absenkung" (TV-L: Vorbemerkungen zu allen Teilen der Entgeltordnung Nr. 1 Absatz 4; Bund: § 12 TV EntgO Bund; VKA: Grundsätzliche Eingruppierungsregelungen Nr. 2). Dies trifft oft Quereinsteiger:innen, aber auch Fachwirt:innen oder z. B. Beschäftigte, die zwar einen Bachelor-Abschluss haben, aber keinen bibliotheksspezifischen – obwohl in den EGO (außer beim Bund) als Anforderung nur allgemein „Hochschulbildung" steht.

Bei Bewerbungen ohne den im TM geforderten Ausbildungsabschluss sollte also immer geprüft werden, ob nicht
– eine gleichartige Eingruppierung als „Sonstige/r" (soweit in der EGO vorgesehen) infrage kommt oder
– eine gleichartige Eingruppierung in derselben EG nach einer FG des Tätigkeitsstrangs (EG 5 ff.: „gründliche Fachkenntnisse", EG 9b ff. (nicht beim Bund): „gründliche, umfassende Fachkenntnisse und selbständige Leistungen")
möglich ist!

Tätigkeitsmerkmale des Tätigkeitsstrangs
EG 2–4:
Kaufung setzt als „Einarbeitungszeiten" an: Einfache Tätigkeiten (EG 2): mehrere Stunden bis zu 1 Woche, eingehende Einarbeitung / fachliche Anlernung (EG 3): 2–4 Wochen, Schwierige Tätigkeiten (EG 4): 5–8 Wochen.

(Gründliche und) Vielseitige Fachkenntnisse (EG 6–9a):
Die „Vielseitigkeit" ist gegeben, wenn die/der Beschäftigte in mehreren Tätigkeitsbereichen eingesetzt ist, die – für sich genommen – gründliche Fachkenntnisse erfordern, gelegentlich kann dies aber auch schon bei einem einzigen Arbeitsvorgang notwendig sein. – Rechtsprechung des Bundesarbeitsgerichts (BAG): „Vielseitige Fachkenntnisse erfordern demgegenüber eine Erweiterung des Fachwissens seinem Umfang nach. Dies kann sich z. B. aus der Menge der anzuwendenden Vorschriften und Bestimmungen oder aber der Verschiedenartigkeit der sich aus dem Fachgebiet heraus stellenden

Anforderungen ergeben."[7] In den AVWB haben wir einige „typisch bibliothekarische" Tätigkeiten beschrieben, die in sich das Kriterium der Vielseitigkeit enthalten und häufig (abhängig von der Organisationsstruktur der jeweiligen Bibliothek) nicht aufgespalten werden können.

Bei den TM
- *Gründliche Fachkenntnisse* (EG 4–9a),
- *Selbständige Leistungen* (TV-L: EG 8–9b, Bund (TV + RL: EG 6–9a, VKA: EG 7–9b),
- Tätigkeit gekennzeichnet durch *besondere Schwierigkeit und Bedeutung* (EG 10–12 und 14–15),
- *Hochwertige Leistungen bei besonders schwierigen Aufgaben* (EG 14)

handelt es sich um solche, bei denen – je nach EG und anzuwendender EGO – unterschiedliche Zeitanteile vorkommen können.

Während die Grundregel (§ 12 TV) ja lautet, dass eine Eingruppierung in diejenige EG erfolgt, bei der die Arbeitsvorgänge „zeitlich mindestens zur Hälfte" ein oder mehrere TM dieser EG erfüllen, ist bei diesen vier TM in den EGO auch von einem 1/5, 1/4 oder 1/3 die Rede. Und § 12 sagt auch: „Ist in einem Tätigkeitsmerkmal ein ... abweichendes zeitliches Maß bestimmt, gilt dieses". Das heißt: In diesen Fällen muss (neben den weiteren, aus niedrigeren EG stammenden Anforderungen im TM) zu einem entsprechenden Zeitanteil des Arbeitsvorgangs auch die zusätzliche Anforderung erfüllt sein.

Sicherheitshalber sei klargestellt: Immer, wenn im TM kein anderes zeitliches Maß enthalten ist, gilt die allgemeine „mindestens-zur-Hälfte-Regel", das muss bei der Lektüre der TM immer „mitgedacht" werden.

Da die Eingruppierung von dem konkreten Tätigkeitszuschnitt eines einzelnen Arbeitsplatzes abhängt, sind auch im Tabellenteil der AVWB in diesen Fällen mehrere EG angegeben.

Nicht verschwiegen sei, dass es auch eine seit Jahren umstrittene Rechtsprechung des BAG gibt, mit dem Kernsatz: „Zum Erfüllen der tariflichen Anforderungen ist es ausreichend, wenn selbständige Leistungen innerhalb des Arbeitsvorgangs in rechtlich erheblichem Ausmaß vorliegen". Das BAG hat bislang dieses Ausmaß nicht näher quantifiziert, es heißt nur: „Jedenfalls sind selbständige Leistungen dann in rechtserheblichem Ausmaß erforderlich, wenn ohne sie ein sinnvoll verwertbares Arbeitsergebnis nicht erzielt werden könnte." Diese Rechtsprechung ist im Lauf der Jahre generell auf die „Erfüllung einer qualifizierenden tariflichen Anforderung" bei der Bewertung von Arbeitsvorgängen ausgeweitet worden, was auch politisch zu Auseinandersetzungen in den Tarifverhandlungen der letzten Jahre geführt hat. Eine endgültige Lösung dieses Streits über den Begriff „Arbeitsvorgang" zwischen Gewerkschaften und Arbeitgebern gibt es noch nicht.

Selbständige Leistungen:
BAG-Rechtsprechung:

Das Merkmal ‚selbstständige Leistungen' darf nicht mit dem Begriff ‚selbstständig arbeiten' verwechselt werden, worunter eine Tätigkeit ohne direkte Aufsicht oder Leitung zu verstehen ist. Eine selbständige Leistung im Tarifsinn ist dann anzunehmen, wenn eine Gedankenarbeit erbracht wird, die im Rahmen der für die Vergütungsgruppe vorausgesetzten Fachkenntnisse hinsichtlich des einzuschlagenden Weges, insbesondere hinsichtlich des zu findenden Ergebnisses, eine eigene Beurteilung und eine eigene Entschließung erfordert. Kennzeichnend für selbständige Leistungen im tariflichen Sinn ist – ohne Bindung an verwaltungsrechtliche Fachbegriffe – ein wie auch immer gearteter Ermessens-, Entscheidungs-, Gestaltungs- oder Beurteilungsspielraum bei der Erarbeitung eines Arbeitsergebnisses. Es werden Abwägungsprozesse verlangt, in deren Rahmen Anforderungen an das Überlegungsvermögen gestellt werden. Dabei müssen für eine Entscheidung unterschiedliche Informationen verknüpft und untereinander abgewogen werden.

Kurz gesagt: Die/der Beschäftigte muss zwischen mehreren Lösungsmöglichkeiten abwägen und entscheiden.

---

[7] BAG, 4 AZR 266/10 vom 21.03.2012.

Besonders verantwortungsvoll (TV-L: EG 9b FG 1; Bund und VKA: EG 9c) / Verantwortung (EG 12, 15; VKA zusätzlich: EG 13–15 jeweils FG 2):
„Verantwortung" kann sich durchaus auf sehr unterschiedliche Themenfelder beziehen: Organisation, Personal, Kund:innen, Geld (Budget), Umwelt, Auswirkungen auf ideelle oder materielle Belange des Arbeitgebers, Lebensverhältnisse Dritter, Außenwirkung usw.
Bei „Maß der Verantwortung" (EG 12, 15) wird eine „erhebliche" Heraushebung aus EG 11 bzw. 14 gefordert, das BVA meint hierzu: „Ein ‚erhebliches Herausheben' durch das „Maß der Verantwortung" liegt insbesondere dann vor, wenn Beschäftigte für große Arbeitsbereiche mit entsprechender Verantwortung für mehrere Arbeitsgruppen mit qualifizierten Gruppenleitern zuständig sind."

Besondere Schwierigkeit und Bedeutung (EG 10, 11, 14, 15):
Hier sei nur darauf hingewiesen, dass sich das Adjektiv „besondere" (nur) auf die „Schwierigkeit" bezieht, die „Bedeutung" steht daneben allein. Für „Bedeutung" gilt Ähnliches wie für die im vorigen Absatz genannte „Verantwortung", hinzu kommt evtl. noch „nationale / internationale Bedeutung".

„Leitung" ist von der Rechtsprechung oft als „ein einziger, einheitlicher Arbeitsvorgang" klassifiziert worden, also nicht weiter in einzelne Arbeitsvorgänge teilbar. Erläuterungen hierzu finden sich unter *II. Nicht in den Tabellen aufgeführte Tätigkeitsbereiche – Leitung.*

Aus allen EG sind grundsätzlich bei hinzukommenden Tätigkeiten bzw. Anforderungen Höhergruppierungen möglich! Im Anhang zu diesem Kapitel findet sich hierzu die „Übersicht 3: Höhergruppierungsmöglichkeiten (Aufbau der TM in den EGO)" mit Erläuterungen.

2.8 Nichteingruppierungsrelevante Aspekte

Vieles ist für eine Eingruppierung nicht relevant, auch wenn Beschäftigte sich das wünschen oder Arbeitgeber dies behaupten. Zu dieser Frage findet sich eine schöne Übersicht in Gamisch/Mohr[8], hier geringfügig kursiv ergänzt:

Folgende Aspekte sind für die Eingruppierung ohne Bedeutung:
- Stellenanzeigen und Ausschreibungstexte *(diese enthalten keine AV im Tarifsinn)*
- Stellenpläne
- Angabe der EG im Arbeitsvertrag
- Ausgewiesene Stellen im Haushalts- oder Stellenplan
- Beschlüsse politischer Gremien
- Bewertungen von Stellenbewertungskommissionen
- Einarbeitungszeit
- Eingruppierung vergleichbarer (früherer) Beschäftigter (Angestellte, Arbeiter, Beamtete) *oder solcher aus anderen Orten*
- Eingruppierungsrichtlinien einer Tarifvertragspartei
- Geschäftsverteilungspläne
- Qualität der geleisteten Arbeit
- Quantität der geleisteten Arbeit
- Schlüsselqualifikationen, *Soziale Kompetenzen* (z. B. Kontaktfähigkeit, Phantasie, Eigeninitiative, Verhandlungsgeschick)
- *Umsichtigkeit, Engagement*
- *Belastungen am Arbeitsplatz*

---

[8] Gamisch/Mohr: Grundlagen der Eingruppierung TVöD und TV-L, 2023, S. 31.

Von Arbeitgeberseite wird häufig gerade mit Stellen- oder Haushaltsplänen („Keine entsprechende Stelle, kein Geld vorhanden") argumentiert. Dies spielt keine Rolle für eine tarifgerechte Eingruppierung. Ein alter Grundsatz, juristisch immer wieder bestätigt, lautet „Tarifrecht bricht Haushaltsrecht".

Eingruppiert ist jemand nach § 12 TV-L/TVöD und den Tätigkeitsmerkmalen in der jeweiligen EGO, samt den dort aufgeführten weiteren Bestimmungen. Nichts anderes ist relevant.

2.9 Das Eingruppierungsverfahren und Möglichkeiten des eigenen Vorgehens

Alle Eingruppierungen sind nur (Einzel-)Meinungen – mit Ausnahme der des Arbeitsgerichtes.

Ein Eingruppierungsverfahren ist im Grunde ein formales, nach juristischen Vorgaben des Tarifvertrags inklusive der dazu gehörenden Entgeltordnung mit ihren Tätigkeitsmerkmalen (und samt aller unbestimmten Rechtsbegriffe) ablaufendes Verfahren. Die Beschäftigten „werden" nicht eingruppiert, sondern nach § 12 TV-L/TVöD „sind sie eingruppiert". Das ist der Grundsatz der sogenannten „Tarifautomatik". Der/dem Beschäftigten werden vom Arbeitgeber (berechtigterweise) Tätigkeiten übertragen, nach denen sich die Eingruppierung richtet. Diese ist von einem Gericht überprüfbar. Juristisch wird dabei von der Voraussetzung ausgegangen, dass es nur eine einzige tarifvertraglich richtige Eingruppierung gibt – ob diese auch ermittelt wurde, entscheidet ggf. das Gericht.

In der Praxis kommt dies Beschäftigten häufig anders vor: sie haben den Eindruck, sie „werden" vom Arbeitgeber eingruppiert. Aber (vor einer eventuellen Gerichtsentscheidung) stellt alles immer nur „Eingruppierungs-Meinungen" dar: Die/der Beschäftigte hat eine Meinung zu ihrer/seiner „richtigen" Eingruppierung, die/der Vorgesetzte und die Bibliotheksleitung haben eine, der Personalrat vielleicht auch – dann geht der ganze Vorgang zu einer Personalabteilung/-verwaltung/-stelle (oder bei den Kommunen zum Personalamt) – und diese Stelle hat das Recht, (zunächst) endgültig zu entscheiden (evtl. auch unter Zuhilfenahme Externer). So sieht es für die Beschäftigten aus: Sie bekommen eine Mitteilung über die Eingruppierung, die EG wird im Arbeitsvertrag eingetragen und das Geld ergibt sich aus der gültigen Entgelttabelle des gültigen TV.

Juristisch gesehen ist jedoch diese Entscheidung immer noch nur eine Meinung – nämlich die des Arbeitgebers. Denn, wie gesagt: sie ist gerichtlich überprüfbar. Zwar stellt die Arbeitgeber-Entscheidung keinen Verwaltungsakt dar (und deshalb ist auch kein offizieller „Widerspruch" möglich), aber jede/r kann jederzeit vor einem Arbeitsgericht dagegen klagen und gerichtlich die „richtige Eingruppierung" feststellen lassen. Diese ist als einzige keine Meinung mehr, sondern eine endgültige juristische Feststellung.

Dies ist die korrekte, strenge Erläuterung des Verfahrens. Aber auch die Autor:innen der AVWB wissen natürlich, dass kaum jemand vor Gericht zieht. Folgende Handlungsmöglichkeiten bestehen für Beschäftigte:

Grundsätzlich ist es ratsam, die/den Vorgesetzte/n, die Bibliotheksleitung und den Personalrat auf der eigenen Seite zu haben und mit diesen zu sprechen. Wenn die die Eingruppierung entscheidende Stelle bei ihrer Rechtsmeinung bleibt, sollte eine Gegenmeinung – auch wenn es formal kein Widerspruchsrecht gibt – durch Schreiben (vielleicht auch von einer/m Gewerkschaftssekretär/in oder seitens einer Anwaltskanzlei) vorgetragen und um Gespräche gebeten werden. Das eigene Schreiben sollte in die Personalakte aufgenommen werden.

Formal muss auch gegenüber dem Arbeitgeber die sogenannte „Geltendmachung" eingereicht werden (konkrete Bezifferung des Anspruchs, den man geltend macht), denn § 37 TV-L/TVöD regelt: „Ansprüche aus dem Arbeitsverhältnis verfallen, wenn sie nicht innerhalb einer Ausschlussfrist von sechs Monaten nach Fälligkeit von der/dem Beschäftigten oder vom Arbeitgeber in Textform geltend gemacht werden."

Je nach Art und Stadium eines Konflikts kommt es auch infrage, sich mit (vielleicht ja gleichermaßen oder ähnlich betroffenen) Kolleg:innen zusammenzutun oder eine Beratung bei Gewerkschaft / Berufsverband / Rechtsschutzversicherung zu suchen.

Anhang

Übersicht 1: § 12 TV-L Eingruppierung: Text mit Verständnishilfen
Übersicht 2: Bibliotheks-Tätigkeitsmerkmale und ihr Vorkommen in den Entgeltordnungen
Übersicht 3: Höhergruppierungsmöglichkeiten (Aufbau der TM in den EGO)

Übersicht 1: § 12 TV-L – Eingruppierung: Text mit Lese- und Verständnishilfen

„(1) ¹Die *Eingruppierung* der/des Beschäftigten *richtet sich nach den Tätigkeitsmerkmalen der Entgeltordnung* (Anlage A). ²Die/Der Beschäftigte erhält Entgelt nach der Entgeltgruppe, in der sie/er eingruppiert ist."	Es gibt also „Tätigkeitsmerkmale" (TM) und eine „Entgeltordnung", hierzu s. Abschnitt 3.4 u. 3.7.
Nach diesem Satz stellt sich die Frage: in welcher EG ist denn jemand eingruppiert?	
„³Die/Der Beschäftigte ist *in der Entgeltgruppe* eingruppiert, *deren Tätigkeitsmerkmalen die gesamte* von ihr/ihm *nicht nur vorübergehend auszuübende Tätigkeit entspricht.*"	Wieder: „TM"; wichtig: „gesamte nicht nur vorübergehend auszuübende Tätigkeit."
Nächste Frage: wann „entspricht" nun die „gesamte ... Tätigkeit" einem Tätigkeitsmerkmal?	
„⁴Die gesamte auszuübende Tätigkeit entspricht den Tätigkeitsmerkmalen einer Entgeltgruppe, *wenn zeitlich mindestens zur Hälfte Arbeitsvorgänge anfallen, die* für sich genommen *die Anforderungen* eines Tätigkeitsmerkmals oder mehrerer *Tätigkeitsmerkmale* dieser Entgeltgruppe *erfüllen.*"	Es muss also „Arbeitsvorgänge" (!) geben (s. o.), die dann „zeitlich mind. zur Hälfte" ein „Tätigkeitsmerkmal" einer EG „erfüllen".
Es folgen einige Sonderregelungen für bestimmte Fälle in den Tätigkeitsmerkmalen:	
„⁵Kann die Erfüllung einer Anforderung in der Regel *erst bei der Betrachtung mehrerer Arbeitsvorgänge* festgestellt werden (zum Beispiel vielseitige Fachkenntnisse), sind diese Arbeitsvorgänge für die Feststellung, ob diese Anforderung erfüllt ist, insoweit zusammen zu beurteilen."	Bei „vielseitige Fachkenntnisse" ist dies logisch, aber es gibt auch andere Fälle für eine „zusammenfassende Betrachtung", s. u.
„⁶Werden *in einem Tätigkeitsmerkmal mehrere Anforderungen* gestellt, gilt das in Satz 4 bestimmte Maß, ebenfalls bezogen auf die gesamte auszuübende Tätigkeit, für jede Anforderung."	Z. B. „Hochschulbildung *und* entsprechende Tätigkeit", „besondere Schwierigkeit *und* Bedeutung".
„⁷Ist in einem Tätigkeitsmerkmal ein von Satz 4 oder 6 *abweichendes zeitliches Maß* bestimmt, gilt dieses."	Z. B. „1/5, 1/4, 1/3", ansonsten gilt immer „mind. 1/2"!
„⁸Ist in einem Tätigkeitsmerkmal als Anforderung eine *Voraussetzung in der Person* der/des Beschäftigten bestimmt, muss auch diese Anforderung erfüllt sein."	In Bibl. betrifft dies nur (alternativ) ggf. eine Ausbildung (in EG 5, 9b, 13 ff.)
Aber wieder zurück – was sind denn eigentlich „Arbeitsvorgänge"? Hierzu gibt es noch eine „Protokollerklärung" (diese PE gehören immer mit zum TV, sie gelten genauso wie §§):	
Protokollerklärungen zu § 12 Absatz 1: „1. ¹*Arbeitsvorgänge sind Arbeitsleistungen (einschließlich Zusammenhangsarbeiten), die*, bezogen auf den Aufgabenkreis der/des Beschäftigten, *zu einem bei natürlicher Betrachtung abgrenzbaren Arbeitsergebnis führen* (zum Beispiel unterschriftsreife Bearbeitung eines Aktenvorgangs, eines Widerspruchs oder eines Antrags, Betreuung bzw. Pflege einer Person oder Personengruppe, Fertigung einer Bauzeichnung, Erstellung eines EKG, Durchführung einer Unterhaltungs- bzw. Instandsetzungsarbeit)."	Wichtig ist, dass ein AV immer dasjenige ist, das nach evtl. vielen Arbeitsschritten („Arbeitsleistungen") zu einem „abgrenzbaren Arbeitsergebnis führt"! Und gemessen wird, gem. konkreter Arbeitsorganisation vor Ort, am „Aufgabenkreis" d. Betroffenen und nach „natürlicher Betrachtung"!
(Weiter PE 1:) „²Jeder *einzelne Arbeitsvorgang ist als solcher zu bewerten und darf* dabei hinsichtlich der Anforderungen *zeitlich nicht aufgespalten werden.*"	Sog. „Atomisierungsverbot"; aber ggf. anschließend „Gesamtbetrachtung", s. u.
„2. ³Eine Anforderung im Sinne der Sätze 4 und 5 ist auch das in einem Tätigkeitsmerkmal geforderte Herausheben der Tätigkeit aus einer niedrigeren Entgeltgruppe."	Dann heißt es im TM: „...deren Tätigkeit sich aus EG xyz heraushebt (da)durch..."
Schließlich gehört zum § 12 TV-L noch der Absatz:	
„(2) Die Entgeltgruppe der/des Beschäftigten ist im Arbeitsvertrag anzugeben."	Aber nicht die evtl. FG! (Die wird oft „verheimlicht".)

Übersicht 2: Bibliotheks-Tätigkeitsmerkmale und ihr Vorkommen in den Entgeltordnungen

Zur umfassenderen Nutzbarkeit sind hier auch die EG der EGO TVöD-VKA aufgeführt; „4/1" = EG 4 Fallgruppe 1

Tätigkeitsmerkmal (TM) in der Entgeltordnung EGO: TV-L u. VKA: Teil „Allgemeine TM", Bund: Teil III.2 Bibl.	kommt vor in EG:		
	TV-L	Bund[x]	VKA
einfache Tätigkeiten	2	2	2
eingehende Einarbeitung / fachliche Anlernung	3	3	3
schwierige Tätigkeiten	4/1	4	4/2
EG 3 + mind. ¼ gründliche Fachkenntnisse	4/2	RL: 4	4/1
gründliche Fachkenntnisse	5/1	5/2	5/2
3jähr. Ausbildung[1] + entsprechende Tätigkeit	5/2	5/1	5/1
EG 5 + vielseitige Fachkenntnisse	6	RL: 6	6
Nur Bund-TV: EG 5 + vielseit. Fachk. + ¼ selbst. Leistg.	—	TV: 6	—
EG 6 + 1/5 selbständige Leistungen	—	RL: 7	7
EG 6 + 1/3 selbständige Leistungen	8	RL: 8	8
EG 6 (Bund: TV: 5 + vielseitige Fachkenntnisse / RL: 6) + selbständige Leistungen	9a	TV: 8, RL: 9a	9a
gründl., umfassende Fachkenntn. + selbst. Leistungen	9b/2	—	9b/2
Hochschulbildung[1] (Bund-TV u. VKA: od. „Sonstige"[2]) + entsprechende Tätigkeit	9b/3	9b	9b/1
EG 9b *(TV-L: /2,3)* + Tät. besonders verantwortungsvoll	9b/1	9c	9c
TV-L: EG 9b/1 / Bund-TV u. VKA: EG 9c + Tät. mind. 1/3 besondere Schwierigkeit u. Bedeutung	10	10	10
TV-L: EG 9b/1 / Bund-TV u. VKA: EG 9c + Tät. besondere Schwierigkeit u. Bedeutung	11	11	11
erhebliche Heraushebung aus EG 11 durch das Maß der damit verbundenen Verantwortung	12	12	12
wissenschaftliche Hochschulbildung[1] oder „Sonstige"[2] + entsprechende Tätigkeit	13	13	13[3]
EG 13 *(VKA: /1)* + mind. 1/3 besond. Schwierigkt. u. Bed.	14/2	14/2	14/1[3]
VKA: ↑ oder mind. 1/3 hochwertige Leistungen … [s. u.]	—	—	14/1
EG 13 *(VKA: /1)* + besondere Schwierigkeit u. Bedeutg.	14/1	14/1	(14/1)
EG 13 *(VKA: /1)* + mind. 1/3 hochwertige Leistungen bei besonders schwierigen Aufgaben	14/3	14/3	(14/1)
EG 13 *(VKA: /1)* + mind. 3 Unterstellte mind. EG 13	14/4	14/4	14/3
erhebliche Heraushebung aus EG 14/1 durch das Maß der damit verbundenen Verantwortung	15/1	15/1	(s. u.)
EG 13 *(VKA: /1)* + mind. 5 Unterstellte mind. EG 13	15/2	15/2	15/3
VKA: EG 13/1 + besondere Schwierigkeit u. Bedeutung sowie erhebliche Heraushebung durch das Maß der damit verbundenen Verantwortung	—	—	15/1[3]
Nur in den 3 hessischen Landes-Tarifverträgen TV-H, TV-G-U, TV-TU Darmstadt:			
EG 15/1, deren Tätigkeit deutlich höher zu bewerten ist als eine Tätigkeit nach EG 15/1	16/1		
EG 13 + mind. 8 Unterstellte mind. EG 13	16/2		

---

[x] In Spalte „Bund": TV = TV EntgO Bund (TV), RL = Eingruppierungsrichtlinie v. 23.11.2022 (außer bei EG 8/9a kommt ein TM immer nur entweder im Tarifvertrag oder in der RL vor)

[1] 3x Ausbildung: immer „(erfolgreich) abgeschlossene"; Bund-TV, EG 5+9b: + „einschlägige"

[2] „Sonstige" = „sowie sonstige Beschäftigte, die aufgrund gleichwertiger Fähigkeiten und ihrer Erfahrungen entsprechende Tätigkeiten ausüben" *(Achtung: nicht in TV-L 9b!)*

[3] *VKA, EG 13–15:* jeweils zusätzliche FG 2 zu „Beschäftigten in kommunalen Einrichtungen und Betrieben, deren Tät. wegen der Schwierigkeit der Aufgaben und der Größe ihrer Verantwortung ebenso zu bewerten ist wie Tät. nach Fallgruppe 1"

Übersicht 3: Höhergruppierungsmöglichkeiten (Aufbau der TM in den EGO)

	Wenn ... hinzukommt (= die Tätigkeit das TM ... erfüllt), dann EG ...; wenn dann noch ... hinzukommt, dann EG ...	dann
EG 2	*einfache Tätigkeiten*	—
	2 + eine eingehende Einarbeitung bzw. eine fachliche Anlernung	EG 3
	3 + 1/4 gründliche Fachkenntnisse *(nur TV-L u. VKA)*	EG 4
EG 4	*schwierige Tätigkeiten*	—
EG 5	*abgeschlossene 3jährige Berufsausbildung und entsprechende Tätigkeit*	—
	gründliche Fachkenntnisse	—
	(egal, welche EG 5-FG): + vielseitige Fachkenntnisse *(TV-L u. VKA)*[1]; *nur Bund:* 5 + vielseit. Fachkenntn. + 1/4 selbständige Leistungen	EG 6[1]
	6 + mindestens zu einem 1/5 selbständige Leistungen *(nur VKA)*	EG 7
	6 + mindestens zu einem Drittel selbständ. Leistungen *(nur TV-L u. VKA)*	EG 8[1]
	6 + selbständige Leistungen *(also mind. 1/2)*	EG 9a
EG 9b	gründl., umfassende Fachkenntn. u. selbständ. Leistg. *(nur TV-L u. VKA)*[1]	—
	abgeschlossene Hochschulbildung und entsprechende Tätigkeit[2]	—
	9b + Tätigkeit besonders verantwortungsvoll *(nur Bund und VKA; TV-L = 9b!)*	EG 9c
	9c + Tätigkeit mind. 1/3 besondere Schwierigkeit und Bedeutung	EG 10
	9c + Tätigkeit besondere Schwierigkeit und Bedeutung *(also mind. 1/2)*	EG 11
	11 + Maß der damit *(mit der Tätigkeit)* verbundenen Verantwortung	EG 12
EG 13	*abgeschlossene wiss. Hochschulbildung und entsprechende Tätigkeit*[2, 3]	—
	13 + Tätigkeit mind. 1/3 besondere Schwierigkeit und Bedeutung	EG 14
	13 + mind. 1/3 hochwertige Leistungen bei besonders schwier. Aufgaben	EG 14
	13 + mind. 3 durch ausdrückl. Anordnung Unterstellte mind. der EG 13	EG 14
	13 + besond. Schwier. u. Bedeutg. *(mind. 1/2)* + Maß d.verbund.Verantw.	EG 15
	13 + mind. 5 durch ausdrückl. Anordnung Unterstellte mind. der EG 13	EG 15

Jede/r kann in TV-L/TVöD aus jeder Entgeltgruppe (EG) in höhere EG kommen, wenn, durch Veränderungen bei der eigenen Tätigkeit, die (meist) zusätzlichen, in der Tabelle genannten Anforderungen in den Tätigkeitsmerkmalen (TM) einer höheren EG erfüllt werden.

In der Tabelle wird – ausgehend von den Bildungs- bzw. Ausbildungsabschluss-Ebenen (EG 5, 9b, 13) – in der mittleren Spalte aufgezeigt, durch welche „erweiterten Anforderungen" in der eigenen Tätigkeit, ohne weitere Ausbildungsabschluss-Voraussetzungen, nach der jeweiligen EGO eine höhere EG erreichbar ist (die Zahl am Zeilenanfang gibt die „Ausgangs-EG" wieder). Die erreichbare(n) höhere(n) EG werden in der rechten Spalte angegeben. Von der so erreichten EG kann es auch weiter gehen, s. dann die jeweils folgenden Zeilen.

---

[1] Unterschiede in den 3 EGO: „gründliche (EG 5) + vielseitige Fachkenntnisse" ergeben in TV-L und VKA-EGO die EG 6; in der Bund-EGO wird für die EG 6 zusätzlich bereits 1/4 selbständige Leistungen gefordert. Weiter hinzukommende 1/5 oder 1/3 selbständige Leistungen gibt es nur in den EGO von TV-L und VKA (s. o.), beim Bund werden schon für die EG 8 selbständige Leistungen (also mind. 1/2) gefordert (was in den EGO von TV-L und VKA in die EG 9a führt, die es beim Bund tariflich nicht gibt). – Auch gibt es beim Bund nicht in EG 4 die FG „1/4 gründliche Fachkenntnisse" und nicht die EG 9b-Fallgruppe „gründliche, umfassende Fachkenntnisse und selbständige Leistungen". – Diese beim Bund fehlenden Möglichkeiten in EG 4–9a sind höchstens evtl. nach der „Eingruppierungs-Richtlinie" (RL; s. Abschnitt 3.4) eingruppierbar (die zweite 9b-FG „gründl., umfassende Fachkenntnisse ..." gibt es auch in der RL nicht, in 9b kommt aber generell auch eine Eingruppierung als „Sonstige/r" infrage).

[2] Zusätzlich in Bund- und VKA-EGO in EG 9b sowie in allen 3 EGO in EG 13: „Hochschulbildung / Wissenschaftliche Hochschulbildung ... sowie sonstige Beschäftigte, die aufgrund gleichwertiger Fähigkeiten und ihrer Erfahrungen entsprechende Tätigkeiten ausüben", d. h. auch ohne entsprechenden Abschluss ist hiernach in diese beiden EG eingruppierbar.

[3] In der VKA-EGO gibt es in den EG 13–15 jeweils die zusätzliche FG 2: „Beschäftigte in kommunalen Einrichtungen und Betrieben, deren Tätigkeit wegen der Schwierigkeit der Aufgaben und der Größe ihrer Verantwortung ebenso zu bewerten ist wie Tätigkeiten nach Fallgruppe 1".

3 Stellenbeschreibung und Stellenbewertung

Stellenbeschreibungen

Stellenbeschreibungen werden je nach Bundesland oder Institution auch Tätigkeitsdarstellung, Beschreibung des Aufgabenkreises oder Arbeitsplatzbeschreibung genannt.

Es gibt keine gesetzlich oder tarifvertraglich verankerte Verpflichtung zur Erstellung einer Stellenbeschreibung. Aber in der Praxis werden sie häufig als Grundlage für die Stellenbewertung gefordert.

In einer Stellenbeschreibung werden Funktionen, Aufgaben, Kompetenzen und insbesondere die zugewiesenen und notwendigen Arbeitsvorgänge aufgelistet und die Einbindung in die Organisationsstruktur, die Rolle und Verantwortlichkeiten ebenso beschrieben wie die hierarchische Einordnung – also die Unterstellung unter andere ebenso wie die Unterstellung anderer und auch Vertretungsregelungen. Stellenbeschreibungen haben aber darüberhinausgehende Funktionen: Sie bilden z. B. die Grundlage für Stellenausschreibungen, für die Berechnung und Planung von Personalkapazitäten und auch für die Tätigkeitsdarstellung in Arbeits- bzw. Dienstzeugnissen.

Konkret werden in Stellenbeschreibungen ebenfalls Angaben zu Stellenbezeichnung, Stellenumfang und Entgeltgruppe gemacht. Meist werden auch erforderliche berufliche Abschlüsse und Qualifikationen sowie notwendige Kenntnisse und Fähigkeiten aufgeführt.

Diese Angaben haben Einfluss auf die Stellenbewertung, daher sollte hier ein besonderes Augenmerk liegen. So werden häufig notwendige (Rechts-)Kenntnisse oder Fachkenntnisse und deren Umfang oder Tiefe aufgeführt und vermerkt, bei welchen Arbeitsvorgängen diese zur Anwendung kommen bzw. notwendig sind. Die berufliche Qualifikation ist oft von Bedeutung, da in den Tätigkeitsmerkmalen teilweise ein beruflicher oder Studienabschluss genannt ist – dies gilt für die Entgeltgruppen 5, 9b oder 13. Daneben sind jedoch bei allen Entgeltgruppen durch andere Tätigkeitsmerkmale in Fallgruppen oder die Erwähnung „sonstiger Beschäftigter, die aufgrund gleichwertiger Kenntnisse und ihrer Erfahrungen entsprechende Tätigkeiten ausüben" auch ausbildungsunabhängige Eingruppierungen in diese EGs möglich (vgl. *2.7 Hinweise und Erläuterungen zu einzelnen Tätigkeitsmerkmalen*).

Es gibt kein einheitliches Formular für Stellenbeschreibungen. Essentieller Bestandteil ist die Auflistung von Arbeitsvorgängen, mit denen die Aufgaben dargestellt werden.

Dazu steht in den Protokollerklärungen zum Tarifvertrag:

> Arbeitsvorgänge sind Arbeitsleistungen (einschließlich Zusammenhangsarbeiten), die, bezogen auf den Aufgabenkreis der/des Beschäftigten, zu einem bei natürlicher Betrachtung abgrenzbaren Arbeitsergebnis führen [...]. Jeder einzelne Arbeitsvorgang ist als solcher zu bewerten und darf dabei hinsichtlich der Anforderungen zeitlich nicht aufgespalten werden.
> (Protokollerklärung zu § 12 Absatz 1 TV-L, analog findet sich die Regelung auch im TVöD (Bund) § 12, Absatz 2.)

Konkret bedeutet dies für die Bildung von Arbeitsvorgängen:
- Bei der Benennung und Bildung von Arbeitsvorgängen ist immer vom Ergebnis auszugehen.
- Ein Arbeitsvorgang umfasst alle Arbeitsschritte, die notwendig sind, um ein Arbeitsergebnis zu erreichen.
- Tätigkeiten, die in einem direkten sachlichen und zeitlichen Zusammenhang mit der Erreichung des Arbeitsergebnisses stehen, bilden einen Arbeitsvorgang und dürfen nicht aufgesplittet werden. Sie werden als Zusammenhangstätigkeiten bezeichnet.
- Ein Arbeitsvorgang kann aus mehreren Arbeitsleistungen bestehen (Zusammenhangstätigkeiten). Dies kann bedeuten, dass in den Tabellen aufgeführte Arbeitsvorgänge auch zu Arbeitsleistungen eines neuen Arbeitsvorganges werden, wenn sie in sachlichem und zeitlichem Zusammenhang stehen. Ein Beispiel hierfür wäre der integrierte Geschäftsgang, bei dem verschiedene Arbeitsvorgänge, die auch von unterschiedlichen Personen ausgeführt werden können, von einer Person direkt nacheinander erledigt werden und zu einem Arbeitsergebnis führen.

Um das Ergebnis des Bewertungsvorgangs nicht vorwegzunehmen, sollen die unbestimmten Rechtsbegriffe aus den Tätigkeitsmerkmalen der Entgeltordnung (z. B. selbstständig, umfassend etc., s. *I.2.7 Hinweise und Erläuterungen zu einzelnen Tätigkeitsmerkmalen*) in der Tätigkeitsbeschreibung nicht verwendet werden. Für die Darstellung der organisatorischen Sachverhalte oder auch der Kompetenzen ist der Einsatz entsprechender Begriffe wie Planung, Durchführung, Organisation, Entscheidung, Koordination, Überwachung, Unterstützung, Mitarbeit etc. empfehlenswert.

In der Regel handelt es sich in Bibliotheken um Mischarbeitsplätze, also wird die Stellenbeschreibung einer beschäftigten Person mehr als einen Arbeitsvorgang umfassen, da nicht nur eine Tätigkeit in 100 % der Arbeitszeit ausgeführt wird.

Erfassung von Arbeitsvorgängen

Unter Berücksichtigung der Ausführungen zur Bildung von Arbeitsvorgängen im vorigen Abschnitt werden die Arbeitsvorgänge erfasst und hierbei auf die Plausibilität geachtet. Die Bestimmung der jeweiligen Zeitanteile kann durch Zeit- und Tätigkeitsdokumentation, Selbstbeobachtung, entsprechende Fragebögen und/oder Interviews erfolgen.

Die Angabe der Zeitanteile dient dazu, aufzuzeigen, wie die individuelle Arbeitszeit prozentual auf die Arbeitsvorgänge verteilt ist. Bei der Addition der Zeitanteile der einzelnen Arbeitsvorgänge muss das Ergebnis immer 100 % sein. Es ist dabei unerheblich, ob die Arbeitszeit 39 Wochenstunden oder weniger beträgt.

Es gibt keine Vorgaben zum Umfang von Stellenbeschreibungen. Der Grundsatz „weniger ist mehr" sollte jedoch beachtet werden. In der Regel werden maximal fünf bis sieben Arbeitsvorgänge empfohlen, die auch ausreichen, um eine Stelle beschreiben und bewerten zu können. Kein Arbeitsvorgang sollte unter 5 % Zeitanteil haben. Bei Angaben unter 5 % sollte geprüft werden, ob diese nicht einem anderen Arbeitsvorgang zugeordnet werden können.

Die regelmäßige Überprüfung und Aktualisierung von Stellenbeschreibungen sind empfehlenswert. Bei Veränderungen, Hinzukommen oder Wegfall von Tätigkeiten ist dies dringend geboten. Weitere Anlässe können Umorganisationen, Neubesetzungen oder Stellenausschreibungen sein.

Vorgang der Stellenbewertung

Die nachfolgenden Erläuterungen zu den Entgeltgruppen beziehen sich auf die Entgeltordnung der Länder, sofern nicht anders angegeben.

Auf der Grundlage der Stellenbeschreibung und der darin enthaltenen Arbeitsvorgänge erfolgt die Stellenbewertung durch die bewertende Stelle. Diese muss nicht zwangsläufig in der Bibliothek oder der direkt übergeordneten Einrichtung (z. B. der Hochschule) angesiedelt sein. Die Bewertung kann auch durch andere Stellen, z. B. ein Ministerium oder durch Fachfirmen vorgenommen werden.

Für die Stellenbewertung sind mehrere Schritte notwendig, für die ein Bewertungsbogen (siehe unten) verwendet werden kann. Jeder Arbeitsvorgang wird einem Tätigkeitsmerkmal zugeordnet, die Zeitanteile entsprechend eingetragen und diese am Ende addiert. Hierdurch ergibt sich eine Übersicht über die prozentualen Anteile der Tätigkeitsmerkmale und damit eine Bewertungsgrundlage. Die Betrachtung eines Arbeitsvorgangs ist zu unterscheiden von der Bewertung eines Tätigkeitsmerkmals. Ein Arbeitsvorgang kann z. B. das Merkmal selbständige Leistungen erfüllen, wenn der Arbeitsvorgang in rechtserheblichem Ausmaß Tätigkeiten umfasst, die selbständige Leistungen erfordern.

In der Regel ist ein Tätigkeitsmerkmal bewertungsrelevant, wenn mindestens die Hälfte der Zeitanteile auf Arbeitsvorgänge entfällt, die dieses erfüllen. Es gibt jedoch auch Tätigkeitsmerkmale, die einen geringeren Zeitanteil der Gesamtarbeitszeit erfordern – diese sind für den Bereich des TV-L:
- Gründliche Fachkenntnisse: Für Entgeltgruppe 4 Fallgruppe 2 mindestens ein Viertel, für Entgeltgruppe 5 Fallgruppe 2 mindestens die Hälfte
- Selbstständige Leistung: Für Entgeltgruppe 8 mindestens ein Drittel, für Entgeltgruppe 9a mindestens die Hälfte. Die bei den Kommunen (und eingeschränkt auch beim Bund) vorkommende Entgeltgruppe 7 mit mindestens einem Fünftel selbstständiger Leistungen ist bei den Ländern (noch) nicht existent.
- Besondere Schwierigkeit und Bedeutung: Für Entgeltgruppe 10 mindestens ein Drittel, für Entgeltgruppe 11 mindestens die Hälfte

Für den TVöD Bund gelten für die Entgeltgruppen 2 bis 12 für Beschäftigte in Archiven, Bibliotheken, Büchereien, Museen und anderen wissenschaftlichen Anstalten weiterhin spezielle Tätigkeitsmerkmale gemäß der Anlage I Teil 2 und somit:
- Selbstständige Leistung: Für Entgeltgruppe 6 mindestens ein Viertel und für Entgeltgruppe 8 mindestens die Hälfte. Im Gegensatz zum allgemeinen Teil des Bundes gilt für den o. g. Teil 2 die Entgeltgruppe 7 nicht.

– Besondere Schwierigkeit und Bedeutung: Für Entgeltgruppe 10 mindestens ein Drittel, für Entgeltgruppe 11 mindestens die Hälfte

Es gibt Tätigkeitsmerkmale, bei denen zur Erreichung explizit Heraushebungen aus darunter liegenden Entgeltgruppen erforderlich sind. Diese sind entsprechend in der Entgeltordnung aufgeführt.

Voraussetzung für die Bewertung z. B. nach der Entgeltgruppe 12 ist neben der Erfüllung des eigentlichen Tätigkeitsmerkmals (Maß der damit verbundenen Verantwortung) zunächst die Erfüllung des Tätigkeitsmerkmals der Entgeltgruppe 11, denn das Tätigkeitsmerkmal der Entgeltgruppe 12 lautet: „Beschäftigte der Entgeltgruppe 11, deren Tätigkeit sich durch das Maß der damit verbundenen Verantwortung erheblich aus der Entgeltgruppe 11 heraushebt."

Die nachfolgende Tabelle listet alle betroffenen Entgeltgruppen und ggf. deren Fallgruppen getrennt nach Ländern und Bund auf.

Entgeltordnung Länder		Entgeltordnung Bund	
Entgeltgruppe (EG), ggf. Fallgruppe (FG)	Entgeltgruppe, deren Tätigkeitsmerkmal ebenfalls erfüllt sein muss	Entgeltgruppe (EG), ggf. Fallgruppe (FG)	Entgeltgruppe, deren Tätigkeitsmerkmal ebenfalls erfüllt sein muss
EG 3	EG 2	EG 3	EG 2
EG 4 FG 2	EG 3		
EG 6	EG 5	EG 6	EG 5 FG 1 oder 2
EG 8, EG 9a	EG 6	EG 8	EG 5 FG 1 oder 2
EG 9b FG 1	EG 9b FG 2 oder 3		
		EG 9c	EG 9b
EG 10, EG 11	EG 9b FG 1	EG 10, EG 11	EG 9c
EG 12	EG 11	EG 12	EG 11
EG 14 FG 1, 2, 3 oder 4	EG 13	EG 14 FG 1, 2, 3 oder 4	EG 13
EG 15 FG 1	EG 14 FG 1	EG 15 FG 1	EG 14 FG 1
EG 15 FG 2	EG 13	EG 15 FG 2	EG 13

Abschließend muss das Bewertungszwischenergebnis nochmals zusammenfassend betrachtet werden. So enthält zum Beispiel das Tätigkeitsmerkmal der EG 6 die Anforderung gründlicher und vielseitiger Fachkenntnisse. Die Vielseitigkeit ergibt sich häufig erst aus mehreren Arbeitsvorgängen, die unterschiedliche gründliche Fachkenntnisse erfordern. Analog kann dies auch auf das Maß der Verantwortung oder besondere Schwierigkeit und Bedeutung angewendet werden. Diese Gesamtschau ist insbesondere auch deshalb wesentlich für die endgültige Bewertung, da Entgeltgruppen immer auch die Tätigkeitsmerkmale der darunter liegenden Entgeltgruppen mit erfüllen. Dies ist auch dann relevant, wenn der Zeitanteil des Tätigkeitsmerkmals einer Entgeltgruppe zu niedrig ist, denn dann können die Zeitanteile von Tätigkeitsmerkmalen darüber liegender Entgeltgruppen diesem zugeschlagen werden. Sinnvollerweise wird bei der Bewertung daher von der höchsten Entgeltgruppe, der einer der Arbeitsvorgänge zuzuordnen ist, nach unten gerechnet (s. untenstehende Beispiele).

Deswegen kann die Angabe von Entgeltgruppen im Verzeichnis der Arbeitsvorgänge manchmal nur in Spannen angegeben werden, da das letztendlich zutreffende Tätigkeitsmerkmal gegebenenfalls vom Zeitanteil abhängt, der in einem Tätigkeitsmerkmal gefordert wird. Welche EG einer Spanne zutreffend ist, ergibt sich somit erst aus der zusammenfassenden Gesamtbetrachtung der Zeitanteile innerhalb der Stellenbeschreibung.

In den seltensten Fällen gibt es eine Arbeitsplatzbeschreibung, in der zu 100 % die Tätigkeitsmerkmale <u>einer</u> EG erfüllt sind. In der Regel sind unterschiedliche Tätigkeitsmerkmale erfüllt, da unterschiedliche Tätigkeiten ausgeführt werden. Eine Ausnahme bildet der Arbeitsvorgang Leitung, der in der Regel 100 % umfasst (BAG, Urteil vom 12.12.2012, AZR 199/11), auch wenn Sachbearbeitung zu den Aufgaben zählt (BAG, Urteil vom 18.02.1998, 4 AZR 552/96). In Fällen, in denen eine Leitungskraft zeitlich, räumlich oder organisatorisch klar abgrenzbare weitere Aufgaben hat, die nicht in unmittelbarem Zusammenhang mit der Leitungstätigkeit stehen, können weitere Arbeitsvorgänge vorhanden sein (Vgl. Kaufung, S. 58–60).

Tätigkeitsmerkmale sind im Baukastenprinzip zu verwenden. Das heißt, man kann Merkmale höherwertiger Tätigkeiten zur Erfüllung der darunter liegenden Tätigkeitsmerkmale heranziehen.

Als Ergebnis der Bewertung gilt die höchste EG, deren Tätigkeitsmerkmal erfüllt ist. Die genauen Grundlagen des Eingruppierungsvorganges finden sich in Kapitel I.2.

Zur Veranschaulichung sind nachstehend Beispiele aufgeführt.

Beispiel 1
Laut Stellenbeschreibung hat A drei Arbeitsvorgänge.
Arbeitsvorgang 1 (46 % Anteil an der Gesamtarbeitszeit) erfüllt das Tätigkeitsmerkmal der EG 12
Arbeitsvorgang 2 (5 % Zeitanteil) erfüllt das Tätigkeitsmerkmal der EG 13
Arbeitsvorgang 3 (49 % Zeitanteil) erfüllt das Tätigkeitsmerkmal der EG 9b
Das Ergebnis der Bewertung wäre somit EG 12, da Arbeitsvorgang 1 und Arbeitsvorgang 2 zusammen 51 % Zeitanteil haben und der Arbeitsvorgang 2 das Tätigkeitsmerkmal der EG 12 beinhaltet.

Beispiel 2
In diesem Zusammenhang ist nochmals darauf hinzuweisen, dass ein entsprechender (Studien-)Abschluss nicht automatisch zu einer bestimmten Bewertung führt, sondern zudem auch entsprechende Tätigkeiten ausgeübt werden müssen:
Laut Stellenbeschreibung hat B (abgeschlossenes wissenschaftliches Hochschulstudium) zwei Arbeitsvorgänge:
Arbeitsvorgang 1 (51 % Zeitanteil) erfüllt das Tätigkeitsmerkmal der EG 12
Arbeitsvorgang 2 (49 % Zeitanteil) erfüllt das Tätigkeitsmerkmal der EG 13
Auch hier wäre das Ergebnis EG 12, da das Tätigkeitsmerkmal der EG 13 nicht mindestens 50 % Zeitanteil hat, auch wenn B ein abgeschlossenes wissenschaftliches Hochschulstudium vorweisen kann.

Die Bewertung von Arbeitsvorgängen kann unterschiedlich gehandhabt werden und je nach Land oder Hochschule bzw. Einrichtung unterschiedlich ausfallen.

Anlage: **Beispiel für ein Formular zur Stellenbewertung für den Bereich Länder**

Arbeitsvorgang Tätigkeitsmerkmal	EG	AV 1	AV 2	AV 3	AV 4	AV 5	AV 6	AV 7	Summe
Einfachste Tätigkeit	1								
Einfache Tätigkeit	2								
Eingehende fachliche Einarbeitung	3								
Schwierige Tätigkeit	4								
Gründliche Fachkenntnisse									
Abgeschlossene Ausbildung	5								
Gründliche und vielseitige Fachkenntnisse (bzw. bei mehreren AV mit gründlichen Fachkenntnissen)	6								
Selbständige Leistungen	8, 9a								
Abgeschlossene Hochschulbildung bzw. gleichwertige Fähigkeiten oder gründliche, umfassende Fachkenntnisse ...	9b								
Besonders verantwortungsvoll	9c								
Besondere Schwierigkeit und Bedeutung	10, 11								
Maß der damit verbundenen Verantwortung	12								

Arbeitsvorgang Tätigkeitsmerkmal	EG	AV 1	AV 2	AV 3	AV 4	AV 5	AV 6	AV 7	Summe
Abgeschlossene wissenschaftliche Hochschulbildung oder gleichwertige Fähigkeiten und Erfahrungen	13								
Besondere Schwierigkeit und Bedeutung oder hochwertige Leistungen bei besonders schwierigen Aufgaben	14								
Unterstellung von mind. drei Beschäftigten mind. der EG 13	14								
Besondere Schwierigkeit und Bedeutung sowie erhebliches Maß der Verantwortung	15								
Unterstellung von mind. fünf Beschäftigten mind. der EG 13	15								

4 Berufsbilder

Es gibt zahlreiche Möglichkeiten, sich für eine Karriere im Bibliothekswesen zu qualifizieren.

Neben den „klassischen Ausbildungswegen" einer fachspezifischen Ausbildung, eines bibliotheksbezogenen Hochschulstudiums oder eines wissenschaftlichen Studiums mit anschließendem Bibliotheksreferendariat werden in Bibliotheken auch zunehmend Menschen ohne bibliothekarische Ausbildung und Studienabschlüsse gesucht. Das Spektrum reicht von Buchbinder:innen, Restaurator:innnen, Kulturmanager:innen und Marketing-Kaufleuten über technische Angestellte, Architekt:innen, Verwaltungsangestellte und Jurist:innen bis zu Pädagog:innen und IT-Fachleuten verschiedenster Spezialisierung. Es lohnt sich also immer, die Ausschreibungen der jeweiligen Häuser im Blick zu haben.

Die Durchlässigkeit zwischen den Qualifikationsebenen wird durch die Erwähnung der „sonstigen Beschäftigten" in der Entgeltordnungen ermöglicht, da neben den Ausbildungsvoraussetzungen auch die tatsächlich ausgeübten Tätigkeiten eingruppierungsrelevant sind, vgl. Kapitel I.2 *Vorgang der Eingruppierung*. Durch Fortbildungsangebote an Verwaltungshochschulen oder durch berufsbegleitende Studienangebote ergeben sich darüber hinaus Aufstiegsmöglichkeiten über die jeweiligen Qualifikationsniveaustufen hinaus. Die Fortbildung zur/zum Fachwirt:in[9] ermöglicht z. B. den Fachangestellten den Übergang in den gehobenen Dienst. Sie wird nach den Regelungen der Industrie- und Handelskammern oder anderer zuständiger Stellen in Teilzeit angeboten und dauert zwei oder drei Jahre.

Bei Bibliothekar:innen können Kenntnisse seltener Sprachen oder bestimmter nichtlateinischer Schriften für den Aufstieg ebenso dienlich sein wie ergänzende IT-Qualifikationen oder Zertifikate z. B. für das Forschungsdatenmanagement.[10]

In Bibliotheken sind auch Personen im Beamtenstatus tätig, und es werden Vorbereitungsdienste meist für den höheren Bibliotheksdienst durchgeführt. Im Folgenden wird der Einfachheit halber nur die Unterscheidung mittlerer, gehobener und höherer Dienst in Bibliotheken verwendet. Eine Übersicht der möglichen Bezeichnungen, die je nach Bundesland bzw. Bund differieren, hilft bei der Orientierung:

Überblick über die Laufbahngruppen

Bund/Länder	Laufbahnstruktur			
Bund, Brandenburg, Saarland, Sachsen	Einfacher Dienst	Mittlerer Dienst	Gehobener Dienst	Höherer Dienst
Baden-Württemberg	-	Mittlerer Dienst	Gehobener Dienst	Höherer Dienst
Berlin, Hessen, Nordrhein-Westfalen, Thüringen	Einfacher Dienst	Mittlerer Dienst	Gehobener Dienst	Höherer Dienst
Bremen, Hamburg, Niedersachsen, Mecklenburg-Vorpommern, Sachsen-Anhalt, Schleswig-Holstein	Laufbahngruppe 1		Laufbahngruppe 2	
	Erstes Einstiegsamt	Zweites Einstiegsamt	Erstes Einstiegsamt	Zweites Einstiegsamt
Bayern	Erste Qualifikationsebene	Zweite Qualifikationsebene	Dritte Qualifikationsebene	Vierte Qualifikationsebene
Rheinland-Pfalz	Erstes Einstiegsamt	Zweites Einstiegsamt	Drittes Einstiegsamt	Viertes Einstiegsamt
Zuordnung zum DQR/EQR	**Niveau 3**	**Niveau 4**	**Niveau 6**	**Niveau 7**

Abb. 1: *Überblick über die Laufbahngruppen*[11]

---

[9] https://web.arbeitsagentur.de/berufenet/beruf/steckbrief/58334.
[10] https://www.th-koeln.de/weiterbildung/zertifikatskurs-forschungsdatenmanagement_82048.php
[11] Deutscher Qualifikationsrahmen. Liste der zugeordneten Qualifikationen. Stand: 01.08.2023. https://www.dqr.de/dqr/shareddocs/downloads/media/content/2023_dqr_liste_zugeordnete_qualifik_01082023.pdf?__blob=publicationFile&v=4, S. 89.

Ausbildung bzw. mittlerer Dienst

Die Ausbildung zur/zum Fachangestellten für Medien- und Informationsdienste (FaMI) ist im Deutschen Qualifikationsrahmen (DQR)[12] und damit auch analog dem europäischen Pendant EQR[13] Niveau 4 zugeordnet.

Nach Abschluss einer dreijährigen Berufsausbildung zur/zum FaMI können sowohl in öffentlichen als auch in wissenschaftlichen Bibliotheken die entsprechenden Tätigkeiten wahrgenommen werden. Die Ausbildung kann auf Antrag um ein Jahr verkürzt werden. Eingruppierungen sind, je nach Tätigkeit, zwischen TVL E 5 bis TVL E 9a üblich. Im Beamtenbereich erhält eine Person nach erfolgreicher Beendigung der Ausbildung eine Stelle im mittleren Dienst mit einer Besoldung bis A9, je Anforderung an selbständiges Handeln und den dazugehörigen Entscheidungsspielraum.

Die Ausbildung zur/zum FaMI löste 1998 den Ausbildungsberuf Assistent:in an Bibliotheken ab,[14] deren Vorläufer wiederum der/die Büchereiangestellte war. Die Ausbildung ist in vier Fachrichtungen möglich: Archiv (A), Information und Dokumentation (IuD), Bildagentur (BA) sowie Bibliothek (B). Im Jahr 2000 kam die Fachrichtung Medizinische Dokumentation hinzu.

Ausbildungsvoraussetzung ist ein Schulabschluss der zehnten Klasse. Organisiert ist die Ausbildung dual. Die Auszubildenden durchlaufen die verschiedenen Abteilungen der Ausbildungseinrichtungen (z. B. Bibliotheken in kommunaler Trägerschaft oder in Trägerschaft eines Bundeslandes oder des Bundes, Bibliotheken in privater Trägerschaft oder Weiterbildungseinrichtungen) und erwerben die theoretischen Kenntnisse in Berufsschulen.

Die berufliche Tätigkeit nach erfolgreich abgeschlossener Ausbildung ist in öffentlichen oder wissenschaftlichen Bibliotheken möglich und hat häufig Schwerpunkte in der Vermittlung von Informationsdienstleistungen, in der Bearbeitung von Medien oder in der Veranstaltungsmitarbeit.

Man merkt der Ausbildungsordnung an, dass sie über zwanzig Jahre alt ist. Die Digitalisierung der Prozesse und der Medien findet keine adäquate Abbildung, Automatisierungstechnologien spielen keine Rolle und die integrierten Bibliothekssysteme hatten ihren Schwerpunkt in der Erstellung eines gemeinsamen Verbundkataloges.

Deshalb finden seit einigen Jahren vom Bundesinstitut für Berufsbildung (BIBB) koordinierte Gespräche zur Neufassung der Ausbildung statt.[15] Diese soll im Jahr 2024 starten. Bisher liegt allerdings nur die vom BIBB herausgegebene Voruntersuchung vor.[16] Geplant werden eine grundlegende Modernisierung der Ausbildungsinhalte, eine Namensänderung, der Wegfall der Fachrichtung Bildagentur und die Verbesserung der Abschlussprüfung.[17]

Theoretisch können die Bundesländer in ihren Beamtenlaufbahngesetzen zulassen, dass Fachangestellte verbeamtet werden, der DQR 4 entspricht dem zweiten Einstiegsamt bzw. der zweiten Qualifikationsebene (Bayern) der Laufbahngruppe 1. Ein Vorbereitungsdienst für Beamt:innen in Bibliotheken existiert nicht. In Bayern gibt es aber z. B. einen Vorbereitungsdienst für Beamt:innen im Archivdienst.

Hochschulstudium bzw. gehobener Dienst

Mit einem abgeschlossenen grundständigen Bachelorstudium für den Bibliotheks- oder Informationsbereich steigen die Absolvent:innen in DQR/EQR Niveau 6 ein. Dasselbe Niveau erreichen Fachwirt:innen. Diese Fortbildung ist möglich mit abgeschlossener Ausbildung zur/zum FaMI.[18]

---

12 Die Qualifikationsrahmen werden in diesem Abschnitt verwendet, um einen einheitlichen Bezugsrahmen zu nutzen und den Vergleich mit Ausbildung und Studienabschlüssen im europäischen Ausland über die Konkordanz zum EQR herstellen zu können. https://www.dqr.de/dqr/de/der-dqr/der-dqr_node.html
13 https://europa.eu/europass/de/europass-tools/europaeischer-qualifikationsrahmen
14 Vgl. https://www.bibb.de/dienst/publikationen/de/download/17944, S. 154.
15 BIBB-Entwicklungsprojekt 2.2.327: BIBB / DaPro – Datenbank der Projekte des Bundesinstituts für Berufsbildung, abgerufen am 02.07.2023.
16 Bundesinstitut für Berufsbildung: 2.2.341 – Voruntersuchung der Berufsausbildung Fachangestellte für Medien- und Informationsdienste Entwicklungsprojekt, Abschlussbericht. Bonn 2022.
17 Ebd., S. 4.
18 Fachwirt für Medien- und Informationsdienste – Beruf & Gehalt (weiterbildung-fachwirt.de). Informationen auch hier: https://www.bib-info.de/ausbildung/ausbildungsgaenge/fachwirtin-information-zur-ausbildung-bib

Die entsprechende Beamtenlaufbahn im gehobenen Dienst ist v. a. in wissenschaftlichen Bibliotheken durchaus verbreitet. In Bayern kann zur Qualifikation als Beamter oder Beamtin der dritten Qualifikationsebene ein Bachelor-Studium an der Hochschule für den Öffentlichen Dienst absolviert werden. Dieses dauert ebenfalls drei Jahre. In der Regel wird bei Ausschreibungen von Stellen im Beamtenstatus die Einstellung jedoch, sofern kein Vorbereitungsdienst absolviert worden ist, zunächst im Angestelltenverhältnis erfolgen. Möglich wäre auch die Anerkennung des vorliegenden Bachelor-Abschlusses als gleichwertige Zugangsvoraussetzung für eine Beamtenlaufbahn. In Deutschland gibt es einige staatlichen Hochschulen, die bibliothekswissenschaftliche oder informationswissenschaftliche Studiengänge anbieten.[19] In den letzten Jahren haben sich die Anforderungen vor allem in wissenschaftlichen Bibliotheken gewandelt. Zunehmend werden Spezialist:innen im Umgang mit Daten und folglich Absolvent:innen der entsprechenden datenbezogenen Studiengänge (Data Scientist, Data Analyst, Data Curator) gesucht, die bereits zunehmend an staatlichen Hochschule angeboten werden. Die Studierenden (und auch die Hochschulen) haben als spätere Einsatzorte jedoch häufig nicht Bibliotheken vor Augen, so dass eine starke Konkurrenz um Absolvent:innen an der Tagesordnung ist. Die Hochschulen haben idealerweise innovative Bibliotheken als Einsatzorte präsent. Für Bibliotheken und bibliothekarische Verbände gilt es, das Arbeitsfeld Bibliothek bekannt zu machen.

Bachelorstudiengänge sind häufig Vollzeit-Studiengänge, die sechs bis sieben Semester dauern[20]. Es gibt jedoch auch die Möglichkeit, berufsbegleitend in Form eines beruflichen Weiterbildungsstudiengangs den Bachelor zu erwerben. Hilfreich kann es sein, hierfür Vereinbarungen mit dem jeweiligen Arbeitgeber zu schließen.

Wie unter anderem in den Tabellen der Arbeitsvorgänge in Teil II nachlesbar ist, haben sich die Anforderungen und Tätigkeiten in Bibliotheken stark diversifiziert. Es gibt und es wird auch in den nächsten Jahren noch Bedarf an der Formalerschließung von digitalen oder gedruckten Medien geben. Auch werden weiterhin Materialien gekauft, bereitgestellt und dazu beraten bzw. wird die Recherche nach Informationen fachlich vermittelt, unterstützt und durchgeführt.

Aber auch fachliche Spezialisierungen und pädagogische Kompetenzen sind nachgefragt, da sie Voraussetzung für differenzierte und auf unterschiedliche Zielgruppen zugeschnittene Angebote sind.

Aufgrund der Dynamik, mit der sich das Berufsbild entwickelt, wäre es wünschenswert, wenn Bachelorabsolvent:innen immer Bibliotheken als potenzielle Arbeitsorte in Betracht ziehen würden.

Wissenschaftlicher Hochschulabschluss bzw. höherer Dienst

Personen mit einem abgeschlossenen wissenschaftlichen Hochschulstudium auf mindestens Master-Niveau können Aufgaben übertragen bekommen, die einen wissenschaftlichen Hochschulabschluss ab EG 13 aufwärts erfordern. Das sind Tätigkeiten als Fachreferent:in, Leitungstätigkeiten und weitere fachwissenschaftlich fundierte Tätigkeiten. Die entsprechende Qualifikation für die Beamtenlaufbahn erfordert einen zweijährigen Vorbereitungsdienst in Form eines Referendariats oder Volontariats. Die jeweilig anerkannten Vorbereitungsqualifikationen sind in den Laufbahnverordnungen für verbeamtete Personen der Bundesländer geregelt. Die Besoldung beginnt mit A 13.

Für die Qualifikation als Fachreferent:in wird häufig ein mit mindestens Masterabschluss absolviertes Studium des zu betreuenden Fachs plus eines Master in Bibliothekswissenschaft, Library and Information Sciences (MaLIS) o. ä. gefordert. Für allgemeine Leitungsaufgaben oder spezielle Aufgaben können andere Abschlüsse in Frage kommen bzw. ist ein bibliotheksfachlicher Master-Abschluss ausreichend. Hier sollten die Ausschreibungen genau gelesen und im Zweifelsfall bei den ausschreibenden Einrichtungen nachgefragt werden.

Mit einem erfolgreich abgeschlossenen konsekutiven Masterstudium erfolgt der Einstieg in den bibliothekarischen Beruf auf DQR/EQR Niveau 7, mit einem Doktortitel auf Niveau 8.

---

19 Eine Liste der Hochschulen finden Sie hier: VDB – Verein Deutscher Bibliothekarinnen und Bibliothekare: Informationen zu Ausbildung und Berufseinstieg als wissenschaftliche Bibliothekarin / wissenschaftlicher Bibliothekar (vdb-online.org)
20 Vgl.: https://www.wikiwand.com/de/Bibliothekar#/Ausbildung_und_Berufsgruppen

Ein bibliothekswissenschaftlicher Doktorgrad kann am Institut für Bibliothekswissenschaft in Berlin erworben werden.[21]

Der Vorbereitungsdienst für die Beamtenlaufbahn dauert zwei Jahre und ist in vielen Bundesländern als Referendariat möglich. Dabei wird ein Jahr in der jeweiligen Ausbildungsbibliothek und in Praktikumsbibliotheken verbracht und ein Jahr der Master an einer Hochschule erworben.

Inzwischen wird der Master häufig ausbildungsbegleitend erworben. Es handelt sich dann um eine Mischung aus Präsenzterminen, eigenem Studium und online stattfindenden Konsultationen.[22]

In Thüringen, Sachsen und Sachsen-Anhalt (geplant auch in Mecklenburg-Vorpommern) wird die Ausbildung als Volontariat durchgeführt. Sollte eine Verbeamtung erwünscht sein, ist genau zu prüfen, ob die jeweiligen Bundesländer das Volontariat mit begleitendem Master-Abschluss in den Laufbahnverordnungen als gleichwertig anerkennen. Ansonsten erfolgt die Einstellung nach dem jeweiligen Tarifvertrag im Angestelltenverhältnis. Das Volontariat ist privatrechtlich organisiert, üblich ist eine Bezahlung mit 0,5 TVL E 13 und Übernahme der Studienkosten.[23]

Die klassischen Tätigkeitsfelder sind Managementpositionen bzw. Leitungsfunktionen auf allen Ebenen bis hin zu Beamt:innen der B-Gruppen. Unterschieden wird häufig, ob ein Masterabschluss im Bibliothekswesen, z. B. ein Master of Library and Information Sciences, im Anschluss an einen Master in einem anderen Fach erworben worden ist (Doppel-Master) oder ob der bibliothekarische Master auf ein Bachelor-Studium aufbaut. Nach Bologna qualifizieren beide Wege für eine Tätigkeit im wissenschaftlichen Dienst, aber je nach Tätigkeit wird so nicht immer eingestellt. Für Fachreferatstätigkeiten werden häufig zwei Master-Abschlüsse gewünscht, um den Wissenschaftler:innen bei möglichst forschungsnahen Tätigkeiten auf „Augenhöhe" begegnen zu können und um den Bestandsaufbau wissenschaftlich fundiert vornehmen zu können.

Aufgrund der stärkeren Orientierung am Bedarf der Forschung in wissenschaftlichen Bibliotheken kommt es auch vor, dass Fachwissenschaftler:innen ohne bibliothekarischen Hochschulabschluss eingestellt werden.

Letzterer wird manchmal berufsbegleitend im Nachgang erworben, jedoch gerade bei befristeten Projektstellen längst nicht immer. Diese Tendenz wird z. B. vom Rat für Informationsstrukturen befürwortet, sie wird aber z. B. vom VDB durchaus kritisch gesehen.[24]

Für IT-Qualifikationen, die in Bibliotheken nahezu immer gebraucht werden, gilt schon lange, dass ein bibliothekarischer Master-Abschluss eher selten vorhanden ist oder benötigt wird, wenngleich ein gewisses Verständnis für bibliothekarische Handlungsfelder durchaus hilfreich ist. Für die sogenannten „Systembibliothekar:innen" galt die bibliothekarische Qualifikation immer schon als Voraussetzung.

Allgemein gilt – und zwar für alle Qualifikationsniveaus – dass Quereinsteiger:innen gesucht und vermehrt eingestellt werden. Das Angebot an berufsbegleitenden Fortbildungen oder Zertifikatskursen wird ständig ausgebaut[25] und die gesuchten Qualifikationen kommen aufgrund der Vielfältigkeit und Heterogenität der Berufsbilder in Bibliotheken aus vielen Richtungen.

---

[21] https://www.ibi.hu-berlin.de/de/forschung/prom_habil/prom_habil
[22] Z. B. Institut für Bibliothekswissenschaft in Berlin: https://www.ibi.hu-berlin.de/de/studium/studiengaenge/fernstudium/fstartseite; TH Köln: https://www.th-koeln.de/studium/bibliotheks-und-informationswissenschaft-master_3202.php; Bibliotheksakademie Bayern: https://www.bsb-muenchen.de/kompetenzzentren-und-landesweite-dienste/ausbildung-fortbildung-jobs/bibliotheksakademie-bayern/
[23] VDB – Verein Deutscher Bibliothekarinnen und Bibliothekare: Informationen zu Ausbildung und Berufseinstieg als wissenschaftliche Bibliothekarin / wissenschaftlicher Bibliothekar (vdb-online.org)
[24] https://rfii.de/?p=3883, und https://www.vdb-online.org/2019/11/28/dialogpapier-des-vdb-zu-den-empfehlungen-des-rfii-zu-digitalen-kompetenzen/
[25] Holste-Flinsbach, Karin: Quereinsteigende qualifizieren. In: Bibliotheksdienst, 2023; 57(1), S. 8–18.

5 Arbeit mit den Tabellen der Arbeitsvorgänge

Dieses Kapitel erläutert den Aufbau des Verzeichnisses der Arbeitsvorgänge und erklärt den Inhalt der Spalten der tabellarischen Darstellung. Dem Verzeichnis der Arbeitsvorgänge vorangestellt sind diese Themen, die *nicht* in Tabellenform behandelt werden:
- Leitung
- Vertretungstätigkeit
- Fachreferat
- Übergreifende Kooperationen

In Tabellenform folgen dann:
1. Bestandsaufbau, Erwerbung, Medienbearbeitung
2. Benutzung
3. IT in der Bibliothek
4. Schulung und Beratung
5. Öffentlichkeitsarbeit und Kommunikation
6. Forschungsnahe Dienste
7. Bau und Einrichtung
8. Aus- und Fortbildung
9. Verwaltung in der Bibliothek

Teil III. Arbeitsvorgänge in staatlichen Büchereifachstellen und Bibliotheksfachstellen (AVBF)

Das Verzeichnis der Arbeitsvorgänge stellt die Tätigkeiten in wissenschaftlichen Bibliotheken dar. Die Reihenfolge der Themen ist bewusst gewählt und beginnt mit Sachverhalten bzw. Arbeitsvorgängen, die sich nicht tabellarisch darstellen lassen. Das folgende Tabellenwerk ist thematisch gegliedert. Hier finden sich klassische Aufgabenbereiche wie „Benutzung" und neue Aufgabengebiete wie „Forschungsnahe Dienste". Die Zuordnung der Arbeitsvorgänge zu den o. g. Themen ist der Versuch, die Vielfalt alter und neuer Aufgaben in wissenschaftlichen Bibliotheken organisatorisch zu verorten.

In Teil III finden sich die Arbeitsvorgänge in staatlichen Büchereifachstellen und Bibliotheksfachstellen, deren Stellen überwiegend dem TV-L unterliegen, die sich inhaltlich aber mit Themen öffentlicher Bibliotheken befassen. Der Aufbau dieser Tabellen ähnelt den Tabellen in Teil II.

Die Arbeitsvorgänge werden in Tabellenform dargestellt. Diese Tabellen sind in fünf Spalten gegliedert, die folgenden Inhalt haben:

Spalte 1 (Lfd. Nr. AV) enthält die laufende Nummer des Arbeitsvorgangs.

Spalte 2 (Arbeitsvorgang) benennt den Arbeitsvorgang.

„Siehe" Hinweise in Spalte 2: Bei nicht nummerierten Arbeitsvorgängen erfolgt die Behandlung an anderer Stelle und es wird auf die Nummer des Arbeitsvorgangs verwiesen.

Spalte 3 (Erläuterungen, Beispiele, Arbeitsschritte) enthält Erläuterungen zum Arbeitsvorgang und Beispiele, sofern dies nicht unmittelbar aus der Formulierung des Arbeitsvorganges hervorgeht. Die Beispiele können auch Arbeitsleistungen beinhalten, aus denen sich ein Arbeitsvorgang zusammensetzt („Zusammenhangstätigkeit", vgl. hierzu I.2 Übersicht 1 und Kapitel I.3). Für die sachgerechte Durchführung eines Arbeitsvorgangs müssen nicht alle erfüllt sein. Die Beschreibung dient der Veranschaulichung und ist abhängig von der Organisationsstruktur der Bibliothek.

„Siehe-auch-Verweise" in Spalte 3: Diese nehmen Bezug auf ähnliche bzw. vergleichbare Arbeitsvorgänge in anderen Tätigkeitsbereichen. Hier werden die vergleichbare Fundstelle, Abschnitte und ggf. Nummer des Arbeitsvorgangs genannt.

Spalte 4 (Anforderungen, ggf. Wirkungen) definiert die für die sachgerechte Ausführung des Arbeitsvorgangs notwendigen Anforderungen. Hier finden sich Kenntnisse von Anweisungen und Regelwerken sowie von Vorschriften und Gesetzen. Ebenso aufgeführt sind Anforderungen, aus denen die Selbständigkeit der Leistung, das Maß der Verantwortung und der Schwierigkeit und Bedeutung des Arbeitsvorgangs hervorgehen. Tarifrechtliche Begriffe wurden hier bewusst nicht aufgeführt, da dies dem Bewertungsprozess vorgreifen könnte. In der Ausfüllhilfe zu Tätigkeitsbeschreibungen des Bundesministeriums des Innern findet sich hierzu folgender Hinweis:

> Dabei sollte darauf geachtet werden, dass in der Beschreibung Bewertungen der Tätigkeiten *nicht* vorweggenommen werden. Somit ist auf Formulierungen, welche tarifrechtliche Begriffe oder wertende Adjektive beinhalten, wie bspw. *selbständiges Erarbeiten*, Voraussetzung sind *gründliche und vielseitige Fachkenntnisse*, die Tätigkeiten unterliegen einer *besonderen Schwierigkeit und Bedeutung* etc., möglichst zu verzichten.

Gerade bei „besondere Schwierigkeit und Bedeutung" bzw. „Maß der Verantwortung" ist es zielführender, den Inhalt entsprechend zu kontextualisieren oder verwandte Begriffe zu verwenden.

Spalte 5 (Entgeltgruppe) führt die Entgeltgruppe auf, die sich aus dem Sachverhalt der Spalten 2–4 ergibt. Wo sich die Entgeltgruppen der Tarifverträge der Länder und des Bundes unterscheiden, werden beide Möglichkeiten genannt, kenntlich gemacht durch „L" für Länder und „B" für Bund, im Teil III durch „L" für Länder und „VKA" für den Bereich Kommunen. Durch die Anwendung der Tätigkeitsmerkmale des Allgemeinen Teils auf Beschäftigte in Bibliotheken kann hier eine Spanne von Entgeltgruppen stehen, da die Bewertung des Arbeitsvorgangs teilweise abhängig vom Anteil z. B. selbständiger Leistungen an der Gesamtarbeitszeit ist. Darauf weisen auch Fußnoten hin. Beim Tätigkeitsmerkmal „Besondere Schwierigkeit und Bedeutung" müssen beide Aspekte erfüllt sein, und für die Bewertung ist der prozentuale Anteil entscheidend. Bei den Angaben im Tabellenwerk handelt es sich um die Einschätzung von Expert:innen. Korridore von Entgeltgruppen sind nur in Ausnahmefällen angegeben und nur da, wo es sich nicht vermeiden lässt, mit Fußnoten erklärt:

*   je nach zeitlichem Umfang, siehe I.3 Erfassung von Arbeitsvorgängen
**   „Vielseitigkeit", siehe I.2.7 Tätigkeitsmerkmale des Tätigkeitsstrangs
***   je nach Aufgaben- / Organisationsstruktur, siehe II. Leitung

Die in den Arbeitsvorgängen für öffentliche Bibliotheken (AVÖB) enthaltene Spalte „Tätigkeitsmerkmal ggf. Fallgruppe", in der der Wortlaut des Tätigkeitsmerkmals für die entsprechende Entgeltgruppe zitiert wurde, ist hier aus Gründen der Lesbarkeit nicht extra aufgeführt. Die Entgeltordnungen des Verwaltungs- bzw. Bibliotheksbereiches für Länder, Bund sowie Kommunen inklusive aller Tätigkeitsmerkmale finden Sie unter *IV. Anhang*.

Vor der Benutzung des Verzeichnisses der Arbeitsvorgänge sollten auch die nachstehenden **Hinweise** beachtet werden:
– Die verschiedenen Regelwerke der Formalerschließung sowie die unterschiedlichen in Bibliotheken verwendeten Systematiken sind gleichwertig, auch wenn jedes Regelwerk bzw. jede Systematik spezifische Regeln oder Schwierigkeiten hat.
– Ebenso sind beim Bestandsaufbau i. d. R. keine Unterschiede zwischen den Medienarten zu machen.

Das Verzeichnis der Arbeitsvorgänge erleichtert somit die Erstellung von Stellenbeschreibungen, da es standardisierte Formulierungen bereithält.

Bei der Anfertigung einer Stellenbeschreibung sollte man sich zunächst einen Überblick über die Aufgaben der/des jeweiligen Beschäftigten verschaffen und sich dann die entsprechenden Arbeitsvorgänge aus dem Verzeichnis herausziehen. Dabei wird empfohlen, ähnliche Abschnitte der Tabellen zu prüfen und in anderen Tätigkeitsbereichen aufgeführte Arbeitsvorgänge in Betracht zu ziehen, um die Arbeitsvorgänge zu beschreiben. Es können je nach Organisationsstruktur der Einrichtung in den Tabellen aufgeführte Arbeitsvorgänge zusammengefasst werden, wenn sie in einem direkten zeitlichen und sachlichen Zusammenhang stehen (s. I.2 und I.3) – teilweise sind in den Tabellen auch solche Zusammenhangstätigkeiten nochmals als separater Arbeitsvorgang aufgeführt.

Nach der Zusammenstellung der Arbeitsvorgänge ist die Bestimmung der Zeitanteile zu prüfen. Um die Gesamtzahl der Arbeitsvorgänge überschaubar zu halten, sollen nach Möglichkeit Arbeitsschritte bzw. -vorgänge zusammengefasst werden. Ebenso ist zu prüfen, ob aufgeführte Arbeitsvorgänge aufgrund des Arbeitsergebnisses in der jeweiligen Bibliothek eine Zusammenhangstätigkeit darstellen, zu einem Arbeitsergebnis führen und somit entsprechend zusammenzufassen sind.

II Tabellen der „Arbeitsvorgänge in wissenschaftlichen Bibliotheken" (AVWB)

Nicht in den Tabellen aufgeführte Tätigkeitsbereiche

Tätigkeiten aus den Bereichen Leitung und Vertretungstätigkeiten sowie Fachreferat und übergreifende Kooperationen werden aufgrund ihrer besonderen Struktur nicht in den nachfolgenden Tabellen aufgeführt. Meist handelt es sich um sich über mehrere Gebiete erstreckende Tätigkeiten oder Verantwortungen, die sich nicht in einem tabellarischen Schema abbilden lassen und deshalb im Folgenden einzeln erläutert werden.

Leitung

Führung (bzw. Leitung) bezeichnet die planenden, koordinierenden und kontrollierenden Tätigkeiten innerhalb einer Organisation oder Organisationseinheit. Damit verbunden ist die Organisations-, Finanz- und Personalverantwortung für den zu leitenden Bereich. Das Leitungshandeln in einer wissenschaftlichen Bibliothek ist an den Aufgaben und Zielen der Bibliothek bzw. der wissenschaftlichen Einrichtung ausgerichtet, die sie trägt (z. B. der Universität, der Hochschule oder der Forschungseinrichtung).

Es gibt jedoch auch Bibliotheken, die eigenständige Körperschaften sind (z. B. als Anstalten öffentlichen Rechts oder als Stiftungen öffentlichen oder privaten Rechts) oder als Landes- oder Staatsbetrieb eigenständige staatliche Dienststellen sind. Hierzu zählen insbesondere die rechtlich eigenständigen Landes- bzw. Regionalbibliotheken und die Leibniz-Institute TIB, ZBMed und ZBW, die aus den zentralen Fachbibliotheken hervorgegangen sind und heute eine Verbindung von Bibliothek und Forschungseinrichtung darstellen.

Je nach Größe und Aufgabenspektrum der Bibliothek ist Leitung Aufgabe einer oder mehrerer Personen. In kleineren Bibliotheken können die Leitungsaufgaben insgesamt von einer Person wahrgenommen werden. In größeren Bibliotheken wird Leitung auf mehreren Ebenen mit unterschiedlichem Verantwortungsumfang wahrgenommen.

Leitung ist ein Arbeitsvorgang mit mehreren Aspekten, die nicht einzeln bewertet werden, da sie gemäß Aufspaltungsverbot Bestandteil des einen Arbeitsvorgangs Leitung sind. („Die Übernahme einer Leitungstätigkeit spricht regelmäßig für die Annahme eines einheitlichen Arbeitsvorgangs." BAG, Urteil vom 12.12.2012, AZR 199/11; BAG, Urteil vom 16.05.2012, 4 AZR 300/10.)

Typische Arbeitsleistungen im Rahmen von Leitungsaufgaben sind:
- Personalentscheidungen
- Budgetverantwortung
- Strategische Planung für Einrichtungen oder Teilbereiche
- Gremienarbeit
- Vertragsverhandlungen
- Personaleinsatzentscheidungen
- Fragen der Koordinierung im unterstellten Bereich
- sonstige Organisationsangelegenheiten
- Entscheidungen über Vorschläge/Entwürfe aus dem unterstellten Bereich
- Erörterung von Sachfragen mit Mitarbeiter:innen und Entscheidung hierüber
- eigene Bearbeitungen, z. B. Berichte, wissenschaftliche Arbeiten

Mit Leitung ist so gut wie immer die Leitung eines Teams und/oder einer Abteilung verbunden. Leitung kann sich allerdings auch ausschließlich auf Budgetverantwortung oder strategische Planung beziehen und ohne Personalverantwortung ausgeübt werden.

Kriterien für die Bewertung von Leitungsaufgaben sind Tätigkeitsmerkmale, die mit unbestimmten Rechtsbegriffen (z. B. Verantwortung, Schwierigkeit, Bedeutung) beschrieben werden. Dabei spielt die Größe der Bibliothek, die Höhe des Budgets, das Informations- und Serviceangebot und die Zahl der Beschäftigten eine Rolle. Mit wachsender organisatorischer Komplexität, dem Umfang, der Vielfalt und der Reichweite der Angebote, dem zur Verfügung stehenden Budget und der Zahl der Beschäftigten nehmen Verantwortung, Schwierigkeit und Bedeutung zu.

Bei der Bewertung von Leitungsaufgaben ist zu berücksichtigen, dass sich die Rolle wissenschaftlicher Bibliotheken im Forschungs- und Lehrprozess durch die Digitalisierung verändert hat und weiter verändern wird. Mit dem daraus resultierenden erweiterten Aufgabenspektrum sind die Anforderungen an Bibliotheksleitungen gestiegen.

Die Leitung einer Hochschulbibliothek ist demzufolge mindestens mit EG 13 zu bewerten. Dasselbe gilt für Bibliotheken von Forschungseinrichtungen.

Die Tätigkeitsmerkmale der EG 14 und EG 15 (TV-L und Bund) sehen Unterstellte als einzigen eindeutigen Indikator für die Heraushebung. EG 14 FG 4 ist anzuwenden auf „Beschäftigte …, denen mindestens drei Beschäftigte mindestens der Entgeltgruppe 13 durch ausdrückliche Anordnung ständig unterstellt sind", in EG 15 FG 2 werden mindestens fünf entsprechende Beschäftigte gefordert.

Neben der Zahl der unterstellten Beschäftigten sind darüber hinaus weitere Tätigkeitsmerkmale einschlägig: EG 14 FG 1 umfasst „Beschäftigte …, deren Tätigkeit sich durch besondere Schwierigkeit und Bedeutung aus der Entgeltgruppe 13 heraushebt", EG 14 FG 3 solche, „deren Tätigkeit sich dadurch aus der EG 13 heraushebt, dass sie mindestens zu einem Drittel hochwertige Leistungen bei besonders schwierigen Aufgaben erfordert" und EG 15 FG 1 umfasst „Beschäftigte …, deren Tätigkeit sich durch das Maß der damit verbundenen Verantwortung erheblich aus der Entgeltgruppe 14 FG 1 heraushebt". Je nach Aufgabenzuschnitt und Verantwortungsumfang der Bibliothek ist daher zu prüfen, inwieweit diese Merkmale einschlägig sind.

Für die Bewertung der Leitungsaufgaben von Spezialbibliotheken und in Bereichs- und Teilbibliotheken von Bibliothekssystemen sind dieselben Maßstäbe anzuwenden wie für die Bewertung von Leitungsaufgaben der anderen Bibliothekstypen. Maßgeblich sind auch hier der eigenständige Handlungsspielraum der Leitungsperson, die Schwierigkeit und Bedeutung der Aufgabe, das Maß der Verantwortung sowie ggf. die Zahl der unterstellten Beschäftigten der Entgeltgruppen ab EG 13.

Die Tarifverträge kennen keine Regelung, die vorschreibt, dass die Leitung eines Aufgabenbereichs von einer Person wahrzunehmen ist, die höher eingruppiert ist als die ihr unterstellten Personen. Weisungsbefugnis gegenüber direkt unterstellten Mitarbeiter:innen ist gleichwohl ein eingruppierungsrelevantes Tätigkeitsmerkmal. Teamleiter:innen müssen dann höher als die anderen Teammitglieder eingruppiert werden, wenn mit den Leitungstätigkeiten Verantwortung, Schwierigkeit, Bedeutung etc. in bewertungsrelevantem Umfang verbunden sind.

Im vorliegenden Werk werden allgemeine Leitungstätigkeiten nicht in den Tabellen aufgeführt, da allein aus der Beschreibung der Tätigkeit keine eindeutige Bewertung vorgenommen werden kann. Die Bewertung von Leitungsaufgaben ist maßgeblich durch das jeweils bestehende hierarchische Gefüge der Organisation bestimmt. Als Anhaltspunkt für die Bewertung der Leitung einer Bibliothek kann die Bewertung der Leitung vergleichbarer Bibliotheken oder vergleichbarer Leitungsstellen innerhalb einer Einrichtung herangezogen werden. Dabei sind dieselben Maßstäbe anzulegen wie bei der Bewertung von Leitungsaufgaben der Verwaltung oder anderer zentraler Einrichtungen.

Fachliche Leitungs- bzw. Managementtätigkeiten sind den jeweiligen Kapiteln der Arbeitsvorgänge zugeordnet. Hier finden sich Leitungsaufgaben mit Entgeltkorridoren von EG 11–12 und EG 13–15. Die Heraushebungsmerkmale besondere Schwierigkeit, Bedeutung und Verantwortung sind in den konkreten Stellenbeschreibungen auszuführen, wobei die Aspekte Aufgabenprofil, Handlungsspielraum und Personalverantwortung zu berücksichtigen sind.

Bewusst wurden auch Leitungstätigkeiten in einzelnen Arbeitsbereichen mit EG 8 und EG 9a sowie Teamverantwortung mit EG 9b einbezogen. Mit diesen Entgeltgruppen werden Arbeitsvorgänge bewertet, bei denen selbständige Leistungen anfallen und in diesem Rahmen eine begrenzte Entscheidungsbefugnis besteht z. B. die Erstellung von Dienstplänen oder die Organisation des Einstellens in Magazinen.

Vertretungstätigkeit

Im öffentlichen Dienst wird bei Vertretungstätigkeiten grundsätzlich unterschieden zwischen
- einer Abwesenheitsvertretung und
- einer nicht nur vorübergehend übertragenen Vertretungstätigkeit.

Wenn Stelleninhaber:innen aufgrund von Krankheit, Urlaub, Dienstreisen oder anderen Gründen der zeitweiligen Abwesenheit ihre Aufgaben nicht wahrnehmen können, werden diese von Kolleg:innen stellvertretend erledigt, damit die kontinuierliche Aufgabenerfüllung gewährleistet ist.

In der Regel werden die Aufgaben, die durch die Abwesenheit der/des dafür Verantwortlichen nicht bearbeitet werden können, auf ein oder ggf. mehrere andere Beschäftigte verteilt und diesen zeitweise übertragen. Diese Vertretung bezieht sich auf laufende Aufgaben des Tagesgeschäfts. Die Ausübung von Abwesenheitsvertretungen ist für eine Stellenbewertung nicht relevant und wird im Allgemeinen nicht als Arbeitsvorgang in einer Stellenbeschreibung aufgeführt, wenn es sich um Einzelfallentscheidungen handelt, die im Vertretungsfall personenbezogen variieren. Handelt es sich bei der Abwesenheitsvertretung allerdings immer um dieselbe Person, so ist die Aufnahme des Vertretungsgebiets in die Stellenbeschreibung zu empfehlen.

Im Falle einer langfristigen Vertretung (z. B. länger dauernde Erkrankung, Beurlaubung o. Ä.) wird ggf. TVöD § 14 „Vorübergehende Übertragung einer höherwertigen Tätigkeit" mit den dort festgeschriebenen Regelungen für tarifliche Zulagen, u. a. Dauer, Wirksamkeit, Berechnungsweise, greifen. Dabei wird weder die Arbeitsplatzbeschreibung noch deren Bewertung grundsätzlich verändert, sondern ausschließlich die individuelle Bezahlung.

Die nicht nur vorübergehend, sondern ständig und generell übertragene Vertretung und damit in der Regel verbunden der konkrete Stellen- bzw. Personenbezug ist eine dauerhafte Regelung, unabhängig davon, ob die zu vertretende Person anwesend ist oder nicht: Mitarbeiter:in A ist die Vertretung von Mitarbeiter:in B oder auch die „stellvertretende Leitung" ist die „Stellvertretung der Leitung". Die Stellvertretung ist explizit übertragen und unabhängig davon, ob und welche Art von Abwesenheit vorliegt. Die Stellvertretung ist auch gültig bei Anwesenheit. Etabliert ist diese Art von Stellvertretung nur bei Leitungsstellen.

Die dauerhaft übertragene Vertretung ist ein eigener Arbeitsvorgang und damit bei der Bewertung zu berücksichtigen. In der Stellenbeschreibung sollte aufgeführt werden, ob für alle oder nur für bestimmte Tätigkeiten des zu Vertretenden die dauerhaft übertragene Vertretung auszuüben ist. Der Umfang des Arbeitsvorgangs Vertretung kann Einfluss auf die Bewertung haben. Allerdings kann nicht grundsätzlich davon ausgegangen werden, dass die Bewertung der Vertretungstätigkeit der des zu Vertretenden entspricht, da Vertretung nur ein Arbeitsvorgang von mehreren ist und die Stellvertretung weiterhin eigene Aufgaben zu erledigen hat.

Fachreferat

An den meisten Universitätsbibliotheken, aber auch in zentralen Fachbibliotheken, größeren Hochschulbibliotheken und Spezialbibliotheken sind Fachreferent:innen für die Ausrichtung der Bibliotheksangebote auf den Bedarf der verschiedenen Wissenschaftsdisziplinen verantwortlich.

In der Regel ist für die Wahrnehmung von Fachreferatsaufgaben ein einschlägiges wissenschaftliches Hochschulstudium in Verbindung mit einer bibliothekarischen Qualifikation Voraussetzung. In besonders gelagerten Fällen werden Fachreferatsaufgaben aber auch von Beschäftigten mit Hochschulstudium wahrgenommen, beispielsweise wenn es sich um Fachreferatsaufgaben mit stark interdisziplinärer Ausrichtung handelt oder wenn eine enge Verbindung zu Studieninhalten der Bibliotheks- und Informationswissenschaften (z. B. Fach Allgemeines, Bibliotheks- und Informationswissenschaft, Kinder- und Jugendliteratur, Zeitungen usw.) besteht.

Häufig betreuen Fachreferent:innen mehrere Fächer oder bekommen weitere Aufgabengebiete übertragen. Nicht immer besteht eine Übereinstimmung von fachlichem Hochschulabschluss und übertragenem Fach. Genauso kommt es zunehmend vor, dass ein geforderter fachlicher Hochschulabschluss vorliegt, nicht aber ein bibliotheksfachliches Studium. In solchen Fällen gibt es die Möglichkeit, berufsbegleitend den Master of Library and Information Science oder einen vergleichbaren Hochschulabschluss zu erwerben.

Das Berufsbild befindet sich aufgrund der zunehmend forschungsorientierten Ausrichtung in permanentem Wandel. Fachreferent:innen sind im Rahmen ihrer Tätigkeit in verschiedenen Bereichen der Bibliotheksarbeit aktiv. Die klassischen Fachreferatstätigkeiten sind der Bestandsaufbau (Auswahl, Erwerbung, Sacherschließung, Bereitstellung), die wissenschaftliche Betreuung von Sammlungen und die Vermittlung von Informationskompetenz. Die Sacherschließung erfolgt jedoch infolge der digitalen Transformation zunehmend automatisiert und die wissenschaftliche Recherche hat sich durch die Suchmaschinentechnologie und die Möglichkeiten der Volltextsuchen deutlich verändert. Der größere

Stellenwert des Open-Access-Publizierens hat den Schwerpunkt der Fachreferatstätigkeiten verlagert zur Unterstützung des wissenschaftlichen Publizierens und allen damit verbundenen Geschäftsgängen.

Zugleich erweitert und differenziert sich das Aufgabenspektrum je nach Profil der jeweiligen Einrichtung. In den vergangenen Jahrzehnten haben beispielsweise Informationsvermittlung, Beratung und Schulung an Bedeutung gewonnen (z. B. Konzeption und Durchführung von Lehrveranstaltungen, Vermittlung von Informationskompetenz).

Als Bindeglied zwischen Bibliothek und Wissenschaft unterstützen Fachreferent:innen den Forschungsprozess:[26]

– Sie sind aufgrund ihrer eigenen Kenntnisse der Forschungsmethodik einzelner Disziplinen wichtige Gesprächspartner:innen und Dienstleister:innen bei Fragen zur Standardisierung, der Erschließung und der nachhaltigen Sicherung von Forschungsdaten bzw. -ergebnissen.
– Sie bringen die Entwicklungen des Informationssektors in ihre Einrichtungen und vermitteln Tools und Dienste, die Forschungsprozesse unterstützen (z. B. DFG-geförderte Fachinformationsdienste).
– Sie begleiten, steuern oder initiieren Projekte, die der Forschungsmethodik und dem Publikationsverhalten einer Disziplin neue Impulse geben können (z. B. Open Science).
– Sie bringen die Anforderungen der Wissenschaftler:innen in den Aufbau des Dienstleistungsportfolios der Bibliothek ein.

Der Aufgabenzuschnitt von Fachreferaten ist demnach stark abhängig vom Aufgabenprofil, von der Größe und der Organisation der Bibliothek bzw. Einrichtung und variiert daher erheblich. Oft werden, gerade in größeren Einrichtungen, die entsprechenden Tätigkeiten auch von spezialisierten Mitarbeiter:innen wahrgenommen.

In den Tabellen der Arbeitsvorgänge sind die üblichen Fachreferatstätigkeiten sowie Tätigkeiten im Zusammenhang mit Sammlungen, Fachinformationsdiensten sowie Spezialbeständen den einzelnen Themengebieten zugeordnet, um unnötige Doppelungen zu vermeiden. Damit werden Fachreferatsaufgaben analog zu den Aufgaben der Bibliothekar:innen und Fachangestellten für Medien- und Informationsdienste nicht nach Berufsbildern gegliedert, sondern im Sachzusammenhang dargestellt.

Übergreifende Kooperationen

Mit dem digitalen Wandel in wissenschaftlichen Bibliotheken haben übergreifende Kooperationen zwischen wissenschaftlichen Bibliotheken und Einrichtungen erheblich an Umfang und Bedeutung zugenommen.

Die Erwerbung elektronischer Medien erfolgt in der Regel in Konsortien und Einkaufsgemeinschaften mit dem Zweck, die Expertise bei Vertragsverhandlungen zu bündeln, vorhandene Mittel sparsam einzusetzen und eine gute Informationsversorgung möglichst vieler wissenschaftlicher Einrichtungen zu erreichen. Zwischen den Konsortialgeschäftsstellen, den Verbundzentralen und den wissenschaftlichen Bibliotheken hat sich ein enges Kommunikations- und Abstimmungsnetzwerk entwickelt, das es ermöglicht, den Bedarf der Einrichtungen zu ermitteln, Fragestellungen des Konsortiums zu diskutieren und die Rechnungsstellung effizient abzuwickeln.

Schon seit langer Zeit etablierte übergreifende Kooperationen sind die Verbundkatalogisierung und die Fernleihe. Auf diesen Arbeitsfeldern arbeiten die wissenschaftlichen Bibliotheken mit den Verbundzentralen und Der Deutschen Nationalbibliothek intensiv zusammen.

Ein weiterer Bereich übergreifender Kooperationen sind Arbeitskreise zu bestimmten Themen (z. B. Erwerbung, Benutzung, Ausbildung, Open Access, Forschungsdatenmanagement) oder Arbeitsgemeinschaften bestimmter Bibliothekssparten. Diese Kooperationen dienen dem Erfahrungsaustausch und der Orientierung an Best-Practice-Beispielen im Hinblick auf die Bewältigung neuer Aufgaben und aktueller Herausforderungen.

Ein relativ neues Feld übergreifender Kooperationen ist die Zusammenarbeit in zeitlich befristeten Projekten mehrerer Einrichtungen. Es ist ein Trend, dass Drittmittelgeber und Unterhaltsträger übergreifende Verbundprojekte mehrerer Einrichtungen gegenüber Projekten einer Einrichtung bevorzugen. In der Folge nimmt der Kommunikations- und Abstimmungsaufwand zwischen den kooperierenden Einrichtungen erheblich zu.

---

26 Dieser Abschnitt folgt im Wesentlichen der Webseite der VDB-Kommission für Fachreferatsarbeit: https://www.vdb-online.org/kommissionen/fachreferat/

Kooperationen bewirken eine Effizienzsteigerung, ein breites Dienstleistungsspektrum und ein hohes Maß an Standardisierung. Das führt insgesamt zu einer Qualitätssteigerung der erbrachten Dienstleistungen.

Was bedeuten die Kooperationen für die Arbeitsvorgänge in wissenschaftlichen Bibliotheken? Kooperationen können sich auf unterschiedliche Bereiche der bibliothekarischen Arbeit beziehen. Die für die verschiedenen Aufgaben nötigen Qualifikationen und Kenntnisse sind unterschiedlich. Deswegen ist es nicht möglich, einen Arbeitsvorgang „Übergreifende Kooperationen" zu definieren. Es wäre aber auch nicht zielführend, den Kommunikations- und Abstimmungsaufwand im Zusammenhang mit Kooperationen lediglich als „Zusammenhangstätigkeit" aufzufassen. Aufgaben im Zusammenhang mit übergreifenden Kooperationen können Teil der Leistungstätigkeit sein, sie können aber auch von Mitarbeitenden ohne Leistungsfunktionen erfüllt werden. In der Tätigkeitsdarstellung ist konkret zu beschreiben, welche Arbeitsvorgänge und Tätigkeiten im Zusammenhang mit übergreifenden Kooperationen ausgeführt werden.

1 Bestandsaufbau, Erwerbung, Medienbearbeitung (AV 1–96)

Mit der Digitalisierung hat sich das Arbeitsgebiet „Bestandsaufbau, Erwerbung, Medienbearbeitung" stark gewandelt. In den meisten wissenschaftlichen Bibliotheken wird der überwiegende Teil der Erwerbungsmittel für elektronische Medien ausgegeben. Der Kauf und die Lizenzierung elektronischer Medien ist über Konsortien und Einkaufsgemeinschaften organisiert. E-Books und E-Journals werden in der Regel paketweise erworben und erschlossen. Die dazugehörigen Metadaten werden teilweise von Verlagen bereitgestellt und in Kooperation von Verbundzentralen und Bibliotheken aufbereitet.

Die Transformation des wissenschaftlichen Publizierens führt ebenfalls zu Veränderungen in den Workflows. Es müssen Artikel im Zuge der Veröffentlichung validiert, erschlossen und freigegeben werden. Häufig sind Rücksprachen mit Autor:innen notwendig, Affiliationen sind ebenso zu prüfen wie Finanzierungsmodalitäten, Rabatte, Vertragsmodelle und Metadaten.

Dadurch erfordert die Medienbearbeitung ein hohes Maß an Datenkompetenz.

In der Medienbearbeitung überwiegen integrierte Geschäftsgänge. Oft sind Abteilungen in Teams strukturiert, in denen sowohl Mitarbeiter:innen des mittleren als auch des gehobenen Dienstes zusammenarbeiten. Die Verteilung der Tätigkeiten erfolgt nach Schwierigkeitsgrad, wobei von jedem/jeder „selbständige Leistungen" und mehr erwartet werden, denn die Aufteilung von zusammenhängenden Tätigkeiten in einzelne Arbeitsschritte ist selten. Nur in wenigen Einrichtungen wird noch in Strukturen gearbeitet, bei denen „gründliche Fachkenntnisse" ausreichen. Wenn diese Tätigkeiten vorkommen, dann im Rahmen von Mischarbeitsplätzen. Die Summe der dabei auszuführenden verschiedenen Tätigkeiten erfordert „vielseitige Fachkenntnisse".

Das Merkmal „besondere Schwierigkeit und Bedeutung" ist z. B. bei der Mitarbeit auf Verbundebene sowie bei Normierungsarbeiten in Verbünden und in der GND erfüllt. Es kommt auch in personell weniger gut ausgestatteten Bibliotheken vor, wo sich die Arbeiten auf wenige Personen konzentrieren.

Das „damit verbundene Maß der Verantwortung", z. B. bei der Mitarbeit in überregionalen Gremien und bei Forschungsdaten, ergibt sich aus der verantwortungsvolleren Rolle für die Versorgung von Wissenschaft und Öffentlichkeit.

1.1 Bestandsaufbau: Managementaufgaben, Verträge, Konzeptionen, Etatverteilung, Erwerbungsprofile

Nr.	Arbeitsvorgang	Erläuterungen, Beispiele, Arbeitsschritte	Anforderungen, ggf. Wirkungen	Entgeltgruppe
1	Bestandsaufbau und -pflege / Sammlungsmanagement anhand vorgegebener Erwerbungsprofile	Erscheinungen sichten und auswählen anhand vorgegebener Erwerbungsprofile; Treffen einer Vorentscheidung, u. a. Entscheidung über Erwerbungsweg, Lieferantenauswahl; Lieferbedingungen prüfen; Lieferantendaten pflegen	Fähigkeit zur Aufbereitung von Zusammenhängen zur Entscheidung; Spezialisierte Kenntnisse des Haushaltsrechts und der Vergabevorschriften; Kenntnisse des Verlagswesens und der Spezifika der Lieferkonditionen; Erkennen möglicher Folgekostenentscheidungen	10, 11*
2	Bestandsaufbau und -pflege / Sammlungsmanagement an Teil-/Fachbeständen	Bestandsaufbau für besonders schwierige und umfangreiche Fachgebiete mit erhöhter Schwierigkeit der Auswahl und Beschaffung; Besondere fachliche Verantwortung; Wahrnehmung von Verantwortung, die über die eigene Einrichtung hinausgeht; Personalverantwortung; Ergebnisverantwortung	Verständnis für komplexe fachliche Zusammenhänge; Befähigung zur Umsetzung strategischer und kundenorientierter Zielvorgaben und verantwortliche Bearbeitung; Herausragende Kenntnisse zu Verlagsmodellen, Portfolios und über Lizenzmodelle; grundlegende Kenntnisse rechtlicher Rahmenbedingungen	12

---

* je nach Zeitanteil, s. I.3 Erfassung von Arbeitsvorgängen.
** „Vielseitigkeit", s. I.2.7 Tätigkeitsmerkmale des Tätigkeitsstrangs.
*** je nach Aufgaben-/Organisationsstruktur, s. II. Leitung.

Nr.	Arbeitsvorgang	Erläuterungen, Beispiele, Arbeitsschritte	Anforderungen, ggf. Wirkungen	Entgeltgruppe
3	**Bestandsaufbau und -pflege / Sammlungsmanagement sowie Profilbildung an spezialisierten Fachbeständen**	z. B. Fachbestände wissenschaftlicher Universalbibliotheken, Spezialbibliotheken, FID-Bibliotheken; Verausgabung des zugewiesenen Literaturetats in Kooperation mit Lehre, Wissenschaft und Forschung; Analyse und Bewertung der Preisentwicklung; Vorausplanung der Erwerbungskosten für künftige Haushaltsjahre; Marktbeobachtung / Sichtung; Kooperation mit der Lehre, Wissenschaft und Forschung; Entscheidung über Auswahl der zu erwerbenden Literatur nach inhaltlichen und finanziellen Aspekten (Budgetverwaltung) sowie Lizenzierungsmodellen; Entscheidung über Bestellwünsche; Strategische Entscheidung über e-only, only Print oder Mix; Betrachtung und Beachtung von Lizenzen und Rechteverwertung; Prüfung der Einhaltung der vertraglichen Nutzungskonditionen (wie z. B. Remote Access, Walk-in User, Fernleihbedingungen etc.) auf Basis des Lizenzvertrags; ggf. Verhandlungen bei direkter Beschaffung über einen Verlag	Verständnis für komplexe fachliche Zusammenhänge; Befähigung zur Umsetzung strategischer und kundenorientierter Zielvorgaben und verantwortliche Bearbeitung; Umfangreiche und deutlich herausragende, spezialisierte Kenntnisse zu Verlagsmodellen, Portfolios und über Lizenzmodelle; grundlegende juristische Kenntnisse	13
4	**Bestandsaufbau und -pflege / Sammlungsmanagement sowie Profilbildung an wissenschaftlichen Fachbeständen**	Führung eines Teams von wissenschaftlich qualifizierten Mitarbeiter:innen oder Verantwortung für besondere Sammlungen mit fachlichen Spezifika, z. B. Fachbestände wissenschaftlicher Universalbibliotheken, Spezialbibliotheken, FID-Bibliotheken; Marktbeobachtung / Sichtung; Kooperation mit Lehre, Wissenschaft und Forschung; Entscheidung über Auswahl der zu erwerbenden Literatur nach inhaltlichen und finanziellen Aspekten (Budgetverwaltung); Strategische Entscheidung über e-only, only Print oder Mix; Betrachtung und Beachtung von Lizenzen und Rechteverwertung; Prüfung der Einhaltung der vertraglichen Benutzungsbedingungen (wie z. B. Remote Access, Walk-in User, Fernleihbedingungen etc.) auf Basis des Lizenzvertrags; ggf. Verhandlungen bei direkter Beschaffung über einen Verlag; Haushaltsrechtliche Verantwortung für den wirtschaftlichen und sparsamen Umgang mit öffentlichen Mitteln; Ausgabenentwicklung der Vorjahre betrachten, Ermitteln der festgelegten Verpflichtungen, Analyse und Bewertung der Preisentwicklung, Vorausplanung der Erwerbungskosten für künftige Haushaltsjahre	Verständnis für komplexe fachliche Zusammenhänge; Befähigung zur Erarbeitung strategischer und kundenorientierter Zielvorgaben und verantwortliche Bearbeitung; Erfahrungen im Einsatz und weitreichende Kenntnisse von Personalführungsinstrumenten und Verantwortungsübernahme für die Arbeitsfähigkeit des Teams; Umfassende, herausragende Kenntnisse des Verlagsmarkts und des Bedarfs der zu versorgenden Wissenschaftler:innen; Übersetzung des Bedarfs in angemessene Vertragskonditionen	14–15***

* je nach Zeitanteil, s. I.3 Erfassung von Arbeitsvorgängen.
** „Vielseitigkeit", s. I.2.7 Tätigkeitsmerkmale des Tätigkeitsstrangs.
*** je nach Aufgaben-/Organisationsstruktur, s. II. Leitung.

Nr.	Arbeitsvorgang	Erläuterungen, Beispiele, Arbeitsschritte	Anforderungen, ggf. Wirkungen	Entgeltgruppe
5	**Etatverteilungsmodell erstellen und gemäß Modell errechnen, Informationsbudget erstellen**	Erarbeitung eines Modells zur Verteilung der Erwerbungsmittel auf die Interessengruppen; Verteilung der Literaturerwerbungsmittel anhand verschiedener Parameter (z. B. Durchschnittspreise, Studierenden- und Professor:innenzahlen, Publikationskosten, Fächergewichtung, Ausbaugrad, Nutzung); Anpassung an veränderte Bedingungen des wissenschaftlichen Publizierens; Evaluierung und Bewertung der beeinflussenden Parameter	Umfangreiche und deutlich herausragende Kenntnisse des wissenschaftlichen Publizierens und der Verlagslandschaft sowie des Bestandsaufbaus; vertiefte stochastische Kenntnisse; Umfangreiche und deutlich herausragende Kenntnisse der jeweiligen aktuellen fachgebietsspezifischen Medienentwicklung im Hinblick auf bedarfsgerechte Versorgung gemäß Bestandsprofil	13
6	**Erwerbungsprofil weiterentwickeln**	Bestandsbezogene Verantwortung für die Erwerbung nach definierten Schwerpunkten gemäß dem Sammelauftrag der Bibliothek; Berücksichtigung der Ansprüche unterschiedlicher Interessengruppen	Hervorragende Kenntnisse des Medienmarkts und des Bestandsaufbaus; Hervorragende Kenntnisse der jeweiligen aktuellen fachgebietsspezifischen Medienentwicklung im Hinblick auf bedarfsgerechte Versorgung gemäß Bestandsprofil	10, 11*
7	**Fachwissenschaftliches Erwerbungsprofil erstellen**	Erarbeitung der erwerbungspolitischen Zielsetzung entsprechend den spezifischen Anforderungen in Wissenschaft, Forschung und Lehre. Verschiedene Stufen der Sammelintensität definieren gemäß fachsystematischer Gliederung für einzelne Teilgebiete und Themenbereiche innerhalb eines Fachs	Umfangreiche und deutlich herausragende Kenntnisse des wissenschaftlichen Publizierens und der Verlagslandschaft sowie des Bestandsaufbaus; Umfangreiche und deutlich herausragende Kenntnisse der jeweiligen aktuellen fachspezifischen Medienentwicklung im Hinblick auf bedarfsgerechte Versorgung gemäß Bestandsprofil	13
8	**Erwerbungsprofil für Sonderbestände (FID, Spezialsammlungen) erstellen**	Erarbeitung der erwerbungspolitischen Zielsetzung entsprechend spezifischer Anforderungen mit besonderer Verantwortung für Spezialsammlungen und besondere Forschungsinteressen in Wissenschaft, Forschung und Lehre; Verschiedene Stufen der Sammelintensität definieren gemäß fachsystematischer Gliederung für einzelne Teilgebiete und Themenbereiche innerhalb eines Fachs	Umfangreiche, deutlich herausragende spezialisierte Kenntnisse des wissenschaftlichen Publizierens und der Verlagslandschaft der entsprechenden Fächer sowie des Bestandsaufbaus; Umfangreiche, deutlich herausragende spezialisierte Kenntnisse der jeweiligen aktuellen fachspezifischen Medienentwicklung im Hinblick auf bedarfsgerechte Versorgung gemäß Bestandsprofil; Nationale Reichweite und Wirkung	14
9	**Approval Plan, Standing Order erstellen anhand vorgegebener Erwerbungsprofile**	Erstellung eines automatisierten Erwerbungsauftrags gemäß Erwerbungsprofil anhand verschiedener Kriterien wie z. B. Neuerscheinungen, Preise, Schwerpunktsetzungen, Profillinien, Medientypen; Ergebnisverantwortung	Herausragende Kenntnisse des Medienmarktes und des Bestandsaufbaus, Herausragende Kenntnisse der jeweiligen aktuellen fachspezifischen Medienentwicklung im Hinblick auf bedarfsgerechte Versorgung gemäß Bestandsprofil	12

* je nach Zeitanteil, s. I.3 Erfassung von Arbeitsvorgängen.
** „Vielseitigkeit", s. I.2.7 Tätigkeitsmerkmale des Tätigkeitsstrangs.
*** je nach Aufgaben-/Organisationsstruktur, s. II. Leitung.

Nr.	Arbeitsvorgang	Erläuterungen, Beispiele, Arbeitsschritte	Anforderungen, ggf. Wirkungen	Entgeltgruppe
10	Approval Plan / Standing Order erstellen	Umstellung und Ausbau der Erwerbung einer Bibliothek auf automatisierte Erwerbung anhand komplexer Kriterien und unter Berücksichtigung der Besonderheiten des Publikationsmarktes verschiedener Fächer und Verlage; Verhandlung von Rechten und Pflichten unter Berücksichtigung der Anliegen der Interessengruppen und der finanziellen Rahmenbedingungen; Evaluierung und Anpassung der Konditionen und Profilierung des Auftraggebers	Umfangreiche und deutlich herausragende Kenntnisse des Medienmarkts unterschiedlicher Fächer, unterschiedlicher Publikationskulturen und des jeweiligen Bestandsaufbaus; Umfangreiche und deutlich herausragende Kenntnisse der jeweiligen aktuellen fachspezifischen Medienentwicklung im Hinblick auf bedarfsgerechte Versorgung gemäß Bestandsprofil	13
11	Automatisierung von Erwerbungsprozessen erarbeiten und einführen	Umstellung und strategische Ausrichtung der Erwerbung einer Bibliothek auf automatisierte Erwerbung anhand komplexer Kriterien und unter Berücksichtigung der Besonderheiten des Publikationsmarkts verschiedener Fächer und Verlage; Verhandlungen von Rechten und Pflichten unter Berücksichtigung der Anliegen der Interessengruppen und der finanziellen Rahmenbedingungen; Evaluierung und Anpassung der Konditionen und Profilierung des Auftraggebers	Umfangeiche und hoch spezialisierte Kenntnisse des Medienmarkts unterschiedlicher Fächer, unterschiedlicher Publikationskulturen und des jeweiligen Bestandsaufbaus; Konzeptionelles Handeln im Hinblick auf bedarfsgerechte Versorgung und der jeweiligen aktuellen fachspezifischen Medienentwicklung; Hohe Relevanz für das Erwerbungsprofil	14
12	Lizenzverträge für E-Books / Datenbanken verhandeln anhand vorgegebener Erwerbungsprofile	Lizenz- und Kaufverträge für Pakete von E-Books oder Datenbanken gemäß Erwerbungsprofil mit Lieferant:innen verhandeln; Berücksichtigung verschiedener Nutzungsmodelle (Download, Druck, Archivrecht, Nutzungsrechte, Authentifizierungsverfahren); Vergabeverfahren durchführen; Ergebnisverantwortung	Herausragende Kenntnisse des Medienmarkts und des Bestandsaufbaus; Herausragende Kenntnisse der jeweiligen aktuellen fachspezifischen Medienentwicklung im Hinblick auf bedarfsgerechte Versorgung gemäß Bestandsprofil	12
13	Lizenzverträge für E-Books / Datenbanken / Aggregatoren verhandeln	Lizenz- und Kaufverträge für Pakete von E-Books mit Lieferant:innen verhandeln; Berücksichtigung verschiedener Nutzungsmodelle (Download, Druck, Archivrecht, Nutzungsrechte, Authentifizierungsverfahren); Vergabeverfahren durchführen	Umfangreiche, deutlich herausragende spezialisierte Kenntnisse des Medienmarkts und des Bestandsaufbaus; Umfangreiche, deutlich herausragende spezialisierte Kenntnisse der jeweiligen aktuellen fachspezifischen Medienentwicklung im Hinblick auf bedarfsgerechte Versorgung gemäß Bestandsprofil	13
14	Ausschreibung von Leistungen der Medienbeschaffung gemäß Vergabeverfahren	Leistungsverzeichnis erarbeiten bzw. verantworten; komplexe Sachverhalte und Lieferbedingungen sowie Kriterienkataloge verantwortlich erstellen	Umfangreiche, deutlich herausragende spezialisierte Kenntnisse des Medienmarkts; Grundlegende juristische Kenntnisse	13

---

* je nach Zeitanteil, s. I.3 Erfassung von Arbeitsvorgängen.
** „Vielseitigkeit", s. I.2.7 Tätigkeitsmerkmale des Tätigkeitsstrangs.
*** je nach Aufgaben-/Organisationsstruktur, s. II. Leitung.

Nr.	Arbeitsvorgang	Erläuterungen, Beispiele, Arbeitsschritte	Anforderungen, ggf. Wirkungen	Entgeltgruppe
15	National-, Allianz- oder Konsortiallizenzverträge verhandeln, beitreten, entscheiden	Verhandlung von Lizenzverträgen als Konsortialführung für verschiedene Teilnehmerinstitutionen und unterschiedliche Nutzungs- und Zugriffsoptionen; Vergabeverfahren durchführen	Umfangreiche, deutlich herausragende, hoch spezialisierte Kenntnisse des Medienmarkts und des Bestandsaufbaus; Umfangreiche, deutlich herausragende, hoch spezialisierte Kenntnisse der jeweiligen aktuellen fachspezifischen Medienentwicklung im Hinblick auf bedarfsgerechte Versorgung gemäß Bestandsprofil; Entscheidungen von nationaler Tragweite	14
16	Transformationsverträge aushandeln	Verhandlung von Verträgen über E-Ressourcen, bei denen die Publikation bezahlt wird und damit deren Nutzung im Open Access erlaubt ist; Viele verschiedene Vertragsmodelle möglich (Mitgliedschaften, DEAL, Finanzierungszusammenschlüsse, Fachgesellschaften); Komplexe Vertragsbedingungen und Abrechnungsoptionen	Umfangreiche, deutlich herausragende, hoch spezialisierte Kenntnisse der existierenden Transformationsverträge, auch internationaler; Umfangreiche Kenntnisse des Vertragsrechts, des Lizenzrechts und möglicher Abrechnungsmodalitäten; Ausgeprägte Kenntnisse der Haushaltsplanung und des Haushaltsrechts; Kenntnisse des wissenschaftlichen Publizierens und der Verlagslandschaft	14
17	Konsortiale Transformationsverträge aushandeln	Verhandlung von Verträgen für Konsortien und Verbünde über E-Ressourcen, bei denen die Publikation bezahlt wird und damit deren Nutzung im Open Access erlaubt ist; Viele verschiedene Vertragsmodelle möglich (Mitgliedschaften, DEAL, Finanzierungszusammenschlüsse, Fachgesellschaften); Komplexe Vertragsbedingungen und Abrechnungsoptionen	Umfangreiche, deutlich herausragende, hoch spezialisierte Kenntnisse der existierenden Transformationsverträge, auch internationaler, Umfangreiche, deutlich herausragende, hoch spezialisierte Kenntnisse des Vertragsrechts, des Lizenzrechts und möglicher Abrechnungsmodalitäten, der Haushaltsplanung und des Haushaltsrechtes, des wissenschaftlichen Publizierens und der Verlagslandschaft, Besonders hohes Maß an Gestaltungsspielraum, besonders komplexe Steuerungsaufgabe	15
18	Aussondern von Medien nach Vorgabe	Umsetzung bzw. Bearbeitung von Aussonderungsentscheidungen anhand eines vorgegebenen Aussonderungskonzepts, Überprüfung des Bestands anhand vorgegebener Kriterien, Bearbeitung der auszusondernden Exemplare: Löschung in Katalog, Ausstempelung, Entscheidung über weitere Verwendung	Verständnis bibliografischer Sachverhalte, Erkennen und Anwenden von komplexen Handlungsvorgaben, Fähigkeit, Sonderfälle zu erkennen und sachgerecht einordnen zu können	L: 6 B: 5
19	Aussondern gemäß Profil, Entscheidungen vornehmen	Überprüfung und Aussonderung nach vorgegebenen Kriterien, Überprüfung des Bestands auf technische und inhaltliche Aspekte anhand vorgegebener Kriterien (Aussonderungskonzept) wie Alter, Nutzung, Unikalität, Sammlungsrelevanz, Erstellung von Aussonderungslisten, Beurteilung von Schadensbildern, Dublettenabgleich, Konsolidierung von Zeitschriftenbeständen, Treffen von Entscheidungen	Detaillierte Kenntnisse des Bestands inkl. Nutzungsanalyse, sehr gute Kenntnisse der Regelwerke und deren Anwendungsfällen, Umfangreiche Kenntnisse des Bibliothekssystems in den Bereichen Erwerbung, Ausleihe und Katalogisierung, Kenntnis der Aussonderungsrichtlinien, Kenntnis der Verwaltungsvorschriften, Großer Entscheidungsspielraum	L: 9b FG 2/3 B: 9b

---

* je nach Zeitanteil, s. I.3 Erfassung von Arbeitsvorgängen.
** „Vielseitigkeit", s. I.2.7 Tätigkeitsmerkmale des Tätigkeitsstrangs.
*** je nach Aufgaben-/Organisationsstruktur, s. II. Leitung.

Nr.	Arbeitsvorgang	Erläuterungen, Beispiele, Arbeitsschritte	Anforderungen, ggf. Wirkungen	Entgeltgruppe
20	**Aussonderungsprofil 4erstellen**	Entwicklung von Aussonderungsstrategien bzw. eines Aussonderungskonzepts unter Berücksichtigung des jeweiligen gesetzlich definierten Sammelauftrags in Abstimmung mit der Bibliotheksleitung, der wissenschaftlichen Leitung und ggf. weiterer Gremien (u. a. dem Bibliotheksausschuss); Prozesssteuerung	Umfangreiche, deutlich herausragende, spezialisierte Kenntnisse des Bestands inkl. Nutzungsanalyse; Umfangreiche, deutlich herausragende, spezialisierte Kenntnisse des Sammelauftrags der Bibliothek und der daraus resultierenden Verantwortlichkeiten	13

1.2 Bestellvorgang

Nr.	Arbeitsvorgang	Erläuterungen, Beispiele, Arbeitsschritte	Anforderungen, ggf. Wirkungen	Entgeltgruppe
21	**Bestellung nach Vorgaben tätigen, Abarbeitung von Bestelllisten**	Beschaffung nach Bestelllisten; Bestellkatalogisierung; Übernahme von Fremddaten; Bearbeitung von freigegebenen Bestellwünschen; Vermerken von übermittelten Informationen im Bestell- und Katalogsystem; Zusammenstellen nicht ausgeführter Bestellungen und Weitergabe (von Informationen) im Geschäftsgang; Durchführung von Reklamationen oder Stornierungen nach Anweisung	Fundierte Kenntnisse des Bibliothekssystems in den Bereichen Erwerbung und Katalogisierung	L: 5 ggf. 6** B: 5
22	**Akzession/ Vorakzession**	Überprüfen von Bestellvorhaben auf Dubletten und Kontrolle im Bibliothekssystem; Ermittlung bibliografischer Informationen in Katalogen, Bibliografien und Buchhandelsverzeichnissen; (Bestell-)Katalogisierung; Gleichwertige Bedienung der unterschiedlichen Lieferant:innen; Durchführung der Bestellung von Monografien und/oder Fortsetzungswerken im deutschen Buchhandel; Identnummer ermitteln; Bearbeitung von freigegebenen Bestellwünschen; Vermerken von übermittelten Informationen im Bestell- und Katalogsystem; Weitergabe von Informationen im Geschäftsgang	Fundierte und vielfältige Kenntnisse der bibliografischen Beschreibung; Fundierte und vielfältige Kenntnisse des Bibliothekssystems in den Bereichen Erwerbung und Katalogisierung	L: 6 B: 5
23	**Bestellkatalogisierung von Monografien, mehrteiligen Monografien, fortlaufenden und integrierenden Ressourcen durch Fremddatennutzung**	Übernahme von Fremddaten aus Katalogen oder Bibliografien in das eigene Katalogsystem; Erstellung von vorläufigen Titelaufnahmen ohne komplexe Verknüpfungsstruktur; Auswahl einer bereits vorhandenen Titelaufnahme; Erfassung von Lokal- und Exemplardaten; Übertragung von Daten in das Erwerbungssystem	Fundierte und vielfältige Kenntnisse im Umgang mit Fremddatenbanken; Fundierte und vielfältige Kenntnisse des Bibliothekssystems in den Bereichen Erwerbung und Katalogisierung; Fundierte und vielfältige Kenntnisse der Regelwerke (RDA) und anderer spezifischer Richtlinien; Fundierte und vielfältige Kenntnisse des Datenformats	L: 6 B: 5

* je nach Zeitanteil, s. I.3 Erfassung von Arbeitsvorgängen.
** „Vielseitigkeit", s. I.2.7 Tätigkeitsmerkmale des Tätigkeitsstrangs.
*** je nach Aufgaben-/Organisationsstruktur, s. II. Leitung.

Nr.	Arbeitsvorgang	Erläuterungen, Beispiele, Arbeitsschritte	Anforderungen, ggf. Wirkungen	Entgeltgruppe
24	Akzession von Pflichtexemplaren (gedruckt und elektronisch)	Kontrolle und Überprüfung von Pflichtexemplaren (Print/Digital); Bestellung und Akzession von Antiquaria, Karten, Autografen, Inkunabeln, alten Drucken, Musikalien, grauer Literatur, amtlichen Druckschriften, Nicht-Buch-Materialien; Entgegennahme hochgeladener Pflichtpublikationen im Repositorium; Hochladen von Pflichtpublikationen im Repositorium; Prüfung, Bearbeitung und Ergänzung (z. B. ORCID-ID) der Metadaten im Repositorium; Freischaltung im Repositorium	Genaue und vielfältige Kenntnisse des Pflichtexemplarrechts; Tiefere Kenntnisse des Repositoriums für die E-Pflicht; Nähere Kenntnisse des Bibliothekssystems in den Bereichen Erwerbung und Katalogisierung	L: 8, 9a* B: 6, 8*
25	Bestellung und Akzession von komplexen E-Medien (fortlaufende Ressourcen, Großwerke, Datenbanken, Nationallizenzen, Allianzlizenzen, E-Book- und Zeitschriftenpakete, konsortiale Lizenzen)	Recherche im internen Katalog-, Erwerbungs- und Discovery-System; Recherche in Fremddatenbanken (Agenturen, konsortialen Nachweissysteme); Ermittlung der Erwerbungs- und Zugangsvoraussetzungen; Kommunikation mit in- und ausländischen Anbietern; Erfassung von Daten im Erwerbungssystem	Sehr gute Kenntnisse des Bibliothekssystems im Bereich Katalogisierung; Sehr gute Kenntnisse der Verbundkatalogisierung; Spezialisierte Kenntnisse der Regelwerke (RDA) sowie anderer, spezifischer Richtlinien und der Beschaffungswege; Spezialisierte, hervorragende bibliografische Kenntnisse; Ermittlung und Auswahl der Beschaffungswege	L: 8, 9a* B: 6, 8
26	Bestellung sachlich bearbeiten	Ermittlung von Bestelldaten in Katalogen, Bibliografien und Buchhandelsverzeichnissen; Bearbeitung von freigegebenen Bestellwünschen; Vermerken von übermittelten Informationen im Bestell- und Katalogsystem; Rabatte, Sonderleistungen und Zollsachverhalte angemessen berücksichtigen; Zusammenstellen nicht ausgeführter Bestellungen und Weitergabe (von Informationen) im Geschäftsgang; Durchführung von Reklamationen oder Stornierungen (ggf. nach Anweisung); Korrespondenz mit Lieferant:innen	Umfangreiche Kenntnisse des Bibliothekssystems in den Bereichen Erwerbung und Katalogisierung; Eingehende Kenntnisse des Lieferantenportfolios; Sprachkenntnisse; Umfangreiche Kenntnisse der rechtlichen Rahmenbedingungen und Vorgaben der Einrichtungen	L: 9b FG 2/3 B: 9b
27	Bearbeitung von Open-Access-Publikationen, Repositorium, Dashboards	Inhaltliche und formale Prüfung von zur Veröffentlichung auf dem Repositorium eingereichten Open-Access-Publikationen auf Vollständigkeit der Metadaten; Katalogisierung, Ergänzung von Metadaten (Format, Umfang, Lizenz, Universitätszugehörigkeit); Beratung/ Kommunikation der Anforderungen mit Autor:innen	Umfangreiche Kenntnisse der verlagsspezifischen Plattformen zur Bearbeitung von Publikationen; Eingehende Kenntnisse der Regelungen zur Unterstützung des OA-Publizierens, des Lizenzrechts bzgl. der Autor:innenverträge	L: 9b FG 2/3 B: 9b

* je nach Zeitanteil, s. I.3 Erfassung von Arbeitsvorgängen.
** „Vielseitigkeit", s. I.2.7 Tätigkeitsmerkmale des Tätigkeitsstrangs.
*** je nach Aufgaben-/Organisationsstruktur, s. II. Leitung.

Nr.	Arbeitsvorgang	Erläuterungen, Beispiele, Arbeitsschritte	Anforderungen, ggf. Wirkungen	Entgeltgruppe
28	**Vorakzession, Bestellung und Akzession von antiquarisch zu erwerbenden Medien**	Recherche im internen Katalog- und Erwerbungssystem; Recherche in Fremddatenbanken und Antiquariatskatalogen; Teilnahme an Auktionen; Kaufentscheidung in vorgegebenem Rahmen; Ermittlung der Erwerbungs- und Zugangsvoraussetzungen; Ermittlung und Auswahl der Beschaffungswege; Kommunikation mit in- und ausländischen Anbieter:innen, Preisvergleiche, Vertragsverhandlungen; Datenerfassung im Erwerbungssystem	Spezialisierte, hervorragende Kenntnisse des Bibliothekssystems im Bereich Katalogisierung; Spezialisierte, hervorragende Kenntnisse der Verbundkatalogisierung; Spezialisierte Kenntnisse der Regelwerke (RDA) sowie anderer, spezifischer Richtlinien und der komplexen Beschaffungswege; Spezialisierte, hervorragende bibliografische Kenntnisse; Kenntnis des Buch- und Antiquariatsmarkts; Kaufmännische Kenntnisse	10, 11*

1.3 Medienzugang

Nr.	Arbeitsvorgang	Erläuterungen, Beispiele, Arbeitsschritte	Anforderungen, ggf. Wirkungen	Entgeltgruppe
29	**Akzession laufend eingehender Zeitschriftenhefte**	Eintragung von Heften, von Titeländerungen, Beilagen, Registern, Supplementen, Titelblättern; ggf. Veranlassung der buchbinderischen Bearbeitung; Akzessionierung und Reklamation von fremdsprachigen Zeitschriften; Überwachung auf Vollständigkeit; Feststellung der Bindereife und Kollationierung des Jahrgangs	Fundierte Kenntnisse der verschiedenen Erscheinungsformen von Zeitschriften; Fundierte Kenntnisse des Bibliothekssystems in den Bereichen Erwerbung und Katalogisierung, der Regelwerke (RDA) und anderer spezifischer Richtlinien	L: 5 ggf. 6** B: 5
30	**Zugangs-/ Rechnungsbearbeitung**	Medieneingangs- und Rechnungskontrolle, Exemplareintrag, Vervollständigen der Bestellkatalogisate, Einhaltung der vereinbarten Leistungen prüfen; Budgeteintrag im Bibliothekssystem; lückenlose Lieferung von Fortsetzungswerken prüfen; Mahnungen bearbeiten; Korrespondenz mit Lieferant:innen	Fundierte, vielfältige Kenntnisse bibliografischer Daten; Fundierte Kenntnisse des Bibliothekssystems in den Bereichen Erwerbung und Katalogisierung	L: 6 B: 5
31	**Bearbeitung von Hochschulschriften**	Entgegennahme und Quittierung; Prüfung der Ablieferung von elektronischen Versionen	Fundierte und vielfältige Kenntnisse der Bestimmungen hinsichtlich Gestaltung und Ablieferungspflicht von Hochschulschriften	L: 6 B: 5
32	**Bearbeitung von unverlangtem Zugang (Geschenke) und Verwertung von nicht benötigten Beständen**	Vereinnahmung und Lagerung von Geschenken; Vorakzession, ggf. Akzession; Kommunikation mit Fachreferaten und Antiquariaten; Ggf. Verkauf von Beständen	Fundierte und vielfältige Kenntnisse des Bibliothekssystems in den Bereichen Katalogisierung und Erwerbung, von Regelwerken (RDA) und anderen spezifischen Richtlinien; Fundierte und vielfältige Kenntnis des Buch- und Antiquariatsmarkts; Kaufmännische Grundkenntnisse	L: 6 B: 5
33	**Beurteilung von unverlangtem Zugang**	Überprüfung des Zugangs auf fachliche und/oder inhaltliche Relevanz; Beurteilung Kosten/Nutzen Aspekte; Recherche, ob bereits vorhanden	Fundierte und vielfältige Kenntnisse des Bestands inkl. Nutzungsanalyse; Nähere Kenntnis des Sammelauftrags der Bibliothek und der daraus resultierenden Verantwortlichkeiten; Tiefere Kenntnisse bibliografischer Nachweissysteme	L: 8, 9a* B: 6, 8*

---

* je nach Zeitanteil, s. I.3 Erfassung von Arbeitsvorgängen.
** „Vielseitigkeit", s. I.2.7 Tätigkeitsmerkmale des Tätigkeitsstrangs.
*** je nach Aufgaben-/Organisationsstruktur, s. II. Leitung.

Nr.	Arbeitsvorgang	Erläuterungen, Beispiele, Arbeitsschritte	Anforderungen, ggf. Wirkungen	Entgeltgruppe
34	Preisvergleich bei nicht preisgebundenen Medien	Erstellung einer Pauschalabfrage bzw. Recherche für Einzeltitel	Sichere Kenntnisse des Medienmarkts, der Lieferanten- und Bezugsmöglichkeiten	L: 5 ggf. 6** B: 5
35	(Vor-)Akzession, Zugangsbearbeitung	Vorakzession, Akzession, Medieneingangsbearbeitung, Rechnungsbearbeitung; Dokumentation im Bibliothekssystem	Genaue und vielfältige Kenntnisse von Regelwerken (RDA); genaue und vielfältige Kenntnisse des Bibliothekssystems in den Bereichen Erwerbung und Katalogisierung	L: 8, 9a* B: 6, 8*
36	Bearbeitung schwieriger Rechnungen einschließlich elektronischer Rechnungen	z. B. E-Journals, Sammelrechnung, Auslandsrechnungen, Pakete, Datenbanken; Feststellung der sachlichen und rechnerischen Richtigkeit; Währungskontrolle; Festlegen der Steuerkennzeichnung; Feststellung zollrelevanter Sachverhalte; Bearbeitung von Gutschriften, Mitgliedschaften, Rechnungssplits; Prüfung von Lizenzverträgen	Genaue und vielfältige Kenntnisse der anzuwendenden Verwaltungsvorschriften zur LHO; Kaufmännische Grundkenntnisse; Kenntnisse des Steuerrechts und der Zollbestimmungen; Kenntnis von komplexen Bezugs- und Lizenzbedingungen	L: 8, 9a* B: 6, 8*
37	Verfügbarkeitskontrollen bei E-Medien	Kontrolle der Zugänglichkeit von für später angekündigten Medien, Prüfung nach Erwerbung PDA, Kontrolle und Pflege von Resolver-Links Prüfung der korrekten Verfügbarkeit in Katalogen, Repositorien und Discovery-Systemen; regelmäßige Kontrolle auf dauerhafte Verfügbarkeit; Pflege korrekter Links in Resolversystemen; Dialog mit Nutzer:innen bei Zugriffsproblemen	Genaue und vielfältige Kenntnisse des Bibliothekssystems in den Bereichen Erwerbung und Katalogisierung und anderer Nachweissysteme	L: 8, 9a* B: 6, 8*
38	Bearbeitung von zu verzollendem Medienzugang	Feststellung zollrelevanter Sachverhalte, tägliche Zollanmeldung, monatliche Zollabrechnung, Einzel-Zollanmeldung; Bearbeitung von Reklamationen und Problemfällen; Kommunikation mit dem zuständigen Zollamt	Genaue und vielfältige Kenntnisse der Zollbestimmungen	L: 8, 9a* B: 6, 8*
39	Reklamationsmanagement	Kommunikation mit Lieferant:innen und Verlagen; Überprüfung von komplexen Bezugs- und Lizenzbedingungen	Genaue und vielfältige Kenntnisse der Verwaltungsvorschriften; Kaufmännische Grundkenntnisse; Nähere Kenntnisse des Steuerrechts und der Zollbestimmungen	L: 8, 9a* B: 6, 8*
40	Teamleitung Medienzugang	Leitung eines Teams Akzession in arbeitsteilig organisierten Bibliotheken; Verantwortung für Arbeitsverteilung, Einhaltung der Anwendungsrichtlinien; Personalverantwortung; Ergebnisverantwortung	Spezialisierte, hervorragende Kenntnisse des Bibliothekssystems in den Bereichen Erwerbung und Katalogisierung; Spezialisierte, hervorragende Kenntnisse der Verbundkatalogisierung; Spezialisierte Kenntnisse der Regelwerke (RDA) sowie anderer, spezifischer Richtlinien und der komplexen Beschaffungswege; Herausragende Kenntnisse der Verwaltungsvorschriften; Kaufmännische Grundkenntnisse; Kenntnisse des Steuerrechts; Kenntnisse der Zollbestimmungen; Kenntnis von Personalführungsinstrumenten	11

* je nach Zeitanteil, s. I.3 Erfassung von Arbeitsvorgängen.
** „Vielseitigkeit", s. I.2.7 Tätigkeitsmerkmale des Tätigkeitsstrangs.
*** je nach Aufgaben-/Organisationsstruktur, s. II. Leitung.

1.4 Formalerschließung (Historische Materialien s. a. 1.5)

Nr.	Arbeitsvorgang	Erläuterungen, Beispiele, Arbeitsschritte	Anforderungen, ggf. Wirkungen	Entgeltgruppe
41	Lokaldatenbearbeitung	Standardisierte Bearbeitung/Ergänzung von Lokaldaten; Umsetzung von vorgegebenen sich ggf. wiederholenden Änderungen; Ergänzung von Signaturen	Fundierte Kenntnisse des Bibliothekssystems und des Aufbaus der Signatursysteme	L: 5 ggf. 6** B: 5
42	Lokaldatenbearbeitung (Monografien)	Erfassung und Bearbeitung/Korrektur von Lokaldaten wie z. B. Signatur oder Mediennummer für das Ausleihsystem unter Beachtung von lokalen Besonderheiten; Bei elektronischen Dokumenten Zugriffsrechte und Lizenzdaten im Electronic Resource Management System eintragen	Fundierte und vielfältige Kenntnisse des Bibliothekssystems im Bereich Katalogisierung, der Regelwerke (RDA) und anderer spezifischer Richtlinien	L: 6 B: 5
43	Lokaldatenbearbeitung von fortlaufenden Ressourcen	Bestandserfassung und Angabe der lokalen Besonderheiten; Änderungen der Bestandsdaten bei Umarbeitungen, bei Bestandsverlagerungen, Löschungen, Lückenergänzungen, Titeländerungen und Titelabschlüssen; Nachweis und Kennzeichnung von Archivbeständen; Lizenzdaten erfassen	Genaue und vielfältige Kenntnisse des Bibliothekssystems in den Bereichen Erwerbung und Katalogisierung, des Regelwerks (RDA) zur Bestandserfassung von fortlaufenden Ressourcen und der Darstellung von Verknüpfungsstrukturen; Spielraum bei der Anwendung der Regelwerke (RDA) und anderer zeitschriftenspezifischen Richtlinien	L: 8, 9a* B: 6, 8*
44	Katalogisierung von (mehrteiligen) Monografien anhand Fremddatennutzung (Print und E-Ressourcen)	Monografien ab Erscheinungsjahr 1851; Übernahme von Titelaufnahmen aus Fremddatenbanken, Katalogen, Bibliografien; Entscheidung über die Auswahl von Fremddaten; Überprüfung eines vorliegenden Datensatzes und Vergleich mit dem vorliegenden Exemplar; Erfassung von Lokaldaten (Signatur, Barcode, Exemplardaten); Datenübertragung in das Bibliothekssystem	Genaue und vielfältige Kenntnisse des Bibliothekssystems in den Bereichen Katalogisierung und Erwerbung, der Datenformate der Katalogisate, der Regelwerke (RDA) und anderer spezifischen Richtlinien und von verschiedenen Fremddatenbanken; Fremdsprachenkenntnisse (v. a. Englisch)	L: 8, 9a* B: 6, 8*
45	Erschließung von Open-Access-Publikationen	Verifizierung von Autor:inneneinträgen über verlagsspezifische Dashboards; Fremddatenübernahme mit Prüfung; Dialog mit Autor:innen; Vorbereitung von Finanzierungsentscheidungen	Genaue und tiefere Kenntnisse der verlagsspezifischen Verwaltungssoftware zur Verifizierung von OA-Publikationen, der Struktur der Institution und der Zugehörigkeit von Autor:innen zur Institution	L: 9b FG 2/3 B: 9b
46	Bearbeitung elektronischer Hochschulschriften (Dissertationen und Abschlussarbeiten)	Entgegennahme hochzuladender Dissertationen für das Repositorium; Kommunikation mit Autor:innen; Prüfung und Abschluss von Autorenverträgen; Prüfung der Konformität mit Prüfungsordnungen; Korrespondenz mit Prüfungsämtern; Umwandlung in andere Dateiformate. Prüfung, Bearbeitung und Ergänzung von Metadaten	Genaue und vielfältige Kenntnisse der Bearbeitung von Metadaten und des Repositoriums	L: 8, 9a* B: 6, 8*

---

* je nach Zeitanteil, s. I.3 Erfassung von Arbeitsvorgängen.
** „Vielseitigkeit", s. I.2.7 Tätigkeitsmerkmale des Tätigkeitsstrangs.
*** je nach Aufgaben-/Organisationsstruktur, s. II. Leitung.

Nr.	Arbeitsvorgang	Erläuterungen, Beispiele, Arbeitsschritte	Anforderungen, ggf. Wirkungen	Entgeltgruppe
47	Katalogisierung von mehrteiligen Monografien und monografischen Fortsetzungswerken ohne Fremddatennutzung (Print und E-Ressourcen)	Monografien ab Erscheinungsjahr 1851; Titelaufnahmen nach RDA erstellen; Erfassung von Lokaldaten (Signatur, Barcode, Exemplardaten); Datenübertragung in das Bibliothekssystem; Bibliografische Erfassung von Titeln; ggf. Erstellung von Reihenaufnahmen und / oder Normdaten (GND); Bibliografische Erfassung von Bänden mit Stücktiteln	Umfangreiche Kenntnisse des Bibliothekssystems in den Bereichen Katalogisierung und Erwerbung, der Datenformate, der Regelwerke (RDA) und anderer spezifischen Richtlinien sowie verschiedener Fremddatenbanken; Umfangreiche Kenntnisse der Verbundkatalogisierung; Fremdsprachenkenntnisse (v. a. Englisch)	L: 9b FG 2/3 B: 9b
48	Katalogisierung von Monografien mit komplexen Hierarchiestufen, ggf. mehrteilig ohne Fremddatennutzung (Print und E-Ressourcen)	Bibliografische Erfassung von Kongressschriften, Abteilungen und Unterabteilungen, ggf. Beilagen und Beiwerken; Neuanlagen oder Änderungen an bestehenden Datensätzen; Änderungen an Normdaten; Anlegen der FRBRisierung, d. h. Katalogisate in anderen Sprachen, Ländern oder Erscheinungsformen des Werks werden über Normalisierungsregeln zusammengeführt	Umfangreiche Kenntnisse des Bibliothekssystems in den Bereichen Katalogisierung und Erwerbung; Umfangreiche Kenntnisse der Verbundkatalogisierung, der Datenformate, der Regelwerke und anderer spezifischen Richtlinien (RDA) sowie verschiedener Fremddatenbanken; Darstellung von Verknüpfungs- und Hierarchiestrukturen; Kenntnisse materialspezifischer Codes; Fremdsprachenkenntnisse (v. a. Englisch); Großer Entscheidungsspielraum	L: 9b FG 1 B: 9c
49	Katalogisierung von Fortsetzungswerken mit komplexen Hierarchiestufen ohne Fremddatennutzung (Print und E-Ressourcen)	Erstellung von Erstaufnahmen, Bearbeitung von gelieferten Metadaten großer Pakete, bibliografische Erfassung von Zeitschriftentiteln bzw. von Beilagen / Supplementen inkl. Verknüpfung mit Zeitschriften; Verknüpfung mit Normdatensätzen von Körperschaften; Anlage von Daten für Personennamen-, Körperschafts-, Kongressnormdatensätze; Bearbeitung von Titeländerungen; Erfassung von Lokaldaten; Übertragung von Datensätzen in das Bibliothekssystem	Umfangreiche Kenntnisse des Bibliothekssystems in den Bereichen Katalogisierung und Erwerbung, von Datenformaten, Regelwerken und anderen spezifischen Richtlinien (RDA) sowie von verschiedenen Fremddatenbanken; Umfangreiche Kenntnisse der Verbundkatalogisierung, von Verknüpfungs- und Hierarchiestrukturen sowie von materialspezifischen Codes	L: 9b FG 2/3 B: 9b
50	Erstellen von Bibliografien elektronischer und gedruckter Pflichtpublikationen (Hochschulbibliografie)	Katalogisierung von Publikationen nach besonderen Kriterien im Rahmen von Bibliografie-Erstellung	Umfangreiche Kenntnisse des Bibliothekssystems in den Bereichen Katalogisierung und Erwerbung, von Datenformaten, Regelwerken und anderen spezifische Richtlinien (RDA) sowie von verschiedenen Fremddatenbanken; Umfangreiche Kenntnisse der Verbundkatalogisierung, von Verknüpfungs- und Hierarchiestrukturen sowie von materialspezifischen Codes	L: 9b FG 2/3 B: 9b
51	Forschungsdaten-Erschließung	Katalogisierung von Forschungsdaten beim Hochladen in ein Repositorium; Anwenden eines vorgegebenen Regelwerks	Umfangreiche Kenntnisse der formalen Unterschiede vielfältiger Ausgangsmaterialien und -formate sowie des Regelwerks. Aktuelle Kenntnisse des Urheberrechts. Interpretation lokaler und nationaler Festlegungen	L: 9b FG 2/3 B: 9b

---

* je nach Zeitanteil, s. I.3 Erfassung von Arbeitsvorgängen.
** „Vielseitigkeit", s. I.2.7 Tätigkeitsmerkmale des Tätigkeitsstrangs.
*** je nach Aufgaben-/Organisationsstruktur, s. II. Leitung.

Nr.	Arbeitsvorgang	Erläuterungen, Beispiele, Arbeitsschritte	Anforderungen, ggf. Wirkungen	Entgeltgruppe
52	**Katalogisierung gehobener Schwierigkeitsgrad (Print und E-Ressourcen)**	Bibliografische Erfassung von Titeln, die in nicht-lateinischen Schriften (z. B. kyrillisch, hebräisch, asiatisch) vorliegen: Latinisierte Titel übersetzen; korrekte Schreibweisen und alternative Sucheinstiege festlegen; Verknüpfungen von Autor:innen, Drucker:innen, Verlagen etc. mit der GND, ggf. alternative Schreibweisen von Namen, Lebens- oder Wirkungsdaten etc. hinterlegen, ggf. Eintragungen der Normdaten in der GND erstellen; Einfügen von Verweisungen auf Ansetzungen und Katalogisate in anderen Sprachen, Ländern oder Erscheinungsformen des Werks anhand von Normalisierungsregeln („FRBRisierung"); Änderungen von Datensätzen in Verbundkatalogen nach Absprache mit anderen Bibliotheken	Spezialisierte, hervorragende Kenntnisse des Bibliothekssystems in den Bereichen Katalogisierung und Erwerbung; Spezialisierte, hervorragende Kenntnisse der Verbundkatalogisierung, von Datenformaten, Regelwerken (RDA) und anderen spezifischen Richtlinien, von verschiedenen Fremddatenbanken, von Verknüpfungs- und Hierarchiestrukturen sowie von materialspezifischen Codes; Sehr gute Sprach- und Grammatikkenntnisse sowie Fremdsprachenkenntnisse (v. a. nicht-lateinische Schriften) und sehr gute Kenntnisse der jeweiligen Transliterationsregeln; Spezialisierte Kenntnisse der Sprachen, in denen das Werk vorliegt; Umfassende Kenntnisse und selbständige Anwendung der gültigen Transliterationsregeln	10, 11*
53	**Katalogisierung besonderer Publikationsformen ohne Fremddatennutzung**	Katalogisierung von Karten, Patenten, Musikalien, amtlichen Druckschriften ggf. komplexer Hierarchiestufen und/oder komplexer Zusammenstellungen, komplexe Forschungsdatenpublikationssätze; Pflege und Betreuung von Metadaten in DBIS; EZB und gängigen ERM-Systemen in konsortialführenden Bibliotheken	Spezialisierte, ausgeprägte Kenntnisse des Bibliothekssystems in den Bereichen Katalogisierung und Erwerbung, von Datenformaten, Regelwerken und anderen spezifischen Richtlinien (RDA) sowie von verschiedenen Fremddatenbanken; Spezialisierte, ausgeprägte Kenntnisse der Verbundkatalogisierung und der spezifischen Erfordernisse der besonderen Materialien und ggf. deren spezieller Regelwerke	10, 11*
54	**Redaktion von Normsätzen**	Anlegen von Normdatensätzen für Personen, Körperschaften, Werktitel und Kongresse in Normdatenbanken; Bibliografische Erfassung von fortlaufenden Ressourcen inkl. Supplementen und Beilagen in Normdatenbanken, in Datenbanken, ZDB, EZB; Verantwortliche Redaktion direkt in der GND mit hoher Berechtigungsstufe	Spezialisierte, hervorragende Kenntnisse des Bibliothekssystems in den Bereichen Katalogisierung und Erwerbung, der Normdatenbanken, der Regelwerke (RDA) und andere spezifischen Richtlinien, verschiedener Fremddatenbanken und der Verbundkatalogisierung; Hohe Reichweite, da Normdaten international genutzt werden	10, 11*
55	**Katalogbearbeitung**	Bearbeitung besonders schwieriger Katalogisierungsfälle; Entwickeln bzw. Weiterentwickeln von Katalogregeln und Entscheidung über deren Anwendung; Korrigieren von Fehlern, Umhängen, Datensatzbereinigung, insbesondere Löschen und Umhängen von Datensätzen	Hervorragende, spezialisierte Kenntnisse der Konventionen und Festlegungen im Verbund und entsprechende Anwendung des Regelwerks (z. B. RDA Toolkit)	10, 11*

---

* je nach Zeitanteil, s. I.3 Erfassung von Arbeitsvorgängen.
** „Vielseitigkeit", s. I.2.7 Tätigkeitsmerkmale des Tätigkeitsstrangs.
*** je nach Aufgaben-/Organisationsstruktur, s. II. Leitung.

Nr.	Arbeitsvorgang	Erläuterungen, Beispiele, Arbeitsschritte	Anforderungen, ggf. Wirkungen	Entgeltgruppe
56	Katalogbearbeitung in überregionalen Datenbanken (ZDB)	Löschung / Bearbeitung von Datensätzen in übergeordneten Katalogen	Herausragende Kenntnisse des Bibliothekssystems im Bereich Katalogisierung, der Verbundkatalogisierung, der Regelwerke (RDA) und anderer spezifischer Richtlinien, des Datenformats sowie der Darstellung von Verknüpfungsstrukturen in verschiedenen Katalogsystemen; Hohe Reichweite, da Normdaten international genutzt werden	11–12
57	Normierungsarbeit	Entwicklung von Katalogisierungs-/ Erfassungsschemata innerhalb der Institution und / oder übergreifend; Redaktionsarbeiten für Normdaten; Mitarbeit in Facharbeitsgruppen im Verbund; Ergebnisverantwortung	Herausragende Kenntnisse des Bibliothekssystems im Bereich Katalogisierung, der Verbundkatalogisierung, der Regelwerke (RDA) und anderer spezifischer Richtlinien, des Datenformats sowie der Darstellung von Verknüpfungsstrukturen in verschiedenen Katalogsystemen; Hohe Reichweite, da Normdaten international genutzt werden	12
58	Wissenschaftliche Normierungsarbeit	Verantwortung für wissenschaftlich überprüfte bzw. erarbeitete Ansetzungen/ Nachweise in der GND; Redaktionelle Verantwortung (z. B. Sprachredaktion)	Nutzung des einschlägigen wissenschaftlichen Apparats zur Ermittlung korrekter Sach-, Personen- und Wirkungszusammenhänge; Herausragende, wissenschaftliche fundierte Kenntnisse der Regularien der Normdatenbanken	13
59	Katalogisierung von Zeitungen (Print + E-Paper) in Normdatenbanken	Primärkatalogisierung in der ZDB; Bibliografische Erfassung von Zeitungstiteln in überregionalen Normdatenbanken (ZDB); Erfassung von Lokaldaten/Bestandsdaten in Verbundkatalogen	Ausgeprägte Kenntnisse des Datenformats für die Zeitungserfassung, des Regelwerks (RDA) und der Richtlinien für die Erfassung von Zeitungen in der ZDB; Hohe Reichweite, da die ZDB national und international genutzt wird	10, 11*
60	Teamleitung Formalerschließung	Leitung eines Teams Formalerschließung in arbeitsteilig organisierten Bibliotheken; Verantwortung für die Arbeitsverteilung und die Einhaltung der Anwendungsrichtlinien; Personal- und Ergebnisverantwortung	Herausragende Kenntnisse des Bibliothekssystems, der Normdatenbanken, Regelwerke (RDA), der verschiedene Fremddatenbanken sowie der Verbundkatalogisierung; Konzeption von Arbeitsabläufen innerhalb einer Abteilung	11–12

1.5 Erschließung von historischen Materialien und Sonderbeständen

Nr.	Arbeitsvorgang	Erläuterungen, Beispiele, Arbeitsschritte	Anforderungen, ggf. Wirkungen	Entgeltgruppe
61	Erfassung von einfacheren Provenienzmerkmalen	Erfassung von einfacheren Provenienzmerkmalen (Besitzstempel, Exlibris) aufgrund von vorgegebenen Richtlinien unter Verwendung vorhandener Normdaten	Fundierte Kenntnisse des Bestands, der Bestandskennzeichnung, der Inventarisierung und der Abläufe bei der Verzeichnung von Provenienzmerkmalen sowie der entsprechenden Normdateien	L: 5 ggf. 6** B: 5

* je nach Zeitanteil, s. I.3 Erfassung von Arbeitsvorgängen.
** „Vielseitigkeit", s. I.2.7 Tätigkeitsmerkmale des Tätigkeitsstrangs.
*** je nach Aufgaben-/Organisationsstruktur, s. II. Leitung.

Nr.	Arbeitsvorgang	Erläuterungen, Beispiele, Arbeitsschritte	Anforderungen, ggf. Wirkungen	Entgeltgruppe
62	Erfassung von einfacheren Nachlassmaterialien, Bild- und Einblattmaterialien	Erstellen von Datensätzen in einschlägigen Datenbanken (Kalliope usw.); Erfassung maschinenschriftlicher Dokumente; Repertorienerstellung	Fundierte und vielfältige Kenntnisse des Regelwerke RDA und RNAB; Anwendung des RDA Toolkits und der einschlägigen Regeln für die relevanten Sondermaterialien und Datenbanken (z. B. RNAB) unter Beachtung und Interpretation lokaler, ggf. regionaler oder materialspezifischer Festlegungen; Gute Kenntnisse des RNAB-Regelwerks	L: 6 B: 5
63	Erfassung von Nachlassmaterialien, Bild- und Einblattmaterialien	Ordnung und Erfassung von überwiegend maschinenschriftlichen bzw. in zeitgenössischer Handschrift erstellten Nachlassmaterialien und Bildmaterialien in einschlägigen Datenbanken (Kalliope usw.), z. B. Grafiken, Fotografien, Drucke, Einblattdrucke, historische Karten, Theaterzettel; Verknüpfung mit vorhandenen Normdaten	Genaue und tiefere Kenntnisse der Regelwerke RDA und RNAB und selbständige Anwendung des RDA Toolkits und der einschlägigen Regeln für die relevanten Sondermaterialien und Datenbanken (z. B. RNAB) unter Beachtung und Interpretation lokaler, ggf. regionaler oder materialspezifischer Festlegungen	L: 8, 9a* B: 6, 8*
64	Erfassung von Provenienzmerkmalen, hier: Feststellung und Erfassung von Verdachtsfällen auf Raubgut	Erkennung und Erfassung von handschriftlichen Provenienzmerkmalen aufgrund von vorgegebenen Richtlinien unter Verwendung vorhandener Normdaten; Überprüfung von handschriftlichen Inventaren auf bestimmte Provenienzen aufgrund von vorgegebenen Richtlinien; Erfassung von Verdachtsfällen auf Raubgut unter Anwendung vorgegebener Kriterien	Genaue und vielfältige Kenntnisse des Bestands, der Bestandskennzeichnung und Inventarisierung und der Abläufe bei der Verzeichnung von Provenienzmerkmalen sowie der entsprechenden Normdateien	L: 8, 9a* B: 6, 8*
65	Katalogisierung von Nachlässen, Bild- und Einblattmaterialien	Ordnung und Erfassung von handschriftlichen Nachlassmaterialien und Bildmaterialien in einschlägigen Datenbanken (Kalliope usw.), z. B. Grafiken, Fotografien, Drucke, Einblattdrucke, historische Karten, Theaterzettel; Verknüpfung mit vorhandenen Normdaten	Spezialisierte und hervorragende Kenntnisse der Regelwerke RDA und RNAB und selbständige Anwendung des RDA Toolkits und der einschlägigen Regeln für die relevanten Sondermaterialien und Datenbanken (z. B. RNAB) unter Beachtung und Interpretation lokaler, ggf. regionaler oder materialspezifischer Festlegungen	10, 11*
66	Katalogisierung von historischen Drucken in lateinischer Schrift ohne Nutzung von vorhandenen Titeldaten	Erstellen eines bibliografischen Datensatzes für einen Druck oder ein Digitalisat nach den Regeln der nationalbibliografischen Verzeichnisse (VD 16, VD 17, VD 18) bzw. den Verbundregeln für Alte Drucke unter überwiegender Verwendung der vorhandenen Normdaten; Erstellung bzw. Ergänzung einzelner Normdatensätze; Erfassung von Provenienzmerkmalen und exemplarspezifischen Merkmalen mit höherem Schwierigkeitsgrad (Einbände, Signaturen, handschriftliche Eintragungen usw.)	Spezialisierte und hervorragende Kenntnisse des Regelwerks und selbständige Anwendung des RDA Toolkits und der besonderen Regeln für nationalbibliografische Verzeichnisse bzw. der Verbundregeln für Alte Drucke; Fähigkeit zur Erkennung und Erfassung von historischen Mediengattungen und Provenienzmerkmalen; Fähigkeit zur Ermittlung der bibliografischen Angaben in westlichen Sprachen und historischen Schrifttypen; Fähigkeit zur Erkennung und Erfassung von Provenienzmerkmalen und exemplarspezifischen Merkmalen mit höherem Schwierigkeitsgrad	10, 11*

---

* je nach Zeitanteil, s. I.3 Erfassung von Arbeitsvorgängen.
** „Vielseitigkeit", s. I.2.7 Tätigkeitsmerkmale des Tätigkeitsstrangs.
*** je nach Aufgaben-/Organisationsstruktur, s. II. Leitung.

Nr.	Arbeitsvorgang	Erläuterungen, Beispiele, Arbeitsschritte	Anforderungen, ggf. Wirkungen	Entgeltgruppe
67	Katalogisierung von Autografen und Inkunabeln, Sonderbeständen / Medien mit komplexen Erfassungsschemata ohne Fremddatennutzung	Erstkatalogisierung von Autografen, alten Drucken, Inkunabeln, ggf. mit komplexen Hierarchiestufen und/oder komplexen Zusammenstellungen	Spezialisierte, hervorragende Kenntnisse der Regelwerke (RDA) und anderer spezifischer Richtlinien; Ggf. sehr gute Kenntnisse in Altbestandskatalogisierung. Umfassende Kenntnisse weiterer Regelwerke, Erfassungssysteme und Austauschformate	10, 11*
68	Wissenschaftliche Provenienzforschung und -dokumentation	Ermittlung und Erforschung der Provenienz mit dem Ergebnis publikationsreifer wissenschaftlicher Dokumentationen; Durchführung von eigenständigen wissenschaftlichen Archivrecherchen zur Klärung der Erwerbungs- und Eigentumsverhältnisse; ggf. Ermittlung von Erben und Vorbereitung von Restitutionen; Erfassung der Ergebnisse in einschlägigen Datenbanken; Erstellung und Bearbeitung von Normdaten; Betreuung von Publikationen; Betreuung digitaler und gedruckter Editionen; Management von Erschließungsprojekten und ggf. Anleitung von Mitarbeitenden und Hilfskräften	Umfangreiche deutlich herausragende Kenntnis des Bestands und seiner Geschichte; Vertiefte historische, paläografische, archivwissenschaftliche und ggf. juristische Kenntnisse; Einschlägige Sprachkenntnisse; Beherrschung der Methoden der wissenschaftlichen Provenienzforschung; Fähigkeit zum eigenständigen wissenschaftlichen Recherchieren; Umfangreiche, spezialisierte Kenntnisse der relevanten Dokumentationsregeln und des Aufbaus der Datenstruktur in den einschlägigen Fachdatenbanken	13, 14***
69	Wissenschaftliche Ordnung und Erschließung von Nachlässen, Bild- und Einblattmaterialien	Wissenschaftliche Katalogisierung von Nachlässen und Bildmaterialien mit dem Ergebnis publikationsreifer wissenschaftlicher Beschreibungen der Nachlassobjekte, ggf. in einschlägigen Datenbanken (Kalliope usw.) oder Findbüchern: Ordnung, Identifizierung, Klassifizierung und Beschreibung der einzelnen Objekte, ggf. Ermittlung von Provenienzen, von biografischen und Werkzusammenhängen, zeitliche und räumliche Bestimmung und Einordnung; ggf. ikonografische Beschreibung bzw. Beschreibung des Bild- oder Karteninhalts; Erforschung und Beschreibung materialbezogener Besonderheiten und ggf. wissenschaftliche Einordnung; Erstellung und Bearbeitung von Normdaten; Betreuung von digitalen und gedruckten Editionen; Management von Erschließungsprojekten	Umfangeiche spezialisierte Kenntnisse der für die Materialien relevanten Wissenschaftsdisziplinen; Breite einschlägige Sprachkenntnisse; Umfangreiche Kenntnisse der Paläografie und ggf. der Drucktechnik und der Mediengeschichte; Fähigkeit zum eigenständigen wissenschaftlichen Recherchieren; Deutlich herausragende Kenntnisse der relevanten wissenschaftlichen Erschließungsregeln und des Aufbaus der Datenstruktur in den einschlägigen Fachdatenbanken; Ggf. umfassende Kenntnis relevanter Auszeichnungssysteme (z. B. TEI, MEI) und Normdaten	13, 14***

* je nach Zeitanteil, s. I.3 Erfassung von Arbeitsvorgängen.
** „Vielseitigkeit", s. I.2.7 Tätigkeitsmerkmale des Tätigkeitsstrangs.
*** je nach Aufgaben-/Organisationsstruktur, s. II. Leitung.

Nr.	Arbeitsvorgang	Erläuterungen, Beispiele, Arbeitsschritte	Anforderungen, ggf. Wirkungen	Entgeltgruppe
70	Wissenschaftliche Katalogisierung und Edition von Handschriften, Inkunabeln, Urkunden, Musikhandschriften, Einbänden und anderen unikalen Materialien	Katalogisierung von europäischen und außereuropäischen Handschriften sowie anderer unikaler Materialien mit dem Ergebnis publikationsreifer wissenschaftlicher Beschreibungen, ggf. in einschlägigen Datenbanken (z. B. Handschriftenportal, Kalliope, RISM, Einbanddatenbank): Identifizieren der Texte verbunden mit der Ermittlung des/der Autor:in oder Feststellung der anonymen Autorschaft sowie Zuordnung zu Literaturgattungen und -formen; Bestimmung des Alters und der Art der Schrift, ggf. ikonografische Beschreibung der Illustrationen und Ermittlung des/der Schreiber:in; Erforschung von Provenienzen; Erforschung und Beschreibung der Einbände und anderer kodikologischer Besonderheiten und ggf. wissenschaftliche Einordnung; Erstellung der Bibliografie zum Text; Betreuung digitaler und gedruckter Editionen	Umfangreiche deutlich herausragende Kenntnisse der allgemeinen, der Kultur-, Geistes-, Philosophie-, Kunst-, Kirchen-, Theologie- und Literaturgeschichte des Herkunftsbereichs der Handschriften; Breite einschlägige Sprachkenntnisse; Beherrschung der Methoden der wissenschaftlichen Textkritik und der Editionswissenschaft; Umfassende Kenntnisse der Handschriftenkunde und der Paläografie; Fähigkeit zum eigenständigen wissenschaftlichen Recherchieren; Umfassende Kenntnisse der relevanten wissenschaftlichen Erschließungsregeln und des Aufbaus der Datenstruktur in den einschlägigen Fachdatenbanken; Ggf. umfassende Kenntnis relevanter Auszeichnungssysteme (z. B. TEI, MEI) und Normdaten	13, 14***
71	Wissenschaftliche Leitung der Katalogisierung von historischen Drucken und Sondermaterialien	Entscheidung und Katalogisierung besonders schwieriger Fälle; Katalogisierung von Medien in besonders schwierigen Fällen; Erarbeitung von lokalen Arbeitsrichtlinien für Sammlungen; Mitarbeit an nationalen und internationalen Regelwerken sowie Verbundregeln; Personalverantwortung	Umfangreiche deutlich herausragende hoch spezialisierte Kenntnisse der allgemeinen, der Kultur-, Geistes-, Philosophie-, Kunst-, Kirchen-, Theologie- und Literaturgeschichte des Herkunftsbereiches der Handschriften; Breite einschlägige Sprachkenntnisse; Beherrschung der Methoden der wissenschaftlichen Textkritik und der Editionswissenschaft; Umfassende Kenntnisse der Handschriftenkunde und der Paläografie; Fähigkeit zum eigenständigen wissenschaftlichen Recherchieren; Umfassende Kenntnisse der relevanten wissenschaftlichen Erschließungsregeln und des Aufbaus der Datenstruktur in den einschlägigen Fachdatenbanken; Ggf. umfassende Kenntnis relevanter Auszeichnungssysteme (z. B. TEI, MEI) und Normdaten	13–15***

1.6 Inhaltliche Erschließung, Sacherschließung

Nr.	Arbeitsvorgang	Erläuterungen, Beispiele, Arbeitsschritte	Anforderungen, ggf. Wirkungen	Entgeltgruppe
72	Übernahme bzw. Erfassung von Sacherschließungsdaten	Überprüfung eines bibliografischen Datensatzes und Vergleich mit dem vorliegenden Exemplar; Übernahme bzw. Erfassung von vorliegenden verbalen bzw. klassifikatorischen Sacherschließungsdaten (Notationen) aus Verzeichnissen / Dateien Dritter nach Arbeitsanweisung	Fundierte Kenntnisse des Regelwerks und der lokalen Regelanwendung; Kenntnis der Datenstruktur der eingesetzten Sacherschließungsverfahren und der Datenbank bzw. der Verbundregeln	L: 5 ggf. 6** B: 5

---

* je nach Zeitanteil, s. I.3 Erfassung von Arbeitsvorgängen.
** „Vielseitigkeit", s. I.2.7 Tätigkeitsmerkmale des Tätigkeitsstrangs.
*** je nach Aufgaben-/Organisationsstruktur, s. II. Leitung.

Nr.	Arbeitsvorgang	Erläuterungen, Beispiele, Arbeitsschritte	Anforderungen, ggf. Wirkungen	Entgeltgruppe
73	Erstellung einer RVK-Signatur auf der Grundlage von Fremddaten	Ermittlung einer Notation aus Fremddaten anhand einer Arbeitsanweisung; Übernahme von Signaturen anderer Bibliotheken; Festlegung der Signatur anhand lokaler Arbeitsanweisungen; Verknüpfung mit vorhandenen Normdaten	Fundierte und vielfältige Kenntnis der Aufstellungsorganisation und Signaturenbildung der Bibliothek und der Struktur der Regensburger Verbundklassifikation; Fundierte Kenntnis der Verbunddatenbank und der Verbundregeln; Vielfältige Kenntnisse der Struktur der Normdaten	L: 6 B: 5
74	Festlegung von Sacherschließungselementen mithilfe von Fremddaten	Festlegung von verbalen bzw. klassifikatorischen Sacherschließungselementen (z. B. DDC-Notation, Formschlagworte) unter Heranziehung von vorliegenden komplexeren Sacherschließungsfremddaten und Nutzung von Konkordanzen; Verbale Erschließung von Belletristik mit Fremddaten; Verknüpfung mit vorhandenen Normdaten	Genaue und vielfältige Kenntnisse der Struktur der in der Katalogdatenbank und ggf. ergänzend heranzuziehender Fremddaten verwendeten Sacherschließungsinformationen	L: 8, 9a* B: 6, 8*
75	Selbständige Festlegung von einfacheren Sacherschließungselementen ohne Fremddatennutzung	Selbständige Vergabe von einfacheren verbalen bzw. klassifikatorischen Sacherschließungselementen (z. B. DDC-Notation, Sach- und Formschlagworten) aufgrund einer Erfassungsanweisung bei nicht vorhandenen vollständigen Sacherschließungsinformationen; Verbale Erschließung von einfacheren Titeln (z. B. Belletristik, Broschüren, Zeitschriftentitel allgemeinen Inhalts, Schul- und Lehrbücher) aufgrund vorliegender Informationen	Genaue und vielfältige Kenntnis der Struktur der in der Katalogdatenbank und ggf. ergänzend heranzuziehender Fremddaten verwendeten Sacherschließungsinformationen	L: 8, 9a* B: 6, 8*
76	Schlagwortvergabe für einfachere wissenschaftliche Literatur nach angewandtem Regelwerk	Vergabe von Schlagworten zur verbalen Sacherschließung unter Einbeziehung der Normdateien, insbesondere bei Titeln, für deren Verständnis kein wissenschaftliches Hochschulstudium erforderlich ist (z. B. fremdsprachige Belletristik, allgemeinbildende Werke, Lehr- und Schulbücher, einführende wissenschaftliche Literatur)	Umfangreiche Kenntnisse des Regelwerks und der lokalen Regelanwendung	L: 9b FG 2/3 B: 9b
77	Klassifizierung von einfacherer wissenschaftlicher Literatur nach angewandtem Regelwerk	Klassifizierung / Systematisierung von gedruckten Medien anhand gebräuchlicher, nicht-individueller Klassifikation (insbesondere z. B. RVK), insbesondere bei Titeln, für deren Verständnis kein wissenschaftliches Hochschulstudium erforderlich ist (z. B. fremdsprachige Belletristik, allgemeinbildende Werke, Lehr- und Schulbücher, einführende wissenschaftliche Literatur), Fremdsprachen (außer Englisch)	Umfangreiche Kenntnisse der angewandten Systematik; Entscheidungskompetenz über infrage kommende Systematikstellen; Komplexer Sachverhalt; Großer Entscheidungsspielraum	L: 9b FG 1 B: 9c
78	Pflege und Aktualisierung von Aufstellungssystematiken	Erarbeiten eigener sowie Bearbeiten von Änderungsvorschlägen Dritter im Rahmen der Pflege einer Haussystematik; Koordinierung im Hinblick auf die Gesamtstruktur der Systematik	Detaillierte und spezialisierte Kenntnisse der angewandten Systematik sowie der inhaltlichen Entwicklung der Fachgebiete; selbständige systemgerechte Erarbeitung und Darstellung von neuen Inhalten und bedarfsgerechter Verlagerung von Themen	10, 11*

*   je nach Zeitanteil, s. I.3 Erfassung von Arbeitsvorgängen.
**   „Vielseitigkeit", s. I.2.7 Tätigkeitsmerkmale des Tätigkeitsstrangs.
*** je nach Aufgaben-/Organisationsstruktur, s. II. Leitung.

Nr.	Arbeitsvorgang	Erläuterungen, Beispiele, Arbeitsschritte	Anforderungen, ggf. Wirkungen	Entgeltgruppe
79	Redaktion von **Normsätzen** Mitarbeit an der Pflege von Verbundklassifikationen	Anlegen von Normdatensätzen für Personen, Körperschaften, Werktiteln und Kongressen in verbundweiten bzw. nationalen Normdatenbanken; Ergebnisverantwortung	Spezialisierte hervorragende Kenntnisse der relevanten Regelwerke der Verbünde	12
80	Leitung eines Sacherschließungs- / Bibliografieteams / einer Sacherschließungsredaktion	Entscheidung / Beratung bei besonders schwierigen Sacherschließungsfragen, Koordinierung des Teams; Personalverantwortung; Ergebnisverantwortung	Herausragende Kenntnisse des Bibliothekssystems, der Normdatenbanken, Regelwerke (RDA) und anderer spezifischer Richtlinien, verschiedener Fremd- und Normdatenbanken sowie der Verbundkatalogisierung; Konzeption von Arbeitsabläufen innerhalb einer Abteilung	11–12
81	**Inhaltliche Erschließung** von Medien nach einer komplexen Aufstellungssystematik	Bearbeitung von Vorgängen und Pflege von Normdatensätzen im Rahmen der kooperativen Pflege einer Verbund- oder Fachklassifikation (z. B. der RVK); Bestimmung von Systemstellen	Umfangreiche, spezialisierte Kenntnisse des Bestandes inkl. Nutzungsanalyse; Umfassende Kenntnisse des Sammelauftrags der Bibliothek und der daraus resultierenden Verantwortlichkeiten; Umfassende Kenntnisse bibliografischer Nachweissysteme	13
82	**Inhaltliche Zuordnung** von Medien zu Großgruppen eines wissenschaftlichen Sacherschließungssystems	Notationsvergabe für Sachgruppen; Nutzung und Erstellung von Thesauri	Umfangreiche, spezialisierte Kenntnisse des Bestands inkl. Nutzungsanalyse; Umfassende Kenntnisse des Sammelauftrags der Bibliothek und der daraus resultierenden Verantwortlichkeiten; Umfassende Kenntnisse bibliografischer Nachweissysteme	13
83	**Automatisierte Sacherschließung** einsetzen und verbessern	Anwendung direkt in der GND mit hoher Berechtigungsstufe	Umfangreiche, spezialisierte Kenntnisse der Funktionsanforderungen und der Ergebnisse von algorithmusbasierten Auswahlprozessen; Fähigkeiten zur Optimierung dieser Algorithmen bzw. fachliche Beschreibung als Zuarbeit an die IT-Abteilung	13
84	**Klassifikatorische und verbale Sacherschließung**	Anwendung wissenschaftlich erarbeiteter Regelwerke nach fachlichen Kriterien für systematische bzw. Schlagwortkataloge, auch Thesauruserstellung, wissenschaftliches Erschließen von Beständen	Umfangreiche, hoch spezialisierte Kenntnisse des Publikationsmarkts und der wissenschaftlichen Entwicklung der Themen und Fragestellungen; Vergabe von Systemstellen für Medien zwecks fachlicher Zuordnung und Erleichterung der Recherche	13
85	**Erstellen von Anleitungen** zur formalen Erfassung von Schlagworten, Notationen etc.	Verschriftlichung von komplexen Zusammenhängen; Berücksichtigung der wissenschaftlichen Besonderheiten der jeweiligen Fächer und Fachbestände	Umfangreiche, hoch spezialisierte Kenntnisse des Sachstands der Normierung im jeweiligen Wissenschaftsfach; Fähigkeit, Anleitungen gut aufbereitet und verständlich auf wissenschaftlichem Niveau zu verfassen; Qualitäts- und urteilsbezogene Bewertung vorliegender Vorarbeiten	13

---

* je nach Zeitanteil, s. I.3 Erfassung von Arbeitsvorgängen.
** „Vielseitigkeit", s. I.2.7 Tätigkeitsmerkmale des Tätigkeitsstrangs.
*** je nach Aufgaben-/Organisationsstruktur, s. II. Leitung.

Nr.	Arbeitsvorgang	Erläuterungen, Beispiele, Arbeitsschritte	Anforderungen, ggf. Wirkungen	Entgeltgruppe
86	**Erstellen von Anleitungen zur Benutzung von Schlagwortkatalogen, Thesauri, Klassifikationen, etc.**	Verschriftlichung von komplexen Zusammenhängen; Berücksichtigung der wissenschaftlichen Besonderheiten der jeweiligen Fächer und Fachbestände	Umfangreiche, hoch spezialisierte Kenntnisse des Sachstandes der Normierung im jeweiligen Wissenschaftsfach; Fähigkeit, Anleitungen gut aufbereitet und verständlich auf wissenschaftlichem Niveau zu verfassen; Qualitäts- und urteilsbezogene Bewertung vorliegender Vorarbeiten	13
87	**Leitung des Arbeitsbereichs wissenschaftliche Sacherschließung**	Personal- und Sachverantwortung; Beurteilung der Ressourcenanforderungen von Entscheidungen; Fachliche Beurteilung der Aufgaben	Umfassende hoch spezialisierte Kenntnisse der Sacherschließung in Theorien und des Einsatzes im eigenen Haus; Deutlich herausragende Kenntnis der „gewachsenen" Besonderheiten der Bestände der Bibliothek	14

1.7 Technische Medienbearbeitung

Nr.	Arbeitsvorgang	Erläuterungen, Beispiele, Arbeitsschritte	Anforderungen, ggf. Wirkungen	Entgeltgruppe
	Aussonderung von Medien	*s. AV 18–20*		
88	**Technische Medienbearbeitung**	Ausdrucken, Formatieren und Kleben von Signaturschildern	Fundiertes Wissen über Signatursysteme, die Bedienung von Druckern und zu Office-Programmen	L: 5 ggf. 6** B: 5
89	**Tilgung und Makulieren von Monografien**	Verlust-, Aussonderungs- bzw. Makulierungsvermerk im Erwerbungssystem eintragen; Änderung bzw. Löschung im Katalogsystem; Bekanntgabe am Standort, Regalkontrolle	Fundierte und vielfältige Kenntnisse des Bibliothekssystems in den Bereichen Erwerbung, Ausleihe und Katalogisierung, der Verwaltungsvorschriften und der Aussonderungsrichtlinien	L: 6 B: 5
90	**Teamleitung Technische Medienbearbeitung**	Leitung eines Teams „Technische Medienbearbeitung" in arbeitsteilig organisierten Bibliotheken; Verantwortung für die Arbeitsverteilung und die Einhaltung der Anwendungsrichtlinien; Personalverantwortung; Ergebnisverantwortung. Ressourcenabschätzung; Materialkontrolle und -beschaffung	Herausragende Kenntnisse des Bibliothekssystems in den Bereichen Erwerbung, Ausleihe und Katalogisierung und der Verwaltungsvorschriften; Konzeption von Arbeitsabläufen innerhalb einer Abteilung	L: 8, 9a* B: 6, 8*

1.8 Einbandstelle

Nr.	Arbeitsvorgang	Erläuterungen, Beispiele, Arbeitsschritte	Anforderungen, ggf. Wirkungen	Entgeltgruppe
	Buchbinde- und Restaurierungstätigkeiten	*s. entsprechende eigene Teile in den Entgeltordnungen (TV-L: Teil II Abschnitt 17, TV EntgO Bund: Teil III Abschnitt 28, deshalb hier nicht aufgeführt)*		

---

* je nach Zeitanteil, s. I.3 Erfassung von Arbeitsvorgängen.
** „Vielseitigkeit", s. I.2.7 Tätigkeitsmerkmale des Tätigkeitsstrangs.
*** je nach Aufgaben-/Organisationsstruktur, s. II. Leitung.

1 Bestandsaufbau, Erwerbung, Medienbearbeitung (AV 1–96) — 51

Nr.	Arbeitsvorgang	Erläuterungen, Beispiele, Arbeitsschritte	Anforderungen, ggf. Wirkungen	Entgeltgruppe
91	Kollationieren	Vollständigkeitsprüfung bei Zeitschriften und fortlaufenden Sammelwerken; Lückenfeststellung; Reklamationen; Entscheidung über das Einbinden von Beilagen, Registern u. ä.	Fundierte und vielfältige Kenntnis des bibliografischen Aufbaus von Zeitschriften und fortlaufenden Werken inkl. Fachterminologie, über Erscheinungsweise, Registergestaltung, Beilagen, Supplemente etc.; Kenntnisse der Arbeitsanweisungen	L: 6 B: 5
92	Vorbereitung der Buchbindereiaufträge	Zusammenstellung von Buchbindereilieferungen; Erstellung der Bindeanweisungen; Entgegennahme der fertigen Lieferungen; Qualitätskontrolle	Genaue und vielfältige Kenntnis der Geschäftsgangvorschriften und Einbandmuster, des bibliografischen Aufbaus von Zeitschriften und fortlaufenden Werke inkl. Fachterminologie; Tiefere Kenntnisse über Erscheinungsweise, Registergestaltung, Beilagen, Supplemente etc.; Kontrolle der Einhaltung der Verträge mit den Buchbindereien	L: 8, 9a* B: 6, 8*
93	Bearbeitung schwieriger Buchbindereiaufträge	Kommunikation mit Buchbindereien; Neuanlage von Bindeanweisungen von Zeitschriften (Festlegung der Einbandart und der Bindeweise, Beilagen, Rückenbeschriftung)	Umfangreiche Kenntnisse der Einbandarten und Bindetechnik; Markt- und Preiskenntnisse; Regelmäßige Beobachtung und Entscheidung über Neuanlage von Bindeanweisungen; Kontrolle der Einhaltung der Verträge mit den Buchbindereien	L: 9b FG 2/3 B: 9b
94	Teamleitung Einbandstelle	Beurteilung des Arbeitsaufwands von Entscheidungen; Vertragsgestaltung; Personalverantwortung; Ergebnisverantwortung	Herausragende Kenntnisse der Einbandarten und Bindetechnik; Umfassende, vielseitige Markt- und Preiskenntnisse, Kenntnisse des Vertragsrechts; Konzeption von Arbeitsabläufen innerhalb einer Abteilung	10, 11*

1.9 Leitungsfunktionen im Bereich Bestandsaufbau, Erwerbung, Medienbearbeitung

Nr.	Arbeitsvorgang	Erläuterungen, Beispiele, Arbeitsschritte	Anforderungen, ggf. Wirkungen	Entgeltgruppe
	Teamleitungen / Leitung von Arbeitsbereichen	s. bei jeweiligem Abschnitt 1.1 bis 1.9		
95	Leitung Erwerbung oder Leitung Medienbearbeitung	Personal- und Budgetverantwortung; Ergebnisverantwortung; Vertragsverhandlungen führen; Teilnahme in Gremien	Verständnis für komplexe fachliche Zusammenhänge; Befähigung zur Umsetzung strategischer und kundenorientierter Zielvorgaben und verantwortliche Bearbeitung; Kenntnisse zu Verlagsmodellen und Portfolios; Kenntnisse über Lizenzmodelle; Juristisches Grundverständnis (Vertragsrecht, Urheberrecht); Kenntnisse von Personalführungsinstrumenten und zur Organisationsentwicklung; Konzeption von Arbeitsabläufen innerhalb einer Abteilung	12

---

*   je nach Zeitanteil, s. I.3 Erfassung von Arbeitsvorgängen.
**   „Vielseitigkeit", s. I.2.7 Tätigkeitsmerkmale des Tätigkeitsstrangs.
***   je nach Aufgaben-/Organisationsstruktur, s. II. Leitung.

Nr.	Arbeitsvorgang	Erläuterungen, Beispiele, Arbeitsschritte	Anforderungen, ggf. Wirkungen	Entgeltgruppe
96	**Leitung Erwerbung und Medienbearbeitung**	Verantwortung für die Organisation aller Prozesse in der Erwerbung und im gesamten Geschäftsgang; Personal- und Budgetverantwortung; Erstellung von Planungsunterlagen; Personalentwicklung; Haushaltsüberwachung; Etatverteilung überwachen; Vertragsmanagement; Entscheidungen über Teilnahme an Konsortien; Verhandlung von komplexen Konsortial- und Transformationsverträgen; Vertretung in überregionalen Gremien	Umfangreiche, wissenschaftlich fundierte Kenntnisse von Personalführung und Organisationsentwicklung; Spezialisierte Kenntnisse des Medienmarkts und des Bestandsaufbaus; Umfangreiche, wissenschaftlich fundierte Kenntnisse der jeweiligen aktuellen fachspezifischen Medienentwicklung im Hinblick auf bedarfsgerechte Versorgung gemäß Bestandsprofil; Umfangreiche Kenntnisse des wissenschaftlichen Publizierens und der Publikationsfinanzierungsmodelle; Besonders hohes Maß an Gestaltungsspielraum; Besonders komplexe Steuerungsaufgabe	13–15***

---

*   je nach Zeitanteil, s. I.3 Erfassung von Arbeitsvorgängen.
** „Vielseitigkeit", s. I.2.7 Tätigkeitsmerkmale des Tätigkeitsstrangs.
*** je nach Aufgaben-/Organisationsstruktur, s. II. Leitung.

2 Benutzung (AV 97–138)

Auch das Arbeitsfeld Benutzung hat sich durch die Digitalisierung, die Automatisierung vieler Dienstleistungen und die Zunahme elektronischer Medien stark gewandelt. Als Schnittstelle zwischen Nutzer:innen und bibliothekarischen Angeboten ist die Benutzung aber auch im digitalen Zeitalter eine zentrale Kernaufgabe wissenschaftlicher Bibliotheken.

Bei der Medienzirkulation wurden zahlreiche Arbeitsschritte automatisiert und durch frei zugängliche Abholregale sowie Selbstverbuchungsgeräte an die Nutzer:innen übergeben. Dennoch erfordern diese neuen Strukturen weiterhin Personal bei der Beratung zu den Ausleihkonditionen und im Umgang mit diversen technischen und medientechnischen Geräten. Dadurch sind neue Tätigkeiten entstanden, die technische Kenntnisse sowie umfassendes Wissen um die digitale Infrastruktur der Einrichtung erfordern.

Im Bereich Benutzung haben auch die Bibliotheksräume als Lern- und Arbeitsort für Nutzer:innen in den vergangenen Jahren stark an Bedeutung gewonnen (siehe auch 7. Bau und Einrichtung). Die differenzierten Bestands- und Raum-Angebote erfordern eine leistungsfähige technische Infrastruktur und führen auch zu neuen serviceorientierten Aufgaben. Die Räume und ihre Einrichtung müssen gepflegt werden, die technische Ausstattung erfordert regelmäßige Kontrolle und Wartung im Hinblick auf Funktionsfähigkeit, und die Nutzer:innen brauchen Support durch das Bibliothekspersonal bei der Nutzung der Infrastruktur.

Nicht alle in der Praxis vorkommenden Arbeitsvorgänge können hier detailliert und vollständig aufgeführt werden. Je nach den räumlichen Bedingungen und der Organisationsstruktur der Einrichtungen werden Aufgaben in unterschiedlicher Intensität und Ausprägung anfallen oder Kombinationen hier aufgelisteter Arbeitsvorgänge nur Arbeitsschritte einer Zusammenhangstätigkeit sein. Der vorliegende Katalog an Arbeitsvorgängen sollte es aber ermöglichen, konkrete Tätigkeitsbeschreibungen im Benutzungsbereich unterschiedlicher Bibliotheken zu erstellen.

Mit der Bestandsnutzung in Zusammenhang stehende Themen wie Recherchieren, Beratungen sowie Schulungen und Workshops zur Vermittlung von Informations- und Schreibkompetenz („Teaching Library") finden sich in *II.4 Schulung und Beratung*.

2.1 Medienzirkulation

Nr.	Arbeitsvorgang	Erläuterungen, Beispiele, Arbeitsschritte	Anforderungen, ggf. Wirkungen	Entgeltgruppe
97	Anmeldung von Benutzer:innen Pflege von Benutzerdaten	Aufnahme von Benutzerdaten, Erstellung/Ersatz von Ausweisen, Änderung/Löschung/Pflege von Daten, Sperren von Benutzer:innen, Prüfung/Freigabe von Benutzersperren	Sichere Kenntnisse von Benutzungsordnung/-satzung, ergänzender Dienstanweisungen, Benutzerdatenmodul Bibliotheksmanagementsystem	L: 5 ggf. 6** B: 5
98	Kassieren von Gebühren	Berechnung von Gebühren und Entgelten bzw. Entgegennahme von Gebühren und Entgelten nach Vorgabe des Bibliothekssystems	Sichere Kenntnisse der Benutzungsordnung/-satzung und Gebührenordnung/-satzung; Kassenberechtigung erforderlich	L: 5, ggf. 6** B: 5
99	Bearbeitung von Bestellwünschen	Bestellwünsche abrufen, bestelltes Medium im Bestand ermitteln, ggf. ausheben, Medien bereitstellen, Weiterleitung an entsprechende Stelle (Abholregal, Ausleihe, Fernleihstelle), Abholregal ordnen, abräumen	Sichere Kenntnisse des Medienbestands und der Nachweisinstrumente, Benutzungs- sowie Gebührenordnung/-satzung	L: 5, ggf. 6** B: 5
100	Sichern und Entsichern von Medien	Durchführung und Überprüfung der ordnungsgemäßen Beschriftung und Sicherung von Sicherungsträgern (z. B. Transponder, RFID-Tags, etc.)	Sichere Kenntnisse des Medienbestands sowie technische Grundkenntnisse der Arbeits- und Funktionsweise von Mediensicherungsanlagen	L: 5, ggf. 6** B: 5

---

* je nach Zeitanteil, s. I.3 Erfassung von Arbeitsvorgängen.
** „Vielseitigkeit", s. I.2.7 Tätigkeitsmerkmale des Tätigkeitsstrangs.
*** je nach Aufgaben-/Organisationsstruktur, s. II. Leitung.

Nr.	Arbeitsvorgang	Erläuterungen, Beispiele, Arbeitsschritte	Anforderungen, ggf. Wirkungen	Entgeltgruppe
101	Identifikation von technischen Problemen bei der Medienverbuchung	Feststellen des Fehlers, Weitergabe an entsprechende Stelle, ggf. Kommunikation mit dem Support	Fundierte Kenntnisse Ausleihmodul Bibliotheksmanagementsystem; technische und medientechnische Sachkenntnisse	L: 5, ggf. 6** B: 5
102	Verbuchung von Medien und medientechnischen Geräten	Ausleihe und Rückgabe von Medien und medientechnischen Geräten; Leihfristverlängerung, Bearbeitung von Vormerkungen, Zustands- und Vollständigkeitskontrolle	Fundierte Kenntnisse der Benutzungsordnung/-satzung, ergänzender Dienstanweisungen, Ausleihmodul Bibliotheksmanagementsystem, technische Sachkenntnis	L: 5, ggf. 6** B: 5
103	Verbuchung von Medien inkl. Information	Verbuchung von (Fernleih-)Medien; Leihfristverlängerung, Bearbeitung von Vormerkungen, Zustands- und Vollständigkeitskontrolle im Zusammenhang mit Information über Ausleihbedingungen, Vormerkungen und Leihfristverlängerung; Information zur Bedienung der Selbstverbuchungsgeräte, Rückgabeautomaten, Gebührenautomaten; Information zu Kontofunktionen in Rechercheinstrumenten	Fundierte und breitere anwendungsbereite Kenntnisse über Zusammenhänge von Benutzungsordnung/-satzung, ergänzender Dienstanweisungen und Medienbestand, technische Sachkenntnisse und Fähigkeiten	L: 6 B: 5
104	Verbuchung von medientechnischen Geräten und Objekten verschiedener Art *inkl. Information dazu* („Bibliothek der Dinge", Artothek, Karten...)	Ausgabe, Leihfristverlängerung und Rückgabe von medientechnischen Geräten und Objekten (z. B. Laptops, Tablets, Beamer, Kameras, Adapter, Headsets...) im Zusammenhang mit Information über Ausleih- / Vertragsbedingungen, Vormerkungen und Leihfristverlängerung; Zustands- und Vollständigkeitskontrolle	Fundierte und breitere anwendungsbereite Kenntnisse über Zusammenhänge von Benutzungsordnung/-satzung, ergänzender Dienstanweisungen und Medienbestand, Vertragsbedingungen, technische und medientechnische Sachkenntnisse	L: 6 B: 5
105	Bereitstellung von schützenswerten Beständen (z. B. in Sonder-, Handschriftenlesesälen)	Ausheben und Rückstellen von schützenswerten Medien; Tischausleihe für den Lesesaal; Ausgabe und Verbuchung besonderer und schützenswerter Medien (Rara; Fernleihmedien, sekretierte Literatur); Bereitstellung von rechtebehafteten physischen und digitalen Materialien; Erkennen und Erfassung von einfachen Schadensbildern; Information und Bearbeitung von einfachen Anfragen bezüglich der Services, Bestände, Angebote und Kataloge der Sondersammlungen	Sorgfältige, tiefere Kenntnisse der Benutzungs- und Sicherheitsbestimmungen einschließlich besonderer Auflagen; genaue Kenntnis des Altbestandszertifikats, zum Umgang mit schützenswerten und rechtebehafteten Materialien und die Fähigkeit, diese Benutzer:innen zu vermitteln; Kenntnis der Notfallkonzepte, Regeln zur Kartierung und Erfassung von einfachen Schadensbildern, Entscheidungsspielraum in kleinerem Umfang	L: 8, 9a* B: 6, 8*
106	Bibliotheksseitige Bearbeitung ausleihrelevanter Probleme im Lokalsystem s. a. AVs 140–143	Problembehebung nach Anweisung: Parametrisierung, Datenangleichung, kleinere technische Probleme z. B. an Selbstverbuchungsgeräten, Kassenautomat, Medien-Abholschrank, unklare Benutzerdaten	tiefere, anwendungsbereite Sachkenntnis der Funktionsweise und der technischen Möglichkeiten der Geräte mit Entscheidungsspielraum in kleinerem Umfang	L: 8, 9a* B: 6, 8*
107	Bibliotheksseitige Administration ausleihrelevanter Einstellungen des Lokalsystems s. a. AVs 140–143	Modellierung und Änderung von Ausleih-, Mahn-, Benutzerkonditionen, Umsetzung in den Parametern und Konditionen, bibliotheksseitige Installationen und Updates, Feststellen von Fehlern, Prüfung und ggf. Änderung der Konditionen, Kommunikation mit dem Support	Spezialisierte Kenntnisse der Funktionsweise und der technischen Möglichkeiten der Geräte, Administrationsrechte mit bibliotheksbezogener Verantwortung, ggf. weitergehende Schulung seitens des Softwareherstellers notwendig	10, 11*

* je nach Zeitanteil, s. I.3 Erfassung von Arbeitsvorgängen.
** „Vielseitigkeit", s. I.2.7 Tätigkeitsmerkmale des Tätigkeitsstrangs.
*** je nach Aufgaben-/Organisationsstruktur, s. II. Leitung.

2.2 Mahnwesen, Ersatzbearbeitung

Nr.	Arbeitsvorgang	Erläuterungen, Beispiele, Arbeitsschritte	Anforderungen, ggf. Wirkungen	Entgeltgruppe
108	Bearbeitung von (Medien-) Ersatz nach vorgegebenen Kriterien	Eintragung im Bibliothekssystem, Wiedervorlage, Gebührenbuchung, Weitergabe an Lektorat	Ausgeprägte Sachkenntnis von Benutzungsordnung/-satzung, Gebührenordnung/-satzung, Dienstanweisungen zu Ersatz(-beschaffung)	L: 5, ggf. 6** B: 5
109	Bearbeitung von Mahnungen / Säumnisverfahren	Überwachung des Mahnprozesses, Fehlerbehebung	Sichere Kenntnisse der Mahnprozesse im jeweiligen Bibliotheksmanagementsystem, Wissen über rechtliche Grundlagen Gebührenerhebung, Eintreibung	L: 5, ggf. 6** B: 5
	Bearbeitung von Mahnungen im gebenden und nehmenden Leihverkehr	s. AV 116		
110	Bearbeitung von Mahnungen nach der letzten Mahn-/Säumnisstufe	Einleitung und Vorbereitung des Vollzugsverfahrens; Überprüfung aufgelaufener Gebühren auf Rechtmäßigkeit, Gewährung von Gebührennachlass gem. Vorgaben, Ergänzung des Mahnschreibens um den Wert der Medien (ggf. Zeitwert) ggf. Adressermittlung in Zusammenarbeit mit anderen Institutionen (Studierendenbüro, Einwohnermeldeamt, etc.)	Ausführliche Kenntnisse von Recherchemöglichkeiten zur Ermittlung der Benutzerdaten, anwendungsbereite Kenntnisse entsprechender Verwaltungsvorschriften, sorgfältiges Wissen über rechtliche Grundlagen der Gebührenerhebung, Eintreibung, etc.; Entscheidungsspielraum in kleinerem Umfang	L: 8, 9a* B: 6, 8*
111	Klärung / Bearbeitung von (Medien-) Ersatz	Ermittlung von Kosten- bzw. Medienersatz bzw. Alternativen, Rechnungserstellung für verlorene oder beschädigte Medien, ggf. in Absprache mit zuständigem Fachreferat; auch Ersatz technischer Geräte (z. B. Laptops, Tablets etc.)	Breites Wissen über Zusammenspiel von Benutzungsordnung/-satzung, ergänzenden Dienstanweisungen, Gebührenordnung/-satzung, (Zeit-)Wertberechnung von Medien, Recherchemöglichkeit über Medien und die Methoden zur Wertermittlung vergriffener Medien, Entscheidungsbefugnis bei der abschließenden Bearbeitung der Mahnfälle	L: 9b FG 2/3 B: 9b

2.3 Fernleihe, Dokumentlieferung

Nr.	Arbeitsvorgang	Erläuterungen, Beispiele, Arbeitsschritte	Anforderungen, ggf. Wirkungen	Entgeltgruppe
	Verbuchung von Fernleihmedien	s. AV 103		
112	Fahrdienste	Bücher von einem Standort zum anderen transportieren, Bücherautodienst der Fernleihe	Führerschein Klasse 2, ggf. Personentransportberechtigung	L: 4 FG 1 B: 4
113	Kopier-/Scanaufträge anfertigen	Erstellen von Kopien und/oder Scans auf Grundlage von Bestellungen	Kenntnisse einfacher technischer Funktionen an Scanner/Kopierer	L: 4 FG 1 B: 4
114	Reproduktionsaufträge bearbeiten s. a. AV 177 ff.	Bestelltes Medium im Bestand ermitteln, Kopie/Scan erstellen, Kostenvoranschläge erstellen, Kosten festlegen	Gute Kenntnisse des Printmedienbestands, der Nachweisinstrumente sowie ggf. Gebührenordnung/-satzung	L: 5, ggf. 6** B: 5

---

* je nach Zeitanteil, s. I.3 Erfassung von Arbeitsvorgängen.
** „Vielseitigkeit", s. I.2.7 Tätigkeitsmerkmale des Tätigkeitsstrangs.
*** je nach Aufgaben-/Organisationsstruktur, s. II. Leitung.

Nr.	Arbeitsvorgang	Erläuterungen, Beispiele, Arbeitsschritte	Anforderungen, ggf. Wirkungen	Entgeltgruppe
115	Bearbeitung von Bestellwünschen für gebenden und nehmenden Leihverkehr, Campuslieferdienste, (elektronische) Semesterapparate	Prüfung der bibliografischen Daten der bestellten/zu bestellenden Medien auf Zulässigkeit, Vollständigkeit, Richtigkeit. Versandfertige Bearbeitung von Bestellungen z. B. im Fernleih- oder Dokumentenliefersystem, Begleitschreiben, Vorbereitung Versand, Kommunikation mit Benutzer:innen und Fernleihpartnern; Bereitstellen von Medien für (elektronische) Semesterapparate	Vielfältige Kenntnisse des Zusammenspiels von Bestell-, Ausleih- und Versandsystemen, sichere Kenntnisse von Leihverkehrsordnung, Benutzungsordnung/-satzung, Leihverkehrsorganisation, Nachweisinstrumenten, Recherchemöglichkeiten	L: 6 B: 5
116	Bearbeitung von Mahnungen im gebenden und nehmenden Leihverkehr	Rückforderung der entliehenen Medien vom Fernleihpartner nach Vorgaben und Absprachen des (inter-)nationalen Leihverkehrs	Fundierte und vielfältige Kenntnisse der unterschiedlichen Mahnregularien gebender Bibliotheken im externen Leihverkehr, entsprechenden Verwaltungsvorschriften mit kleinerem Entscheidungsspielraum, grundlegende Fremdsprachenkenntnisse	L: 8, 9a* B: 6, 8*
	Bereitstellung von schützenswerten Beständen (z. B. in Sonder-, Handschriftenlesesälen) für die Fernleihe	s. AV 105		
117	Ermittlung bibliografischer Daten unvollständiger Bestellwünsche	Prüfung der bibliografischen Daten bei nicht lieferbaren Bestellungen; Ermittlung der korrekten bibliografischen Daten der zu bestellenden Medien anhand von Online-Datenbanken und Internet-Suchportalen sowie Verfügbarkeitsrecherche in (Meta-)Katalogen	Breit angelegtes Wissen über Zusammenwirken von Leihverkehrsordnung, nationaler Leihverkehrsorganisation, Nachweisinstrumenten, Recherchemöglichkeiten	L: 9b FG 2/3 B: 9b
118	Bearbeitung internationaler Leihverkehr	Kommunikation mit Benutzer:innen und Fernleihpartnern	Umfangreiche Kenntnisse komplexer internationaler Bestimmungen zum Leihverkehr sowie der Post- und Zollbestimmungen, Leihverkehrsorganisation, Nachweisinstrumente, Recherchemöglichkeiten	L: 9b FG 1 B: 9c
119	Überprüfung und Anwendung gesetzlicher Vorgaben s. a. AV 181	Beobachtung und Umsetzung gesetzlicher Bestimmungen bei den Prozessen, Arbeitsabläufen und Vorgehensweisen der Dokumentenlieferung, z. B. Urheberrecht, Lizenzvorgaben der Verlage bei elektronischen Ressourcen, Teilnahme an AGs	Spezialisierte Kenntnisse von gesetzlichen Vorgaben im Bereich des Urheberrechts, der Leihverkehrsordnung, ggf. des Vertragsrechts; bibliotheks- und bestandsbezogene Verantwortung	10, 11*
	Technische Betreuung von Fernleih-Lieferungs-Workflows	s. AV 147, 148		

---

* je nach Zeitanteil, s. I.3 Erfassung von Arbeitsvorgängen.
** „Vielseitigkeit", s. I.2.7 Tätigkeitsmerkmale des Tätigkeitsstrangs.
*** je nach Aufgaben-/Organisationsstruktur, s. II. Leitung.

2.4 Regalordnung, Lesesaal, Magazin, Einstellarbeiten

Nr.	Arbeitsvorgang	Erläuterungen, Beispiele, Arbeitsschritte	Anforderungen, ggf. Wirkungen	Entgeltgruppe
	Pflege der Freihand-/ Lesesaalsystematik	s. AV 78		
	Bearbeitung von Bestellwünschen „Ausheben"	s. AV 99		
120	Ordnungsarbeiten im Lesesaal / Freihandbereich / Magazin Einstellarbeiten	Aufräumarbeiten, Bestandskontrollen, Regalordnung, Einstellen von Medien; Umsetzung von Umstellaktionen, Umlagern aufgrund von Platzbedarf bzw. Umsystematisierungen	Fundierte Kenntnisse und sorgfältige Beachtung der Ordnungskriterien und Aufstellungssystematik, sicheres Verständnis für die Funktion dieser Ordnungskriterien Kenntnisse komplexer, ggf. unterschiedlicher Systematiken	L: 5, ggf. 6** B: 5
121	Aktualisierung von Leitsystem & Regalbeschriftung	Korrektur und Ergänzung vorhandener (Regal-)Beschriftungen und (Benutzungs-)Hinweise	Gute Kenntnisse der Systematik, sicherer Umgang mit Office-Anwendungen	L: 5, ggf. 6** B: 5
122	Konzeption der Regalbeschriftung	Erstellen von Regal-, Seiten-, Fachbodenbeschriftung, Layout, Tiefe der Beschriftung nach Vorgaben	Nähere Kenntnisse der Bibliotheks-/Hochschulräumlichkeiten, Systematik, Nutzungsvorgaben, tiefere Kenntnisse des Printmedienangebots der Bibliothek	L: 8, 9a* B: 6, 8*
123	Pflege des Lesesaal- / Freihandbestandes Zusammenstellungen von Buch-Ausstellungen	Aufbau und Aktualisierung des Präsenzbestandes, Standortwechsel und Aussonderung im Lesesaalbestand: planen, im Nachweissystem umsetzen, laufend aktualisieren anhand eingehender Neuerwerbungen; Auswählen und anschließendes Zusammenstellen von geeigneten Publikationen zu einem Thema, wie z. B. zu aktuellen Themen oder geschichtlichen Ereignissen	Nähere Kenntnisse der Systematik und Nutzungsvorgaben, detaillierte Kenntnisse des Print- und E-Medien-Angebots der Bibliothek	L: 8, 9a* B: 6, 8*
	Konzeption (elektronisches) Leitsystem / Standortinformationssystem	s. AV 302		

2.5 Aufsicht, Auskunft, Support

Nr.	Arbeitsvorgang	Erläuterungen, Beispiele, Arbeitsschritte	Anforderungen, ggf. Wirkungen	Entgeltgruppe
124	Aufsicht über und Kontrolle der Räume	Aufsicht über die Räume der Bibliothek; Ordnungsaufgaben	Kenntnis der Hausordnung	L: 4 FG 2 B 4
	Erstellen von schriftlichen Informationen (print/digital)	s. AV 235, 236		

---

* je nach Zeitanteil, s. I.3 Erfassung von Arbeitsvorgängen.
** „Vielseitigkeit", s. I.2.7 Tätigkeitsmerkmale des Tätigkeitsstrangs.
*** je nach Aufgaben-/Organisationsstruktur, s. II. Leitung.

Nr.	Arbeitsvorgang	Erläuterungen, Beispiele, Arbeitsschritte	Anforderungen, ggf. Wirkungen	Entgeltgruppe
125	**Einfache Auskunft zur Bibliotheks- und Mediennutzung (mündlich/schriftlich)** s. a. AV 203, 206, 213	Orientierende Auskunft zu Recherche- und Benutzungsmodalitäten für *einzelne* Personen zur räumlichen Orientierung, zu den Angeboten und Dienstleistungen der Bibliothek, zu Ausleihbedingungen, Bedienung Selbstverbuchungsgeräte, Rückgabeautomaten, Gebührenautomaten, Kontofunktionen in Rechercheinstrumenten, Medienstandorten, Zugangskonditionen; mündlich bzw. schriftlich über E-Mail-/Ticketsystem, Chat, etc.	Fundierte Kenntnisse von Medienangebot, Benutzungsmodalitäten, Benutzungs- sowie Gebührenordnung/-satzung	L: 5, ggf. 6** B: 5
	Benutzereinführungen	s. 4.1 & 4.2		
126	**Umfassende Auskunft zu Angeboten und Bibliotheks- und Mediennutzung**	Verfügbarkeitsrecherchen, Standort- und Zugangsinformationen, Erläuterung der medienspezifischen Zugangs- und Rechercheoptionen (z. B. Verbundkatalog, ZDB, EZB, DBIS…); Erteilen von qualifizierten Auskünften zu Bestand und Nutzung	Sorgfältige und tiefergehende Kenntnisse des Medienangebots, der Benutzungsmodalitäten, Benutzungsordnung/-satzung, Gebührenordnung/-satzung, Bibliotheksmanagementsystem	L: 8, 9a* B: 6, 8*
127	**Zusammenstellen themenbezogener Medien (-listen)**	Recherche nach Medien für spezifische Themenbereiche, Zusammenstellen von anlassbezogenen Themenausstellungen	Sorgfältige und tiefergehende Kenntnisse des Medienangebots sowie der Rechercheinstrumente	L: 8, 9a* B: 6, 8*
128	**Bibliografische Auskunft inkl. Recherche (mündlich/schriftlich)**	Nichtwissenschaftliche Einzelberatung zu Bestand Printmedien & E-Medien unter Heranziehen von Rechercheinstrumenten und Bestellmöglichkeiten (Fernleihe, Dokumentlieferung, Anschaffungswunsch)	Umfangreiche Kenntnisse der/des Medienangebots der Bibliothek, Benutzungsmodalitäten, Medienangebots anderer Bibliotheken, Rechercheinstrumente, Buchhandels, Fernleihe	L: 9b FG 2/3 B: 9b
129	**Inhaltliche (Fach-) Auskunft inkl. Recherche (mündlich/schriftlich)** s. a. AVs 204, 205, 208	Auskunft zu inhaltlichen Fragen, bspw. Erstellung themenbezogener bibliografischer Ergebnisse, Durchführen von inhaltlichen Ergebnisrecherche in verschiedenen lokalen und überregionalen Katalogen, Datenbanken, Retrievalsystemen	Breit angelegtes Wissen über Medienangebot sowie verschiedene Informationsmittel und Recherchemöglichkeiten	L: 9b FG 2/3 B: 9b
	Recherche- und Schreib-Beratung	s. AVs 213–217		
130	**Service für / Einweisung in die Bedienung einfacher technischer Geräte** s. a. AV 174	z. B. Kopierer, Scanner, Drucker, Selbstverbuchungsgeräte, Kassenautomat, Medien-Abholschrank; Kontrolle der Funktionsfähigkeit der Geräte, Einführung in die Funktionsweise und Bedienung einfacher technischer Geräte	Fundierte Kenntnisse der Funktionsweise der Geräte, Fähigkeit zur Vermittlung dieser Kenntnisse	L: 5, ggf. 6** B: 5
131	**Support für / Einweisung in die Bedienung komplexer technischer Geräte** s. a. AVs 168–170	Verwaltung ausleihbarer medientechnischer Geräte (Laptops, Tablets, Beamer, Kameras…) sowie medientechnischer Geräte in Lehr-/Lernräumen (Whiteboards, Videoschnitt, Veranstaltungstechnik…), Kontrolle der Funktionsfähigkeit der Geräte; ggf. Problemursache ermitteln, einfache Problemlösungen, Information an übergeordnete Stellen	Tiefere Kenntnisse der Funktionsweise und der technischen Möglichkeiten der Geräte; Fähigkeit zur Vermittlung dieser Kenntnisse, lösungsorientiertes Handeln in vorgegebenem Rahmen	L: 8, 9a* B: 6, 8*

---

* je nach Zeitanteil, s. I.3 Erfassung von Arbeitsvorgängen.
** „Vielseitigkeit", s. I.2.7 Tätigkeitsmerkmale des Tätigkeitsstrangs.
*** je nach Aufgaben-/Organisationsstruktur, s. II. Leitung.

Nr.	Arbeitsvorgang	Erläuterungen, Beispiele, Arbeitsschritte	Anforderungen, ggf. Wirkungen	Entgeltgruppe
132	**Beratung und Problemlösung komplexer technischer Geräte Mitarbeitersupport** s. a. AVs 155, 168–170	Problemursache an technischen Arbeitsplätzen ermitteln im Nutzer- als auch Mitarbeiterbereich, Problemlösung bzw. Weitergabe an entsprechende Stelle, Kontakt zum Support ggf. Reparatur/Ersatzbeschaffung der Geräte veranlassen, ggf. in Zusammenarbeit mit Bibliotheks-IT / Rechenzentrum, Ersatzlösung umsetzen; Kommunikation mit Benutzer:innen oder Mitarbeiter:innen	Breit angelegtes Wissen über Funktionsweise und technische Möglichkeiten der Geräte, Entscheidungsspielraum, Einzelfallkonkretisierung	L: 9b FG 1 B: 9c
133	**First-Level-Support zur Nutzung von E-Medien (mündlich/schriftlich)** s. a. AVs 155, 158	Account-Aktivierung, WLAN-Zugang, PC-Arbeitsplätze in der Bibliothek, Login via VPN, institutionelles Login, Downloadmöglichkeiten E-Medien	Sorgfältige Kenntnisse der/des E-Medienangebots der Bibliothek, IT-Infrastruktur der Einrichtung, Zugangs- und Nutzungsmodalitäten lizenzierter E-Medien, lösungsorientiertes Handeln	L: 8, 9a* B: 6, 8*
134	**Second-Level-Support zur Nutzung von E-Medien (mündlich/schriftlich)** s. a. AVs 155, 158	Problemursache bei Zugangsproblemen ermitteln, Problem lösen, ggf. in Zusammenarbeit mit Bibliotheks-IT/Rechenzentrum und Medienbearbeitung; Kommunikation mit Benutzer:innen	Durchdringung komplexer Sachverhalte mittels detaillierter Kenntnisse der/des E-Medienangebots der Bibliothek, der IT-Infrastruktur der Einrichtung, Zugangs- und Nutzungsmodalitäten lizenzierter E-Medien, Verlags-/Anbieterplattformen, Zusammenhangswissen	L: 9b FG 1 B: 9c
	Schulungen & Workshops	s. 4.2		
	Bibliotheksinterne Fortbildungen / Vorträge	s. AVs 220–222		

2.6 Support spezieller Funktionsbereiche (Lernräume, Medienlabore etc.)

Nr.	Arbeitsvorgang	Erläuterungen, Beispiele, Arbeitsschritte	Anforderungen, ggf. Wirkungen	Entgeltgruppe
	Programmerstellung für spezielle Funktionsbereiche	s. 4.2, 4.4 & 4.5; s. a. AV 242		
	Planung, Einrichtung und Betrieb spezieller Funktionsräume	s. AVs 306, 307		
135	**Betreuung spezieller Funktionsbereiche**	z. B. Lernräume, Medienlabore, Maker Spaces, Werkstätten, Artotheken, Musikräume etc.: Kontrolle der Einrichtung, ggf. Reparatur / Ersatzbeschaffung veranlassen, Kontrolle der Gebäudetechnik/Gebäudeausstattung, ggf. Reparatur/Wartung veranlassen, Kontrolle der Einhaltung der Nutzungsmodalitäten durch die Benutzer:innen, Kontrolle der Reinigung, ggf. Nachbesserung veranlassen Raumbuchung/-reservierung, (Planen von) Bestuhlung, Dekoration, Materialien auswählen & präsentieren, Bewirtung veranlassen	Fundierte Kenntnisse der Nutzungsmodalitäten der vorhandenen Lehr-/Lernräume, medientechnische Kompetenz	L: 5, ggf. 6** B: 5

* je nach Zeitanteil, s. I.3 Erfassung von Arbeitsvorgängen.
** „Vielseitigkeit", s. I.2.7 Tätigkeitsmerkmale des Tätigkeitsstrangs.
*** je nach Aufgaben-/Organisationsstruktur, s. II. Leitung.

Nr.	Arbeitsvorgang	Erläuterungen, Beispiele, Arbeitsschritte	Anforderungen, ggf. Wirkungen	Entgeltgruppe
136	**Betrieb spezieller Funktionsbereiche**	z. B. Lernräume, Medienlabore, Maker Spaces, Werkstätten, Artotheken, Musikräume etc.: Benutzer:innen bei der Nutzung von Räumen mit umfangreicher technischer Ausstattung unterstützen, Support leisten, Fragen beantworten, Funktionstüchtigkeit der Geräte sicherstellen	Umfangreiche Kenntnisse der Funktionsweise und der technischen Möglichkeiten der Geräte; Fähigkeit zur Vermittlung dieser Kenntnisse	L: 8, 9a* B: 6, 8*

2.7 Leitung der Benutzung

Nr.	Arbeitsvorgang	Erläuterungen, Beispiele, Arbeitsschritte	Anforderungen, ggf. Wirkungen	Entgeltgruppe
	Erstellen und Auswerten von Statistiken zu Ausleihe, Auskunft / Service, Fernleihe	s. AV 349		
137	**Leitung der Benutzung** Auch: **Leitung Ortsleihe** **Leitung Auskunft** **Leitung Fernleihe** (s. a. II. Leitung)	Planung und Organisation der Arbeitsabläufe, Verantwortung Personaleinsatz, Umsetzung gesetzlicher Vorgaben und Änderungen, Koordination von Kooperationen in der Einrichtung sowie mit anderen Partnern/Partnerbibliotheken; Bearbeitung und Entscheidung von besonders schwierigen Fällen, Schlichtung/Mediation von Konflikten Fernleihe: Koordination von Lieferwegen (Containerdienste etc.), Beachtung gesetzlicher Bestimmungen, Teilnahme an AGs	Spezialisierte Kenntnisse, Umsetzung von Strategien, Bewältigung inhaltlich schwieriger Probleme Bibliotheks- und bestandbezogene Verantwortung Auswirkungen auf nachgeordnete Institutionen, andere Einrichtungen der Hochschule und die Öffentlichkeit	10–12***
138	**Wissenschaftliche Leitung der Benutzung** (s. a. II. Leitung)	Planung und Organisation der Arbeitsabläufe, Verantwortung Personaleinsatz, Umsetzung gesetzlicher Vorgaben und Änderungen, Koordination von Kooperationen in der Einrichtung sowie mit anderen Partnern/Partnerbibliotheken, Vortragstätigkeit, wiss. Austausch mit anderen Einrichtungen	Umfangreiche, deutlich herausragende Kenntnisse auf akademischem Niveau, Strategieentwicklung, (komplexe) Steuerungsaufgaben, Bewältigung komplexer Probleme, hohes Maß an Gestaltungs- und Entscheidungsspielraum; Auswirkungen auf nationaler, ggf. internationaler Ebene	13–15***

---

* je nach Zeitanteil, s. I.3 Erfassung von Arbeitsvorgängen.
** „Vielseitigkeit", s. I.2.7 Tätigkeitsmerkmale des Tätigkeitsstrangs.
*** je nach Aufgaben-/Organisationsstruktur, s. II. Leitung.

3 IT in der Bibliothek (AV 139–202)

Die Tätigkeiten in den IT-Abteilungen in Bibliotheken in der folgenden Tabelle sind auf bibliothekarische Infrastruktur und bibliothekarische Softwarelösungen fokussiert. Nicht beschrieben werden die von Rechenzentren erbrachten Dienstleistungen.

Auch spezielle Dienstleistungen von Verbundzentralen werden hier nicht aufgeführt. Sofern diese bibliothekarische Software betreffen, können einzelne Arbeitsvorgänge in Bibliotheken und Verbundzentralen identisch sein und somit hier gefunden werden. Aber die Skalierung auf den Support von vielen Bibliotheken wurde nicht vorgenommen.

Einige der hier aufgeführten Tätigkeiten können auch nach der Entgeltordnung für Beschäftigte in der Informations- und Kommunikationstechnik bewertet werden. Hilfreich ist dort das Tätigkeitsmerkmal Gestaltungsspielraum in den Entgeltgruppen 8 und 10. Leitungsverantwortung spielt in der EGO Informationstechnik eine größere Rolle als im Allgemeinen Teil. Die Entscheidung, nach welchem Teil der EGO bewertet wird, treffen die Abteilungen, die die Eingruppierung vornehmen. Empfehlenswert sind individuelle Vergleiche anhand konkreter Stellenbeschreibungen.

In den letzten zwanzig Jahren sind die Tätigkeiten in den IT-Abteilungen der Bibliotheken deutlich vielfältiger geworden, da eine Reihe von Aufgaben bei der Forschungsunterstützung hinzukam. Nicht immer ist eine eindeutige Trennung der Bereiche zielführend.

Im vorliegenden Werk unterscheiden wir zwischen IT-Diensten, die für das Funktionieren aller Bibliotheken grundlegend sind, und forschungsnahen Diensten zur Unterstützung der Forschung.

Im IT-Kapitel finden sich somit Tätigkeiten wie die Administration der integrierten Bibliothekssysteme oder Suchdienste, der Einrichtung von Arbeitsplätzen mit Basissoftware sowie bei Nutzerverwaltungs- und von Datenaustauschdiensten. Dementsprechend werden auch das Rechte-Management, in geringem Umfang Sicherheitsarchitekturen, Digitalisierungsworkflows, Fotostellenausstattung und Metadatenverwaltung der IT zugeordnet.

Tätigkeiten in Hochschulverlagen, in den Bereichen Digital Humanities oder Repositorienadministration finden sich in Kapitel 6. *Forschungsnahe Dienste*.

Die hochgradige Spezialisierung der in Bibliotheken benötigten Fachkenntnisse führt dazu, dass die sogenannten „Systembibliothekar:innen", die bislang für die IT-Abteilungen wichtig waren, an Bedeutung verlieren. Es handelt sich entweder um Bibliothekar:innen, die sich gezielt in IT-Fragen fortgebildet haben oder um IT-Fachkräfte, die sich intensiv in bibliothekarische Fragestellungen eingearbeitet haben. „Systembibliothekar:innen" werden weiterhin dringend gebraucht, sie können aber den Bedarf der IT-Abteilungen längst nicht mehr decken. Die Rekrutierung von IT-Fachkräften, idealerweise mit bibliothekarischer Zusatzqualifikation, gestaltet sich Jahr um Jahr schwieriger.

Die Vielfalt der Aufgaben bedingt auch eine hohe Dynamik der anfallenden Arbeitsvorgänge. Es ist heutzutage nicht mehr möglich, jeden Arbeitsvorgang, der in Bibliotheken verschiedener Träger und mit unterschiedlicher thematischer Ausrichtung vorkommen kann, aufzuführen. Anhand der hier beschriebenen Arbeitsvorgänge sollte es jedoch möglich sein, die korrekte Bewertung per Analogiebildung vorzunehmen.

3.1 Lokalsysteme

Nr.	Arbeitsvorgang	Erläuterungen, Beispiele, Arbeitsschritte	Anforderungen, ggf. Wirkungen	Entgeltgruppe
139	**Betreuung des Reporting-Moduls bzw. der Statistikfunktionalitäten des BMS**	Administration des Reporting des Bibliotheksmanagementsystems(BMS): Erstellung wiederholbarer Reports gemäß Anforderungsprofil, Überwachung der korrekten Funktion der Quelldatenlieferungen	Hervorragende Kenntnisse des Reporting, des BMS und der verwendeten Abfragesprachen, z. B. SQL, ggf. besondere Schwierigkeit bei Erstellung komplexer Reports	10, 11*

---

*   je nach Zeitanteil, s. I.3 Erfassung von Arbeitsvorgängen.
**   „Vielseitigkeit", s. I.2.7 Tätigkeitsmerkmale des Tätigkeitsstrangs.
***   je nach Aufgaben-/Organisationsstruktur, s. II. Leitung.

Nr.	Arbeitsvorgang	Erläuterungen, Beispiele, Arbeitsschritte	Anforderungen, ggf. Wirkungen	Entgeltgruppe
140	Modul-/Funktionalitäten-Verantwortung Lokalsystem	Administration einzelner Module bzw. Funktionalitäten des BMS, z.B: Electronic Resource System, Benutzung, Erwerbung	Herausragende Kenntnisse der eingesetzten Bestandteile der zu verantwortenden Verbundsoftware, der Parametrierungsmöglichkeiten und der Handlungsoptionen, Verantwortung für Sicherung der stabilen Verfügbarkeit und Korrektheit der Parameter	12
141	Administration Lokalsystem	Konfiguration, Pflege und technischer Betrieb lokaler Bibliothekssysteme und Verbünde und/oder Zweigbibliotheken, Organisation eines performanten, effektiven und stabilen Betriebs („Systembibliothekar:in")	Herausragende Kenntnisse der eingesetzten Verbundsoftware, der Parametrierungsmöglichkeiten und der Handlungsoptionen	12
142	Entwicklung Lokalsystem	Programmatische und softwaretechnische Entwicklung lokaler oder gehosteter Bibliothekssysteme und darauf aufbauender Mehrwertdienste	Kenntnisse des Bibliothekssoftware-Marktes und umfangreiche, deutlich herausragende Kenntnisse der aktuellen Entwicklungen auf wissenschaftlichem Niveau in der gesamten Breite der Funktionalitäten und der Einbindung in die Softwareumgebungen; Entwickeln im Verbund, strategische und konzeptionelle Verantwortung für Dokumentation und Programmierung	13
143	Hosting Lokalsystem	Hosting von lokalen Bibliothekssystemen. Installation, Aktualisierung, Betrieb und Entwicklung lokaler Systeme, Schulung	Umfassende Kenntnisse der lokalen Organisation, ausgeprägte Kenntnisse der eingesetzten Verbundsoftware, der Parametrierungsmöglichkeiten und der Handlungsoptionen, umfassende Kenntnisse der Datenbankabfragesprachen; umfangreiche, deutlich herausragende Kenntnisse der aktuellen Entwicklungen auf wissenschaftlichem Niveau in der gesamten Breite der Funktionalitäten und der Einbindung in die Softwareumgebungen; Entwickeln im Verbund, strategische und konzeptionelle Verantwortung für Dokumentation und Programmierung	14

3.2 Discovery-Systeme

Nr.	Arbeitsvorgang	Erläuterungen, Beispiele, Arbeitsschritte	Anforderungen, ggf. Wirkungen	Entgeltgruppe
144	Betreuung und Support Betrieb lokales Discovery-System	Fehlermanagement lokales Discovery-System: Kontakt mit Hersteller, Ticketerstellung, Fehlerbeschreibung, Bearbeitungskontrolle; Anwenderkontakt Dialogmanagement, Priorisierung Datenbestände, Normalisierung der Datenlieferungen zur Einbindung in Discovery-System, Prüfung/Überwachung Lizenzeingaben	Einschlägige Erfahrung im IT-Bereich; spezialisierte Kenntnisse bibliografischer Datenformate und deren maschineller Verarbeitung, gute Kenntnisse des Lizenzrechts, Erfahrung mit der Nutzung von Digitalisierungssoftware und Bildbearbeitungsprogrammen, nachgewiesene Kenntnisse von Katalogisierungsregeln (RAK, RDA)	10, 11*

---

*   je nach Zeitanteil, s. I.3 Erfassung von Arbeitsvorgängen.
**   „Vielseitigkeit", s. I.2.7 Tätigkeitsmerkmale des Tätigkeitsstrangs.
*** je nach Aufgaben-/Organisationsstruktur, s. II. Leitung.

Nr.	Arbeitsvorgang	Erläuterungen, Beispiele, Arbeitsschritte	Anforderungen, ggf. Wirkungen	Entgeltgruppe
145	**Administration lokales Discovery-System**	Administration, Betrieb und Weiterentwicklung in Kooperation mit externem Partner: Rechtevergabe, Produktionsbetrieb, Parametrierung, Frontendanpassung, Integration Nutzerkontenfunktionen, Verfügbarkeitsanzeige, Bestellfunktionen, Optimierung Retrieval-Einstellungen	Umfangreiche, herausragende Kenntnisse der Regelwerke zur Formal- und Sachserschließung in wissenschaftlichen Bibliotheken; umfangreiche Kenntnisse des Aufbaus bibliografischer Datensätze und deren maschineller Verarbeitung, Spezialisierte Kenntnisse bibliografischer Austauschformate; sehr gute Kenntnisse existierender Retrieval-Lösungen und deren Weiterentwicklung, Erfahrungen im IT-Bereich einer wiss. Bibliothek und in den relevanten Technologien, Formaten, Programmiersprachen; anwendbare Kenntnisse der Programmierung und Weiterentwicklung von Open-Source-Lösungen in Bibliotheken, Bewältigung komplexer Retrievalproblematiken	13

3.3 Verbundbetreuung, lokale und überregionale Services

Nr.	Arbeitsvorgang	Erläuterungen, Beispiele, Arbeitsschritte	Anforderungen, ggf. Wirkungen	Entgeltgruppe
146	**Bibliotheksmanagementsystem als Verbund: Anwendungssupport**	Kommunikation mit betreuten Bibliotheken; Unterstützung bei der Durchführung von Workflow Routinen	Fähigkeit, zielgruppenadäquat Wissen zu vermitteln, spezialisierte Kenntnisse der im BMS abgebildeten Workflows, selbständige Lösung inhaltlich komplexer Probleme	10, 11*
147	**Betreuung von IT-gestützten Verfahren der Dokumentlieferung**	Bereitstellung von Dokumenten und Diensten, Authentifizierungssysteme konfigurieren und betreuen, Zahlungsflüsse anstoßen, monitoren, verwalten; Reports über Aktivitäten je nach Fragestellung konfigurieren und automatisiert erstellen	Spezialisierte, hervorragende Kenntnisse der eingesetzten Software und der bibliothekarischen Fragestellung; Fähigkeit, Anforderungen in Workflows umzusetzen	10, 11*
148	**Betreuung von Fernleih-Lieferungs-Workflows**	Betreuung von unterstützenden Softwarelösungen, Parametrierung, Kommunikation mit Leihverkehrs- und Verbundzentralen; Bereitstellung von Dokumenten und Diensten, Authentifizierungssysteme konfigurieren und betreuen, Zahlungsflüsse anstoßen, monitoren, verwalten; Reports über Aktivitäten je nach Fragestellung konfigurieren und automatisiert erstellen	Spezialisierte, hervorragende Kenntnisse der eingesetzten Software und der bibliothekarischen Fragestellung; Fähigkeit, Anforderungen in Workflows umzusetzen	10, 11*
149	**Betreuung Betrieb Electronic Resource System**	Fehlermanagement: Kontakt mit Betreiber, Ticketerstellung, Fehlerbeschreibung, Bearbeitungskontrolle; Anwenderkontakt Dialogmanagement; Priorisierung Datenbestände, Normalisierung der Datenlieferungen zur Einbindung in ERM-System, Prüfung/Überwachung Lizenzeingaben	einschlägige Erfahrung im IT-Bereich; spezialisierte Kenntnisse bibliografischer Datenformate und deren maschineller Verarbeitung; Kenntnisse des Lizenzrechts. Erfahrung mit der Nutzung von Digitalisierungssoftware und Bildbearbeitungsprogrammen	10, 11*

---

* je nach Zeitanteil, s. I.3 Erfassung von Arbeitsvorgängen.
** „Vielseitigkeit", s. I.2.7 Tätigkeitsmerkmale des Tätigkeitsstrangs.
*** je nach Aufgaben-/Organisationsstruktur, s. II. Leitung.

Nr.	Arbeitsvorgang	Erläuterungen, Beispiele, Arbeitsschritte	Anforderungen, ggf. Wirkungen	Entgeltgruppe
150	Bibliotheksmanagementsystem als Verbund: Administration	Betreuung lokaler Verbünde in Abstimmung mit Verbundzentralen: Parametrierung, Schulungen, Routinen, Mahnverfahren, Reporting	Umfassende, herausragende Kenntnisse der lokalen Organisation, ausgeprägte Kenntnisse der eingesetzten Verbundsoftware, der Parametrierungsmöglichkeiten und der Handlungsoptionen auf akademischem Niveau; Umfassende Kenntnisse der Datenbankabfragesprachen; lokale Verbundverantwortung, wissenschaftlich fundierte Kenntnisse	13
151	Bibliotheksmanagementsystem als Verbund: Entwicklung	Programmatische und softwaretechnische Entwicklung lokaler Verbundstrukturen und darauf aufbauender Mehrwertdienste in Abstimmung mit der jeweiligen Verbundzentrale	Umfassende, herausragende Kenntnisse der lokalen Organisation, ausgeprägte Kenntnisse der eingesetzten Verbundsoftware, der Parametrierungsmöglichkeiten und der Handlungsoptionen auf akademischem Niveau; herausragende, spezialisierte Kenntnisse der Datenbankabfragesprachen	13
152	Administration Electronic Resource System im Rahmen einer Verbundlösung	Administration, Betrieb und Weiterentwicklung in Kooperation mit externem Partner: Rechtevergabe, Produktionsbetrieb, Parametrierung, Frontendanpassung, Integration Nutzerkontenfunktionen, Verfügbarkeitsanzeige, Bestellfunktionen, Optimierung Retrieval-Einstellungen	Spezialisierte Kenntnisse der Regelwerke zur Formal- und Sacherschließung in wissenschaftlichen Bibliotheken; umfangreiche Kenntnisse des Aufbaus bibliografischer Datensätze und deren maschineller Verarbeitung, vielfältige Kenntnisse bibliografischer Austauschformate; sehr gute Kenntnisse existierender Retrieval-Lösungen und deren Weiterentwicklung; akademisch fundierte Kenntnisse und Erfahrungen im IT-Bereich einer wiss. Bibliothek und in den relevanten Technologien, Formaten, Programmiersprachen; anwendbare Kenntnisse der Programmierung und Weiterentwicklung von Open-Source-Lösungen in Bibliotheken	13

3.4 Infrastruktur

Nr.	Arbeitsvorgang	Erläuterungen, Beispiele, Arbeitsschritte	Anforderungen, ggf. Wirkungen	Entgeltgruppe
153	Virtualisierung und Dockerisierung der Server und Anwendungen: Implementierung, Administration	Je nach Anwendung: Programmierung, Test, Einbindung in vorhandene Software-Umgebung, Prüfung der Verwendung standardisierter und offener Quellcodes	Spezialisierte, hervorragende und anwendungsbereite Kenntnisse von Virtualisierungs- bzw. Dockerlösungen; Verantwortung für die Einhaltung der Sicherheit der implementierten Lösungen	10, 11*
154	Bereitstellung von Speicherlösungen in der Cloud gemäß datenschutzrechtlichen Vorgaben	Je nach Anwendung: Programmierung, Test, Einbindung in vorhandene Software-Umgebung, Prüfung der Verwendung standardisierter und offener Quellcodes	Sehr aktuelle, spezialisierte und hervorragende Kenntnisse der Konfiguration und Programmierung von Speicherlösungen; Fähigkeit zur Lösung schwieriger und komplexer Problemstellungen	10, 11*

* je nach Zeitanteil, s. I.3 Erfassung von Arbeitsvorgängen.
** „Vielseitigkeit", s. I.2.7 Tätigkeitsmerkmale des Tätigkeitsstrangs.
*** je nach Aufgaben-/Organisationsstruktur, s. II. Leitung.

Nr.	Arbeitsvorgang	Erläuterungen, Beispiele, Arbeitsschritte	Anforderungen, ggf. Wirkungen	Entgeltgruppe
155	Rechtemanagement (Arbeitsplätze, Software), Beratungsdienste	z. B. Zugänge und Dienste betreuen, Regeln definieren und gemäß Konzept umsetzen; Entwicklung von Konzepten unter Beachtung aller Risikofaktoren	Hervorragende Kenntnisse von Sicherheitsarchitekturen und BSI-Grundschutzanforderungen; Umsetzung in Softwarekonfigurationen und korrekte Anwendung der beschlossenen Sicherheitsstrategie	10, 11*
156	Anwendungsentwicklung	Je nach Anwendung: Programmierung, Test, Einbindung in vorhandene Software-Umgebung, Prüfung der Verwendung standardisierter und offener Quellcodes; Design, Erhebung der Anforderungen, Konzeption	Hervorragende, anwendungsbereite Kenntnisse von Programmiersprachen (jeweils konkret für den Anwendungsfall zu benennen), spezialisierte Kenntnis integrierter Bibliothekssysteme und typischer Infrastruktur von Bibliotheks-IT	10, 11*
157	WLAN-Versorgung technisch	Ausstattung von Gebäuden mit WLAN (Anbringen von Access Points, Einbindung in das Netz, Administration)	Hervorragende, spezialisierte Kenntnisse der Implementierung von WLAN-Verbindungen und deren Konfiguration, die durch eine einschlägige Hochschulausbildung vermittelt werden	10, 11*
158	WLAN: Zugangsverwaltung, Rechtemanagement, Kommunikation mit Providern bzw. mit dem DFN	Regeln definieren und gemäß Konzept umsetzen, Entwicklung von Konzepten unter Beachtung aller Risikofaktoren	Hervorragende, spezialisierte Kenntnisse der Implementierung von WLAN-Geräten und deren Konfiguration, die durch eine einschlägige Hochschulausbildung vermittelt werden und Fähigkeit, Risikofaktoren so erkennen und beurteilen zu können, um daraus Handlungen und Konfigurationen abzuleiten	10, 11*
159	Softwareentwicklung	Entwicklung von Softwareschnittstellen (API, REST); Anwendung neuester Softwaretechnologien und Adaption der Technologien auf vorhandene Services; Sicherstellung der Benutzerfreundlichkeit der Software; Entwicklung von Konvertierungstools für bibliothekarische Formate	Spezialisierte, hervorragende Kenntnisse von Programmiersprachen (jeweils konkret für den Anwendungsfall zu benennen), Kenntnis integrierter Bibliothekssysteme und typischer Infrastruktur von Bibliotheks-IT	10, 11*
160	Entwicklung, Konzeption, Systemintegrative Dienste	Organisation, Koordination und Planung der Releases in Zusammenarbeit mit anderen Arbeitsbereichen; Konzeption, Weiterentwicklung und Anpassungsänderung der bestehenden Datenschnittstellen (SRU, OAI); Konzeption, Neuentwicklung und Realisierung neuer Datenschnittstellen; Entwicklung von Strategien für die Optimierung und den Ausbau der Datenschnittstellen	Akademisch fundierte Kenntnis von Datenaustauschroutinen und der damit verbundenen Schnittstellenanforderungen; Spezialisierte, hervorragende Kenntnisse von Programmiersprachen (jeweils konkret für den Anwendungsfall zu benennen), Kenntnis integrierter Bibliothekssysteme und typischer Infrastruktur von Bibliotheks-IT	13

---

* je nach Zeitanteil, s. I.3 Erfassung von Arbeitsvorgängen.
** „Vielseitigkeit", s. I.2.7 Tätigkeitsmerkmale des Tätigkeitsstrangs.
*** je nach Aufgaben-/Organisationsstruktur, s. II. Leitung.

Nr.	Arbeitsvorgang	Erläuterungen, Beispiele, Arbeitsschritte	Anforderungen, ggf. Wirkungen	Entgeltgruppe
161	Strategische Verantwortung Datenmanagement	Organisation, Koordination und Planung der Releases in Zusammenarbeit mit anderen Arbeitsbereichen; Konzeption, Weiterentwicklung und Anpassungsänderung der bestehenden Datenschnittstellen (SRU, OAI); Konzeption, Neuentwicklung und Realisierung neuer Datenschnittstellen; Entwicklung von Strategien für die Optimierung und den Ausbau der Datenschnittstellen	Besonders hohe Relevanz der getroffenen Entscheidungen, Verantwortung für Kooperationspartner der Einrichtung, Vernetzung mit Datenlieferanten und -Anwender:innen; akademisch fundierte Kenntnis von Datenaustauschroutinen und der damit verbundenen Schnittstellenanforderungen; spezialisierte, hervorragende Kenntnisse von Programmiersprachen (jeweils konkret für den Anwendungsfall zu benennen), Kenntnis integrierter Bibliothekssysteme und typischer Infrastruktur von Bibliotheks-IT	14

3.5 Sicherheit, Rechtemanagement verschiedener Systeme, Risikoanalysen

Nr.	Arbeitsvorgang	Erläuterungen, Beispiele, Arbeitsschritte	Anforderungen, ggf. Wirkungen	Entgeltgruppe
		Hinweis: Eingruppierung der Tätigkeiten im Bereich Sicherheit, Rechtemanagement sind ebenfalls möglich nach EGO Beschäftigte in der Informations- und Kommunikationstechnik, dann E 11 äquivalent E 11 FG2		
162	Entwicklung und Administration von Identity-Providern (z. B. Shibboleth), Umsetzen von Zugangsberechtigungsverfahren	Je nach Anwendung: Programmierung, Test, Einbindung in vorhandene Softwareumgebung, Prüfung der Verwendung standardisierter und offener Quellcodes	Hervorragende Fachkenntnisse, die ermöglichen, Aufgaben hohen Schwierigkeitsgrades selbständig zu bearbeiten	10, 11*
163	Umsetzung von Sicherheitsarchitekturen gemäß BSI-Grundschutz	Sehr gute Kenntnisse von Sicherheitsarchitekturen, Anforderungen des BSI und der Implementierung von Schutzverfahren	Spezialisierte, hervorragende Kenntnisse von Programmiersprachen (jeweils konkret für den Anwendungsfall zu benennen), Kenntnis integrierter Bibliothekssysteme und typischer Infrastruktur von Bibliotheks-IT	10, 11*
164	Nutzerverwaltung: Aufsetzen und Betreuen von LDAP-Servern	Verwaltung von Nutzern und Systemen mittels Nutzung z. B. des LDAP-Protokolls; gute Kenntnisse von TCP/IP Protokollen und deren Anwendungsszenarien	Hervorragende Fachkenntnisse für selbstständige Bearbeitung von Aufgaben hohen Schwierigkeitsgrades	10, 11*
165	Nutzer- und Rechteverwaltung im Active Directory für Systeme beliebiger Nutzerzahl	Anwendungsbereite Kenntnisse der Kerberos-, CIFS- und LDAP-Protokolle und des DNS	Hervorragende Fachkenntnisse, die ermöglichen, Aufgaben hohen Schwierigkeitsgrades selbständig zu bearbeiten	10, 11*
166	Entwicklung von Sicherheitskonzeptionen für Funktionsbereiche und Einrichtungen	Steuerung der Umsetzung, Anleitung der Arbeitsgruppe; Erstellung eines integrierten Sicherheits- und Rechtemanagementkonzeptes und Berücksichtigung rechtlicher Vorgaben, Standardisierungsmöglichkeiten und aus aktuellem Forschungsstand abgeleitetem Leistungsniveau	Abgeschlossenes einschlägiges wiss. Hochschulstudium, Leitung einer Arbeitsgruppe. Akademisch fundierte Kenntnisse der gesetzlich festgelegten nationalen und ggf. internationalen Rahmenbedingungen; Führungsverantwortung, Ergebnisverantwortung	13

---

* je nach Zeitanteil, s. I.3 Erfassung von Arbeitsvorgängen.
** „Vielseitigkeit", s. I.2.7 Tätigkeitsmerkmale des Tätigkeitsstrangs.
*** je nach Aufgaben-/Organisationsstruktur, s. II. Leitung.

Nr.	Arbeitsvorgang	Erläuterungen, Beispiele, Arbeitsschritte	Anforderungen, ggf. Wirkungen	Entgeltgruppe
167	Standardisierte Bewertung und Implementierung eigener Systemlösungen	Bewertung nach Standards (DINI, DIN u. a.) gemäß spezieller Fragenkataloge und mit Implementierung geeigneter Qualitätssicherungen	Wissenschaftlich fundierte Kenntnisse von Programmiersprachen (jeweils konkret für den Anwendungsfall zu benennen), Kenntnisse der entsprechenden DIN und ISO-Normen, gängiger Standards und Zertifizierungsverfahren; deutlich herausragende Kenntnis der Infrastruktur von Bibliotheks-IT und integrierter Bibliothekssysteme	13

3.6 Arbeitsplatzverwaltung und -einrichtung

Nr.	Arbeitsvorgang	Erläuterungen, Beispiele, Arbeitsschritte	Anforderungen, ggf. Wirkungen	Entgeltgruppe
		Hinweis: Eingruppierung der Tätigkeiten im Bereich Arbeitsplatzverwaltung und -einrichtung sind ebenfalls möglich nach EGO Beschäftigte in der Informations- und Kommunikationstechnik, dann E 11 äquivalent E 11 FG2		
168	Problemlösung bei Funktionsstörungen an Thekenrechnern und PCs in Nutzerbereichen	z. B. Druckerprobleme lösen, Speicherproblematiken und Zugangssysteme erläutern und unterstützen, installierte Software aktualisieren	Genaue und vielfältige Kenntnisse der Eigenarten der lokalen Installationen; Fähigkeit, gefundene Lösungen anzuwenden, zu modifizieren, aufgabengerecht nachzunutzen	L: 8, 9a* B: 6, 8*
169	First-Level-Support s. a. AV 133	Erfassung, Verwaltung und Weitergabe von Störungsmeldungen, mündlich und schriftlich (z. B. Hotline, E-Mail, Ticket-Systeme etc.)	Beurteilung der Wichtigkeit und des Umfangs von gemeldeten Störungen. Tiefere, sorgfältige Anwenderkenntnisse der genutzten Erfassungssoftware	L: 8, 9a* B: 6, 8*
170	Mitarbeitersupport: Problemlösung bei Funktionsstörungen an Büroarbeitsplätzen s. a. AV 132; 140–143	z. B. Druckerprobleme, Zugangsprobleme, Verwaltung installierter spezieller Softwarelösungen, Aktualisierungsstaus von Betriebssystem oder Anwendungssoftware, Fehlfunktionen durch Malware etc.	Umfangreiche Kenntnisse der Eigenarten der lokalen Installationen; Fähigkeit, gefundene Lösungen anzuwenden, zu modifizieren, aufgabengerecht nachzunutzen	L: 9b FG 2/3 B: 9b
171	Hardwarebetreuung gemäß Vorgabe s. a. Kapitel 3.4	Betreuung der Rechner, Infrastruktur, Kommunikationstechnik im Rahmen der vorgegebenen Architektur: Einrichten von Rechnerarbeitsplätzen, Netzversorgung, Sicherstellung der Funktionsfähigkeit des Arbeitsplatzes inklusive der notwendigen Peripherie	Spezialisierte und hervorragende IT-Kenntnisse über den Einsatz und die technische Betreuung von Hardwarekomponenten und die Vernetzung verschiedener Systeme; technisch-strategische Verantwortung für den IT-Betrieb der Bibliothek	10, 11*
172	Betreuung bibliotheksspezifischer Hard- und Software s. a. AVs 140–143	Betreuung der bibliotheksspezifischen Geräte/Hardwarekomponenten (z. B. RFID-Komponenten, Kassenautomaten, Sicherungsanlagen, WLAN-Komponenten, Drucker): Einspielen von Updates, Behebung einfacher Funktionsstörungen, ggf. Kommunikation mit Betreiberfirma	Spezialisierte und hervorragende IT-Kenntnisse über den Einsatz und technische Betreuung von Hardwarekomponenten und die Vernetzung verschieden Systeme; Technisch-strategische Verantwortung für den IT-Betrieb der Bibliothek	10, 11*

* je nach Zeitanteil, s. I.3 Erfassung von Arbeitsvorgängen.
** „Vielseitigkeit", s. I.2.7 Tätigkeitsmerkmale des Tätigkeitsstrangs.
*** je nach Aufgaben-/Organisationsstruktur, s. II. Leitung.

Nr.	Arbeitsvorgang	Erläuterungen, Beispiele, Arbeitsschritte	Anforderungen, ggf. Wirkungen	Entgeltgruppe
173	Nutzerverwaltung, Zugriffsmanagement, Versorgung mit aktueller Software	Automatisierte Verwaltung der im Netz installierten Software der einzelnen Mitarbeiter:innen; Paketierung, Tests, Qualitätssicherung, Dokumentation	Spezialisierte und hervorragende IT-Kenntnisse über den Einsatz und die technische Betreuung von Hardwarekomponenten und die Vernetzung versch. Systeme; technisch-strategische Verantwortung für den IT-Betrieb der Bibliothek	10, 11*
174	Verwaltung und Betreuung von Druck- und Scansystemen	Bereitstellung von Möglichkeiten der lokalen Druckernutzung für verschiedene Anwendergruppen mit unterschiedlichen Rechten, Zugangssteuerung, Implementierung von Tools zur Verwaltung von Druckaufträgen	Spezialisierte und hervorragende IT-Kenntnisse über den Einsatz und die technische Betreuung von Hardwarekomponenten und die Vernetzung versch. Systeme; technisch-strategische Verantwortung für den IT-Betrieb der Bibliothek	10, 11*
175	Lizenzverwaltung für Bibliotheksanwendungen, Office-Systeme und sonstige benötigte Programme	Leitung der entsprechenden IT-Arbeitsgruppe, Ausstattung der Mitarbeiter-PCs mit der jeweils benötigten Software, z. B. Mail, Browser, spezielle Software, Sicherstellung der korrekten Lizenzierung genutzter Software	Spezialisierte und hervorragende IT-Kenntnisse über den Einsatz und die technische Betreuung von Hardwarekomponenten und die Vernetzung versch. Systeme; technisch-strategische Verantwortung für den IT-Betrieb der Bibliothek	13
176	Lizenzierung, Implementierung, Musterausrollung, Releasemanagement	Konzeption von automatisierter Software-Aktualisierung (z. B. Baramundi), Automatisierte Verwaltung der im Netz installierten Software der einzelnen Mitarbeiter:innen; Paketierung, Tests, Qualitätssicherung, Dokumentation	Herausragenden, spezialisierte und akademisch fundierte IT-Kenntnisse über den Einsatz und technische Betreuung von Hardwarekomponenten und die Vernetzung verschiedener Systeme; technisch-strategische Verantwortung für den IT-Betrieb der Bibliothek	13

3.7 Digitalisierungsinfrastruktur: Inhouse-Lösungen

Nr.	Arbeitsvorgang	Erläuterungen, Beispiele, Arbeitsschritte	Anforderungen, ggf. Wirkungen	Entgeltgruppe
177	Digitalisierungsworkflow: Technische Dienste Digitalisierung	Digitalisierung von Vorlagen mit verschiedenen Scansystemen, Vorstrukturierung von Abschnitten, digitale Bildbearbeitung, Beachtung materialspezifischer Vorgaben, Qualitätskontrolle der Digitalisate nach klaren Vorgaben, Wartung und Reinigung der vorhandenen Hardware	IT-Kenntnisse, sichere und fundierte Kenntnisse der jeweiligen technischen Konfigurationen und Materialspezifika	6
178	Digitalisierungsworkflow: Vertiefende Erfassung von digitalen Netzpublikationen durch Vergabe von Strukturdaten	Paginierung und Tiefenstrukturierung von Digitalisaten durch Vergabe von normierten Strukturierungsdaten, Nachkontrolle, Nutzung entsprechender Tools zur automatisierten oder halbautomatisierten Vergabe von Strukturelementen	Erfahrung im Umgang mit Digitalisierungssoftware und Bildbearbeitungsprogrammen, Kenntnis und sichere Anwendung eines komplexen Regelwerkes und mehrerer Formatvorgaben, Kenntnisse des eingesetzten Bibliotheksmanagementsystems, sehr gründliches und genaues Arbeiten	L: 8, 9a* B: 6, 8*

* je nach Zeitanteil, s. I.3 Erfassung von Arbeitsvorgängen.
** „Vielseitigkeit", s. I.2.7 Tätigkeitsmerkmale des Tätigkeitsstrangs.
*** je nach Aufgaben-/Organisationsstruktur, s. II. Leitung.

Nr.	Arbeitsvorgang	Erläuterungen, Beispiele, Arbeitsschritte	Anforderungen, ggf. Wirkungen	Entgeltgruppe
179	Digitalisierungsworkflow: Struktur- und Metadaten erstellen, Bild-, Audio- und Textdaten erstellen	Vergabe von Struktur- und Metadaten nach Regelwerken. Digitalisierung von Druckschriften mit verschiedenen Scansystemen; digitale Bildbearbeitung, Prüfung auf Einhaltung gängiger Standards	Genaue und ausführliche Kenntnisse der Regelwerke, Metadatenformate, Qualitätsanforderungen; Erfahrung mit der Nutzung von Digitalisierungssoftware und Bildbearbeitungsprogrammen, nachgewiesene Kenntnisse von Katalogisierungsregeln	L: 8, 9a* B: 6, 8*
180	Digitalisierungsworkflow: Qualitätskontrolle erstellter Digitalisate	Kontrolle von vom Mikrofilm oder vom Original erstellten Digitalisate auf Einhaltung von Vorgaben (z. B. DFG-Praxisregeln; Vollständigkeit) und Veranlassung von Nachscans im Fehlerfall	Genaue und ausführliche Kenntnisse der Regelwerke zur Formal- und Sacherschließung in wissenschaftlichen Bibliotheken; umfangreiche Kenntnisse des Aufbaus bibliografischer Datensätze und deren maschineller Verarbeitung, vielfältige Kenntnisse bibliografischer Austauschformate	L: 8, 9a* B: 6, 8*
181	Digitalisierungsworkflow: Rechteklärung	Objekte hinsichtlich der urheber- und leistungsschutzrechtlichen Situation prüfen und bewerten sowie die Ergebnisse dokumentieren; Rechteinhaber:innen recherchieren; Lizenzanfragen formulieren und bearbeiten; Ergebnisse der Rechteklärung für die Internetnutzung freigeben	Umfangreiche, z. B. durch ein Hochschulstudium nachgewiesene Kenntnisse der rechtlichen Zusammenhänge und der entsprechenden Regelungen	L: 9b FG 2/3 B: 9b
182	Unterstützende Mitarbeit bei der Präsentation digitaler Objekte	Mitarbeit an Geschäftsgängen und Projekten zur Präsentation digitaler Objekte; Prüfung auf Einhaltung gängiger Standards; Durchführung entwicklungsbegleitender Tests, Testergebnisse analysieren und aufbereiten; Fehlererhebung, -analyse, -erkennung und -prävention durchführen	Umfangreiche Kenntnisse der Regelwerke und Metadatenformate, sowie der Qualitätsanforderungen; Erfahrung mit der Nutzung von Digitalisierungssoftware und Bildbearbeitungsprogrammen, nachgewiesene Kenntnisse von Katalogisierungsregeln	L: 9b FG 2/3 B: 9b
183	Digitalisierung: Scanner inklusive Scansoftware installieren, kalibrieren, warten und an Workflow-Software anbinden	Scanner für unterschiedliche Anforderungen in Workflows einbinden, Rechteverwaltung, Anbindung an Workflow-Systeme	Spezialisierte, hervorragende Kenntnisse der eingesetzten Hard- und Softwarelösungen. Programmierung von Routinen; sehr weitreichende Kenntnisse der im Bibliotheksumfeld eingesetzten Metadaten, Schnittstellen, Austauschformate und Fähigkeit, Routinen zu programmieren und die Prozesse zu implementieren	10, 11*
184	Digitalisierungsworkflow: Rechteverwaltung der Digitalisierungssoftware, Arbeitspakete überwachen	Betreuung der zu bearbeitenden angelegten Projekte und Vorgänge; Weitergabe an Präsentationsebene; Überwachung der Metadaten und der automatisierten Datenaustuschprozesse; Prüfung auf Einhaltung gängiger Standards, Betreuung und Anleitung des Scanpersonals	Spezialisierte, hervorragende Kenntnisse der Regelwerke und Metadatenformate, sowie der Qualitätsanforderungen; Erfahrung mit der Nutzung von Digitalisierungssoftware und Bildbearbeitungsprogrammen, nachgewiesene Kenntnisse von Katalogisierungsregeln	10, 11*
185	Digitalisierungsworkflow: Vorbereitende bibliothekarische Tätigkeiten	Zu digitalisierende Bestände identifizieren; Erhaltungszustand der Objekte bewerten; Identität und Vollständigkeit der Objekte in qualitativer, quantitativer und bibliografischer Hinsicht erheben; objekt- und werkbezogene Besonderheiten dokumentieren	Spezialisierte, hervorragende Kenntnisse der Regelwerke und Metadatenformate, sowie der Qualitätsanforderungen; Erfahrung mit der Nutzung von Digitalisierungssoftware und Bildbearbeitungsprogrammen, nachgewiesene Kenntnisse von Katalogisierungsregeln	10, 11*

* je nach Zeitanteil, s. I.3 Erfassung von Arbeitsvorgängen.
** „Vielseitigkeit", s. I.2.7 Tätigkeitsmerkmale des Tätigkeitsstrangs.
*** je nach Aufgaben-/Organisationsstruktur, s. II. Leitung.

Nr.	Arbeitsvorgang	Erläuterungen, Beispiele, Arbeitsschritte	Anforderungen, ggf. Wirkungen	Entgeltgruppe
186	Digitalisierungsworkflow: Betreuung des Dienstes „Lizenzierungsservice Vergriffene Werke"	Entwicklung und laufende Optimierung des Geschäftsgangs; Einrichtung und Verwaltung der Kundenkonten inklusive Überprüfung der Berechtigung für den Dienst; Bearbeitung, Erfassung und Dokumentation eingehender Anfragen; Pflege von Dokumenten, Webseiten und Wiki zum Dienst; Beantragung von Lizenzen	Umfangreiche Erfahrung mit der Nutzung von Digitalisierungssoftware und Bildbearbeitungsprogrammen, nachgewiesene Kenntnisse von Katalogisierungsregeln; Bewältigung inhaltlich schwieriger Problemstellungen	10, 11*
187	Entwicklung der Präsentation digitaler Objekte	Optimierung und Weiterentwicklung der Präsentationssoftware und der Anzeigetools (DFG Viewer, IIIF-Viewer); funktionale Anforderungen erstellen; Entwurf und Umsetzung fachlicher Spezifikationen; Testergebnisse analysieren und aufbereiten; Fehleranalyse durchführen; Geschäftsprozesse entwerfen, Umsetzung neuer Standards	Spezialisierte, hervorragende Kenntnisse der eingesetzten Software und der Einbindung von Tools über Schnittstellen; umfassende Kenntnisse des Workflows der Digitalisierung unterschiedlicher Materialien (Bücher, Filme, Objekte)	10, 11*
188	Konfiguration und Administration Digitalisierungsinfrastruktur	Workflow und Software zur Verwaltung von digitalen Dokumenten bereitstellen, konfigurieren und administrieren, Administration der Digitalisierungsworkflow-Software, Festlegen der zu erfassenden Metadaten und der dazugehörigen Syntax gemäß Regelwerk bzw. Spezifikation. Dokumentation; Festlegungen für die Anwendercommunity	Herausragende Kenntnisse der eingesetzten Hard- und Softwarelösungen. Programmierung von Routine; sehr weitreichende Kenntnisse der im Bibliotheksumfeld eingesetzten Metadaten, Schnittstellen, Austauschformate und Fähigkeit, Routinen zu programmieren und die Prozesse zu implementieren	12
190	Langzeitarchivierung der erstellten Digitalisate	Organisation eines performanten, effektiven und stabilen Betriebs; Workflows festlegen, dokumentieren und kontrollieren; IT-Testverfahren festlegen, dokumentieren und kontrollieren; Kenngrößen und Verfahren zur Qualitätssicherung festlegen, dokumentieren und kontrollieren; Anforderungserhebung, -dokumentation und -analyse im Rahmen der Produktpflege; Sicherstellung der Metadatenstandards	Herausragende Kenntnisse der eingesetzten Hard- und Softwarelösungen. Programmierung von Routinen; sehr weitreichende, akademisch fundierte Kenntnisse der im Bibliotheksumfeld eingesetzten Metadaten, Schnittstellen, Austauschformate und Fähigkeit, Routinen zu programmieren und die Prozesse zu implementieren	13
191	Digitalisierungsworkflow: Leitungsverantwortung	Arbeitspakete vorbereiten; logistische Prozesse im Digitalisierungsworkflow unterschiedlicher Materialien (Bücher, Filme, Objekte) koordinieren; Funktionsfähigkeit der automatisierten Abläufe überwachen; Arbeitsaufgaben verwalten; Entwicklung neuer Workflows unterstützen	Sehr weitreichende, akademisch fundierte Kenntnisse der eingesetzten Software und der Einbindung von Tools über Schnittstellen; umfassende Kenntnisse des Digitalisierungs-Workflows	13
192	Konfiguration und Administration von Präsentations-Software	Konfiguration von Software zur Bereitstellung von digitalen Dokumenten sowie zur Gestaltung der Sammlungspräsentationen, Einbindung von Viewern, Ausgabe von Gliederungsoptionen	Sehr weitreichende, akademisch fundierte Kenntnisse der eingesetzten Software und der Einbindung von Tools über Schnittstellen; umfassende Kenntnisse des Digitalisierungs-Workflows	13

---

* je nach Zeitanteil, s. I.3 Erfassung von Arbeitsvorgängen.
** „Vielseitigkeit", s. I.2.7 Tätigkeitsmerkmale des Tätigkeitsstrangs.
*** je nach Aufgaben-/Organisationsstruktur, s. II. Leitung.

Nr.	Arbeitsvorgang	Erläuterungen, Beispiele, Arbeitsschritte	Anforderungen, ggf. Wirkungen	Entgeltgruppe
193	Konzeption der Präsentation digitaler Objekte	Evaluierung aktueller Entwicklungen zur Präsentation digitaler Objekte; Navigation in Objekten, bruchfreie Einbindung von Daten anderer Anbieter, Gliederung, Recherchierbarkeit, Metadaten	Sehr weitreichende, akademisch fundierte Kenntnisse der eingesetzten Software und der Einbindung von Tools über Schnittstellen und der softwaregestützten Auswertung von Statistikdaten; umfassende Kenntnisse des Digitalisierungs-Workflows	13

3.8 Texterkennung von retrodigitalisierten Texten

Nr.	Arbeitsvorgang	Erläuterungen, Beispiele, Arbeitsschritte	Anforderungen, ggf. Wirkungen	Entgeltgruppe
194	Texterkennungsworkflow: Erstellung von Ground-Truth-Daten	Vergleich von Originalen und Digitalisaten (Rechts-Links-Schriften, Links-Rechts Schriften, Handschriften, Druckschriften); Dokumentation der Unterschiede und Fehler anhand einer vorgegebenen Syntax, Bereitstellung zur Nutzung von Softwarelernprozessen	Zahlreiche, fundierte Kenntnisse unterschiedlicher Grammatiken, je nach Sprache unterschiedliche Sprachkenntnisse, Kenntnisse gültiger Transliterationsregeln, sehr gute Kenntnisse der Auszeichnungssyntax; Erfahrung mit der Nutzung von Digitalisierungssoftware und Bildbearbeitungsprogrammen, nachgewiesene Kenntnisse von Katalogisierungsregeln, je nach erforderlicher Sprachkenntnis und den dazugehörigen DIN-Normen zur Transliteration zu bewerten	L: 6 B: 5
195	Texterkennungsworkflow: Prozess überwachen, Ergebnis optimieren, Qualität sichern	Trainingserfolg kontrollieren; Parameter nachjustieren; Ergebnisse der Texterkennung optimieren	Genaue Kenntnisse der Vielfalt und Eigenarten unterschiedlicher Schrifterzeugnisse, gute Kenntnisse der existierenden Softwarelösungen für OCR, ausführliche Kenntnisse der Nutzung von KI-Ansätzen bei der Weiterentwicklung von freier Texterkennungssoftware, Bereitschaft zur Vernetzung und Weitergabe eigenen Wissens; Aufbereitung der Ergebnisse zur Nachnutzung und Weiterentwicklung	L: 8, 9a* B: 6, 8*
196	OCR-Texterkennungsworkflow: Trainingsdaten erstellen	Erzeugung von Trainingsdaten mit Hilfe von Texterkennungssoftware aus Ground-Truth-Daten zur Verbesserung der Erkennungsgenauigkeit	Sehr ausgeprägte Kenntnisse der Vielfalt und Eigenarten unterschiedlicher Schrifterzeugnisse, gute Kenntnisse der existierenden Softwarelösungen für OCR, deutlich herausragende, akademisch fundierte und spezialisierte Kenntnisse der Nutzung von KI-Ansätzen bei der Weiterentwicklung von freier Texterkennungssoftware, Bereitschaft zur Vernetzung und Weitergabe eigenen Wissens. Aufbereitung der Ergebnisse zur Nachnutzung und Weiterentwicklung	L: 9b FG 2/3 B: 9b

*   je nach Zeitanteil, s. I.3 Erfassung von Arbeitsvorgängen.
**   „Vielseitigkeit", s. I.2.7 Tätigkeitsmerkmale des Tätigkeitsstrangs.
*** je nach Aufgaben-/Organisationsstruktur, s. II. Leitung.

Nr.	Arbeitsvorgang	Erläuterungen, Beispiele, Arbeitsschritte	Anforderungen, ggf. Wirkungen	Entgeltgruppe
197	**Texterkennungsworkflow: Entwicklung**	Analyse und Optimierung des bestehenden Trainingsworkflows für die Texterkennung	Spezialisierte, hervorragende Kenntnisse der Vielfalt und Eigenarten unterschiedlicher Schrifterzeugnisse, gute Kenntnisse der existierenden Softwarelösungen für OCR; sehr gute Kenntnisse der Nutzung von KI-Ansätzen bei der Weiterentwicklung von freier Texterkennungssoftware, Bereitschaft zur Vernetzung und Weitergabe eigenen Wissens; Aufbereitung der Ergebnisse zur Nachnutzung und Weiterentwicklung	10, 11*
198	**OCR: Dokumentation, Aktualisierung, Kooperation, Weiterentwicklung**	Dokumentation des Systems, regelmäßige Aktualisierungen, Austausch mit Community, kooperative Weiterentwicklung, Erstellung von korpusspezifischen Pflichtenheften bzw. Anforderungskatalogen, Weiterentwicklung der Software durch KI (lernen mit Ground-Truth-Daten); Analyse möglicher Softwarelösungen für gegebene Aufgaben im Bereich Texterkennung. Anbindung an Systemumgebung, Programmierung und Pflege von Schnittstellen für den Datenaustausch zwecks Weiterverarbeitung oder Anzeige; Umsetzung skalierbarer Performanceanforderungen zur gleichzeitigen Bearbeitung von vielen Erkennungsvorgängen, Umsetzung von Massenverfahren, Ausspeicherung und Weitergabe von Erkennungsergebnissen in geforderten Formaten zur Nachnutzung; Dokumentation und Bereitstellung zur Nachnutzung in gängigen Plattformen (z. B. Git)	Umfangreiche, deutlich herausragende Kenntnisse der Vielfalt und Eigenarten unterschiedlicher Schrifterzeugnisse, gute Kenntnisse der existierenden Softwarelösungen für OCR, akademisch fundierte Kenntnisse der Nutzung von KI-Ansätzen, Bereitschaft zur Vernetzung und Weitergabe eigenen Wissens; Erfahrungen im IT-Bereich einer wiss. Bibliothek und in den relevanten Technologien, Formaten, Programmiersprachen; anwendbare Kenntnisse der Programmierung und Weiterentwicklung von Open-Source-Lösungen in Bibliotheken	13
199	**Texterkennung: Konzeption und Implementierung**	Anwendung und Konzeption der implementierten Software auf Digitalisate zur Ausgabe maschinenlesbarer Ergebnisse (Volltexte); Überwachung und regelmäßige Verfeinerung zwecks Optimierung der Erkennungsergebnisse; Dokumentation der Ergebnisse zur Nachnutzung; Weiterentwicklung von Open-Source-Lösungen in Bibliotheken	Umsetzung komplexer Anforderungen auf Massenverfahren, Implementierung von Qualitätssicherungsmaßnahmen; ausgeprägte, akademisch fundierte Kenntnisse existierender Softwarelösungen und Fähigkeit zu selbständiger Weiterentwicklung; Erfahrungen im IT-Bereich einer wiss. Bibliothek und in den relevanten Technologien, Formaten, Programmiersprachen; anwendbare Kenntnisse der Programmierung und Weiterentwicklung von Open-Source-Lösungen	13

---

* je nach Zeitanteil, s. I.3 Erfassung von Arbeitsvorgängen.
** „Vielseitigkeit", s. I.2.7 Tätigkeitsmerkmale des Tätigkeitsstrangs.
*** je nach Aufgaben-/Organisationsstruktur, s. II. Leitung.

Nr.	Arbeitsvorgang	Erläuterungen, Beispiele, Arbeitsschritte	Anforderungen, ggf. Wirkungen	Entgeltgruppe
200	**Texterkennung: Metadatenmanagement**	Erarbeitung von automatisierten digitalen Workflows für Bereitstellung, Austausch und Auszeichnung von Dokumenten mit geeigneten Metadatenformaten (z. B. Alto, METS, TEI)	Deutlich herausragende, akademisch fundierte und spezialisierte Kenntnisse vielfältiger Metadatenformate und deren Einsatz; ausgeprägte Kenntnisse bibliografischer Anforderungen und Regelwerken; ausgeprägte Genauigkeit der Interpretation von Daten; Erfahrungen im IT-Bereich einer wiss. Bibliothek und in den relevanten Technologien, Formaten, Programmiersprachen; anwendbare Kenntnisse der Programmierung und Weiterentwicklung von Open-Source-Lösungen	13

3.9 Leitung der Bibliotheks-IT

Nr.	Arbeitsvorgang	Erläuterungen, Beispiele, Arbeitsschritte	Anforderungen, ggf. Wirkungen	Entgeltgruppe
201	**Teamleitung**	Verantwortung für ein Team/Arbeitsgebiet; Mittel und Ressourcenplanung, Personaleinsatz planen und verantworten, Zeit- und Projektplanung	Einschlägige abgeschlossene Hochschulbildung, dreijährige Berufserfahrung; Fähigkeit zur Bewältigung besonders schwieriger Probleme	11–12
202	**Abteilungsleitung**	Personal- und Ergebnisverantwortung. Verantwortung des Funktionierens aller IT-Abläufe und Services in der Bibliothek. Vertretung der IT-Aspekte bei Projekt- und Arbeitsplanungsprozessen, Ressourcenplanung und -sicherung	Mindestens dreijährige Erfahrung, einschlägiger wissenschaftlicher Hochschulabschluss; Erhebliches Maß an Budget-, Sach- und Personalverantwortung	13–15***

---

* je nach Zeitanteil, s. I.3 Erfassung von Arbeitsvorgängen.
** „Vielseitigkeit", s. I.2.7 Tätigkeitsmerkmale des Tätigkeitsstrangs.
*** je nach Aufgaben-/Organisationsstruktur, s. II. Leitung.

4 Schulung und Beratung (AV 203–230)

Wissenschaftliche Bibliotheken bieten eine große Bandbreite an Schulungs- und Beratungsangeboten an, die unter der Überschrift „Vermittlung von Informationskompetenz" oder „Teaching Library" zusammengefasst werden. Dabei hat sich die Bedeutung des Begriffs „Informationskompetenz" in den vergangenen Jahren deutlich erweitert und umfasst heute neben Recherchekompetenz auch weitere Aspekte des wissenschaftlichen Arbeitens wie z. B. digitale und datenbezogene Kompetenzen, Schreibkompetenz und Publikationskompetenz.

Diese Bedeutungserweiterung spiegelt sich in der Schulungs- und Beratungstätigkeit wissenschaftlicher Bibliotheken wider: Ging es vor zehn Jahren im Wesentlichen um die Vermittlung von Recherchekompetenz, so bieten wissenschaftliche Bibliotheken heute ein breites Spektrum an Angeboten zu unterschiedlichen Aspekten des wissenschaftlichen Arbeitens an.

Auch die Bandbreite der Formate hat sich stark ausdifferenziert. Es werden Auskunftsdienste (vgl. auch *II.2 Benutzung*), Beratungen, Sprechstunden, Schulungen, Workshops und Vorträge angeboten. Synchrone Lehrveranstaltungen finden in Präsenz oder über Videokonferenztools statt. Daneben werden auch asynchrone Onlineformate wie zum Beispiel Selbstlernkurse und Erklärvideos über die Webseiten der Bibliotheken oder auf Social-Media-Plattformen zur Verfügung gestellt.

Eine weitere Entwicklung ist die intensivere Kooperation zwischen Bibliotheken und anderen Einrichtungen wie z. B. Schreibzentren, Zentren für Fremdsprachen oder Zentren für Hochschuldidaktik.

4.1 Führungen

Nr.	Arbeitsvorgang	Erläuterungen, Beispiele, Arbeitsschritte	Anforderungen, ggf. Wirkungen	Entgeltgruppe
203	Allgemeine Führungen planen und durchführen	Rundgang durch die Bibliothek; Basisinformationen vermitteln; Information über Angebote und Dienstleistungen und Benutzungsmodalitäten; Information zu den grundlegenden Rechercheinstrumenten	Genaue und vielfältige Kenntnisse des Medien- und Raumangebots sowie der Rechercheinstrumente und Benutzungsmodalitäten der Bibliothek; didaktische Fähigkeiten; differenzierte sprachliche Fähigkeiten, um komplexe Themen zielgruppengerecht vermitteln zu können	L: 8, 9a* B: 6, 8*
204	Themenorientierte und zielgruppenorientierte Führungen planen und durchführen	Zielgruppen: z. B. Schüler:innen, Studierende, interessierte Öffentlichkeit; Themen: z. B. Lernraumangebot der Bibliothek	Umfangreiche Kenntnisse des Medien- und Raumangebots sowie der Rechercheinstrumente und Benutzungsmodalitäten der Bibliothek; didaktische Fähigkeiten; differenzierte sprachliche Fähigkeiten, um komplexe Themen zielgruppengerecht vermitteln zu können	L: 9b FG 2/3 B: 9b
205	Themenorientierte und zielgruppenorientierte Führungen für Wissenschaftler:innen planen und durchführen	Zielgruppe: Wissenschaftler:innen Themen: z. B. besondere Sammlungen, Architektur der Bibliothek, Ersteinführung für Wissenschaftler:innen, fachspezifische Angebote und Services	Umfangreiche, akademisch fundierte und deutlich herausragende Kenntnisse des Medien- und Raumangebots (auch Spezialsammlungen) sowie der Rechercheinstrumente und Benutzungsmodalitäten der Bibliothek; didaktische Fähigkeiten; differenzierte sprachliche Fähigkeiten, um komplexe Themen zielgruppengerecht vermitteln zu können; Verständnis für den zu vermittelnden wissenschaftlichen Sachverhalt	13

---

* je nach Zeitanteil, s. I.3 Erfassung von Arbeitsvorgängen.
** „Vielseitigkeit", s. I.2.7 Tätigkeitsmerkmale des Tätigkeitsstrangs.
*** je nach Aufgaben-/Organisationsstruktur, s. II. Leitung.

4.2 Schulungen und Workshops

Nr.	Arbeitsvorgang	Erläuterungen, Beispiele, Arbeitsschritte	Anforderungen, ggf. Wirkungen	Entgeltgruppe
206	Schulungen und Workshops zum Recherchieren planen und durchführen	Ermittlung des Informationsbedarfs; Vermittlung von Kenntnissen und Fähigkeiten zur Recherche, zu Recherchetechniken und -instrumenten; Vermittlung von Ressourcenkenntnis; Beantwortung von Fragen	Hervorragende Kenntnisse des Medienangebots sowie der Rechercheinstrumente der Bibliothek; didaktische Fähigkeiten; differenzierte sprachliche Fähigkeiten, um komplexe Themen zielgruppengerecht vermitteln zu können	10, 11*
207	Schulungen und Workshops zu spezifischen Softwareprogrammen planen und durchführen	Einführung in die Funktionsweise und Bedienung von Softwareprogrammen (z. B. Literaturverwaltung, Videoschnitt, Audio, Grafik, Visualisierung...); Beantwortung von Fragen dazu	Hervorragende Kenntnisse der Funktionen des zu schulenden Softwareprogramms; didaktische Fähigkeiten; differenzierte sprachliche Fähigkeiten, um komplexe Themen zielgruppengerecht vermitteln zu können	10, 11*
208	Schulungen und Workshops zum wissenschaftlichen Recherchieren planen und durchführen	Ermittlung des wissenschaftlichen Informationsbedarfs; Vermittlung von Kenntnissen und Fähigkeiten zur Recherche, zu Recherchetechniken und -instrumenten; Vermittlung von Ressourcenkenntnis; Beantwortung von Fragen	Umfangreiche, akademisch fundierte und deutlich herausragende Kenntnisse des Medienangebots und der Rechercheinstrumente der Bibliothek sowie weiterer Fachinformationsressourcen; Befähigung zur Analyse wissenschaftlicher Fragestellungen; Befähigung zur wissenschaftlichen Bewertung von Rechercheergebnissen; didaktische Fähigkeiten; differenzierte sprachliche Fähigkeiten, um komplexe Themen zielgruppengerecht vermitteln zu können	13
209	Schulungen und Workshops zu wissenschaftsrelevanten Themen planen und durchführen	z. B. Systematic Reviews, wissenschaftliches Publizieren, Forschungsdatenmanagement, Digital Humanities, Urheberrecht, Patente und Normen; Vermittlung von Kenntnissen und Fähigkeiten zum jeweiligen Thema bzw. Sachverhalt; Beantwortung von Fragen	Umfangreiche, akademisch fundierte und deutlich herausragende Kenntnisse des zu vermittelnden Sachverhalts; Befähigung zur Analyse von wissenschaftlichen Fragestellungen; didaktische Fähigkeiten; differenzierte sprachliche Fähigkeiten, um komplexe Themen zielgruppengerecht vermitteln zu können	13
210	Bibliotheksinterne Schulungen und Workshops zu fortbildungsrelevanten Themen durchführen	Durchführung von bibliotheksinternen Fort- und Weiterbildungsangeboten zu unterschiedlichen Themen und für unterschiedliche Zielgruppen	Genaue und vielfältige Kenntnisse des zu vermittelnden Sachverhalts; didaktische Fähigkeiten; differenzierte sprachliche Fähigkeiten, um komplexe Themen zielgruppengerecht vermitteln zu können	L: 8, 9a* B: 6, 8*
211	Bibliotheksinterne Schulungen und Workshops zu fortbildungsrelevanten Themen planen, anpassen und organisieren	Bibliotheksinterne Fort- und Weiterbildungsangebote zu unterschiedlichen Themen und für unterschiedliche Zielgruppen planen, vorhandene Angebote anpassen und die Durchführung der Veranstaltungen organisieren	Hervorragende Kenntnisse des zu vermittelnden Sachverhalts; organisatorische Fähigkeiten; differenzierte sprachliche Fähigkeiten, um komplexe Themen zielgruppengerecht vermitteln zu können	10, 11*

---

* je nach Zeitanteil, s. I.3 Erfassung von Arbeitsvorgängen.
** „Vielseitigkeit", s. I.2.7 Tätigkeitsmerkmale des Tätigkeitsstrangs.
*** je nach Aufgaben-/Organisationsstruktur, s. II. Leitung.

Nr.	Arbeitsvorgang	Erläuterungen, Beispiele, Arbeitsschritte	Anforderungen, ggf. Wirkungen	Entgeltgruppe
212	Bibliotheksinterne Schulungen und Workshops zu fortbildungsrelevanten Themen konzipieren und weiterentwickeln	Bibliotheksinterne Fort- und Weiterbildungsangebote zu unterschiedlichen Themen und für unterschiedliche Zielgruppen konzipieren und weiterentwickeln	Umfangreiche, akademisch fundierte und deutlich herausragende Kenntnisse des zu vermittelnden Sachverhalts; konzeptionelle Fähigkeiten; didaktische Fähigkeiten; differenzierte sprachliche Fähigkeiten, um komplexe Themen zielgruppengerecht vermitteln zu können	13

4.3 Beratungen

Nr.	Arbeitsvorgang	Erläuterungen, Beispiele, Arbeitsschritte	Anforderungen, ggf. Wirkungen	Entgeltgruppe
213	Beratungen zum Recherchieren planen und durchführen	Ermittlung des Informationsbedarfs; Vermittlung von Kenntnissen und Fähigkeiten zur Recherche, zu Recherchetechniken und -instrumenten anhand von bibliografischen Datenbanken, Fachdatenbanken, Volltext-Datenbanken, Internet-Suchmaschinen, Blogs, Sozialen Netzwerken; Vermittlung von Ressourcenkenntnis; Beantwortung von Fragen	Hervorragende Kenntnisse des Medienangebots sowie der Rechercheinstrumente der Bibliothek; didaktische Fähigkeiten; differenzierte sprachliche Fähigkeiten, um komplexe Themen zielgruppengerecht vermitteln zu können	10, 11*
214	Beratungen zu spezifischen Softwareprogrammen planen und durchführen	Einführung in die Funktionsweise und Bedienung von Softwareprogrammen (z. B. Literaturverwaltung, Videoschnitt, Audio, Grafik, Visualisierung...); Beantwortung von Fragen dazu	Hervorragende Kenntnisse der Funktionen des zu vermittelnden Softwareprogramms; didaktische Fähigkeiten; differenzierte sprachliche Fähigkeiten, um komplexe Themen zielgruppengerecht vermitteln zu können	10, 11*
215	Beratungen zum wissenschaftlichen Recherchieren konzipieren, planen und durchführen	Ermittlung des wissenschaftlichen Informationsbedarfs; Vermittlung von Kenntnissen und Fähigkeiten zur Recherche, zu Recherchetechniken und -instrumenten anhand von bibliografischen Datenbanken, Fachdatenbanken, Volltext-Datenbanken, Internet-Suchmaschinen, Blogs, Sozialen Netzwerken; Vermittlung von Ressourcenkenntnis; Beantwortung von Fragen	Umfangreiche, akademisch fundierte und deutlich herausragende Kenntnisse des Medienangebots und der Rechercheinstrumente der Bibliothek sowie weiterer Fachinformationsressourcen; Befähigung zur Analyse wissenschaftlicher Fragestellungen; Befähigung zur wissenschaftlichen Bewertung von Rechercheergebnissen; didaktische Fähigkeiten; differenzierte sprachliche Fähigkeiten, um komplexe Themen zielgruppengerecht vermitteln zu können	13
216	Schreibberatungen planen und durchführen	Individuelle Beratung beim Schreiben wissenschaftlicher Texte; Beratungsgespräche führen; konstruktives Textfeedback geben; Beantwortung von konkreten Fragen zu wissenschaftlichen Texten; Unterstützung im Schreibprozess; Schreibnächte planen und durchführen	Umfangreiche, akademisch fundierte und deutlich herausragende sprachliche Fähigkeiten; Fähigkeit, Texte zu lektorieren; Befähigung zur Analyse wissenschaftlicher Fragestellungen; Fähigkeit, einen komplexen wissenschaftlichen Sachverhalt formulieren zu können; Kenntnis der wissenschaftlichen Kommunikationskonventionen	13

* je nach Zeitanteil, s. I.3 Erfassung von Arbeitsvorgängen.
** „Vielseitigkeit", s. I.2.7 Tätigkeitsmerkmale des Tätigkeitsstrangs.
*** je nach Aufgaben-/Organisationsstruktur, s. II. Leitung.

Nr.	Arbeitsvorgang	Erläuterungen, Beispiele, Arbeitsschritte	Anforderungen, ggf. Wirkungen	Entgeltgruppe
217	**Beratungen zu wissenschaftsrelevanten Themen planen und durchführen**	Beispiele: Systematic Reviews, wissenschaftliches Publizieren, Forschungsdatenmanagement, Data Literacy, Open-Access-Transformation, Digital Humanities, Urheberrecht, Patente und Normen, Hochschulbibliografie; Ermittlung des Informationsbedarfs, Vermittlung von Kenntnissen und Fähigkeiten zum jeweiligen Thema bzw. Sachverhalt; Beantwortung von Fragen	Umfangreiche, akademisch fundierte und deutlich herausragende Kenntnisse der zu vermittelnden Themen; Befähigung zur Analyse wissenschaftlicher Fragestellungen; didaktische Fähigkeiten; differenzierte sprachliche Fähigkeiten, um komplexe Themen zielgruppengerecht vermitteln zu können	13
	Auskunft zur Nutzung von Medien	s. AV 125, 126		
	Fachauskunft inkl. Recherche	s. AV 128, 129		

4.4 Vorträge

Nr.	Arbeitsvorgang	Erläuterungen, Beispiele, Arbeitsschritte	Anforderungen, ggf. Wirkungen	Entgeltgruppe
218	**Vorträge planen und durchführen**	(Kurz-)Vorträge zum Serviceportfolio der Bibliothek konzipieren, planen und durchführen (z. B. Coffee Lectures)	Hervorragende Kenntnisse des zu vermittelnden Sachverhalts; didaktische Fähigkeiten; differenzierte sprachliche Fähigkeiten, um komplexe Themen zielgruppengerecht vermitteln zu können	10, 11*
219	**Wissenschaftliche Vorträge planen und durchführen**	(Kurz-)Vorträge zu wissenschaftsrelevanten Themen konzipieren, planen und durchführen	Umfangreiche, akademisch fundierte und deutlich herausragende Kenntnisse des zu vermittelnden Sachverhalts; Befähigung zur Analyse von wissenschaftlichen Fragestellungen; didaktische Fähigkeiten; differenzierte sprachliche Fähigkeiten, um komplexe Themen zielgruppengerecht vermitteln zu können	13
220	**Bibliotheksinterne Vorträge zu fortbildungsrelevanten Themen durchführen**	Durchführung von bibliotheksinternen Fort- und Weiterbildungsangeboten zu unterschiedlichen Themen und für unterschiedliche Zielgruppen	Genaue und vielfältige Kenntnisse des zu vermittelnden Sachverhalts; didaktische Fähigkeiten; differenzierte sprachliche Fähigkeiten, um komplexe Themen zielgruppengerecht vermitteln zu können	L: 8, 9a* B: 6, 8*
221	**Bibliotheksinterne Vorträge zu fortbildungsrelevanten Themen planen, anpassen und organisieren**	Bibliotheksinterne Fort- und Weiterbildungsangebote zu unterschiedlichen Themen und für unterschiedliche Zielgruppen planen, vorhandene Angebote anpassen und die Durchführung der Veranstaltungen organisieren	Hervorragende Kenntnisse des zu vermittelnden Sachverhalts; organisatorische Fähigkeiten; differenzierte sprachliche Fähigkeiten, um komplexe Themen zielgruppengerecht vermitteln zu können	10, 11*
222	**Bibliotheksinterne Vorträge zu fortbildungsrelevanten Themen konzipieren und weiterentwickeln**	Bibliotheksinterne Fort- und Weiterbildungsangebote zu unterschiedlichen Themen und für unterschiedliche Zielgruppen konzipieren und weiterentwickeln	Umfangreiche, akademisch fundierte und deutlich herausragende Kenntnisse des zu vermittelnden Sachverhalts; konzeptionelle Fähigkeiten; didaktische Fähigkeiten; differenzierte sprachliche Fähigkeiten, um komplexe Themen zielgruppengerecht vermitteln zu können	13

---

* je nach Zeitanteil, s. I.3 Erfassung von Arbeitsvorgängen.
** „Vielseitigkeit", s. I.2.7 Tätigkeitsmerkmale des Tätigkeitsstrangs.
*** je nach Aufgaben-/Organisationsstruktur, s. II. Leitung.

4.5 Asynchrone Formate

Nr.	Arbeitsvorgang	Erläuterungen, Beispiele, Arbeitsschritte	Anforderungen, ggf. Wirkungen	Entgeltgruppe
223	E-Learning-Angebote für Benutzer:innen erstellen	E-Learning-Angebote zu unterschiedlichen Themen und für unterschiedliche Zielgruppen erstellen (z. B. Erklärvideos, Selbstlernkurse)	Hervorragende Kenntnisse des zu vermittelnden Sachverhalts; didaktische Fähigkeiten; differenzierte sprachliche Fähigkeiten, um komplexe Themen zielgruppengerecht vermitteln zu können; medientechnische Kenntnisse	10, 11*
224	E-Learning-Angebote für Benutzer:innen konzipieren und weiterentwickeln	E-Learning-Angebote zu unterschiedlichen Themen und für unterschiedliche Zielgruppen konzipieren und weiterentwickeln (z. B. Erklärvideos, Selbstlernkurse)	Umfangreiche, akademisch fundierte und deutlich herausragende Kenntnisse des zu vermittelnden Sachverhalts; didaktische Fähigkeiten; differenzierte sprachliche Fähigkeiten, um komplexe Themen zielgruppengerecht vermitteln zu können; konzeptionelle Fähigkeiten; medientechnische Kenntnisse	13
225	E-Learning-Angebote zu fortbildungsrelevanten Themen erstellen	E-Learning-Angebote für die bibliotheksinterne Fort- und Weiterbildung zu unterschiedlichen Themen und für unterschiedliche Zielgruppen erstellen und vorhandene Angebote anpassen	Hervorragende Kenntnisse des zu vermittelnden Sachverhalts; didaktische Fähigkeiten; differenzierte sprachliche Fähigkeiten, um komplexe Themen zielgruppengerecht vermitteln zu können; medientechnische Kenntnisse	10, 11*
226	E-Learning-Angebote zu fortbildungsrelevanten Themen konzipieren und weiterentwickeln	E-Learning-Angebote für die bibliotheksinterne Fort- und Weiterbildung zu unterschiedlichen Themen und für unterschiedliche Zielgruppen konzipieren und vorhandene Angebote weiterentwickeln	Umfangreiche, akademisch fundierte und deutlich herausragende Kenntnisse des zu vermittelnden Sachverhalts; didaktische Fähigkeiten; differenzierte sprachliche Fähigkeiten, um komplexe Themen zielgruppengerecht vermitteln zu können; konzeptionelle Fähigkeiten; medientechnische Kenntnisse	13

4.6 Leitung Schulung und Beratung, Übergreifende Tätigkeiten

Nr.	Arbeitsvorgang	Erläuterungen, Beispiele, Arbeitsschritte	Anforderungen, ggf. Wirkungen	Entgeltgruppe
227	Leitung des Bereichs Schulung und Beratung	Konzeption, Weiterentwicklung und Organisation des Bereichs Schulungen und Beratung unter Berücksichtigung des Profils der Einrichtung in Kooperation mit anderen Bereichen wie z. B. Rechenzentren oder Lehr- und Forschungszentren; Personaleinsatzplanung und -koordinierung; Planung und Organisation der Angebote und Veranstaltungen auf der Grundlage von Bedarfsermittlungen; Evaluation der Angebote und Veranstaltungen	Umfangreiche, akademisch fundierte und deutlich herausragende Kenntnisse der fortbildungsrelevanten Themen der Hochschule; sehr guter Überblick über den Bedarf unterschiedlicher Fachgebiete; Methoden- und Fachkompetenz; deutlich herausragende Kenntnisse zum Thema Informationskompetenz; didaktische Fähigkeiten; differenzierte sprachliche Fähigkeiten, um komplexe Themen zielgruppengerecht vermitteln zu können; konzeptionelle Fähigkeiten; kommunikative Fähigkeiten; ggf. Personalverantwortung	13

---

* je nach Zeitanteil, s. I.3 Erfassung von Arbeitsvorgängen.
** „Vielseitigkeit", s. I.2.7 Tätigkeitsmerkmale des Tätigkeitsstrangs.
*** je nach Aufgaben-/Organisationsstruktur, s. II. Leitung.

Nr.	Arbeitsvorgang	Erläuterungen, Beispiele, Arbeitsschritte	Anforderungen, ggf. Wirkungen	Entgeltgruppe
228	**Leitung des Bereichs Schulung und Beratung mit komplexen Anforderungen**	Konzeption, Weiterentwicklung und Organisation des Bereichs Schulungen und Beratung unter Berücksichtigung des Profils der Einrichtung in Kooperation mit anderen Bereichen wie z. B. Rechenzentren oder Lehr- und Forschungszentren; Personaleinsatzplanung und -koordinierung; Planung und Organisation der Angebote und Veranstaltungen auf der Grundlage von Bedarfsermittlungen; Evaluation der Angebote und Veranstaltungen	Umfangreiche, akademisch fundierte und deutlich herausragende Kenntnisse der fortbildungsrelevanten Themen der Hochschule; sehr guter Überblick über den Bedarf unterschiedlicher Fachgebiete; Methoden- und Fachkompetenz; deutlich herausragende Kenntnisse zum Thema Informationskompetenz; didaktische Fähigkeiten; differenzierte sprachliche Fähigkeiten, um komplexe Themen zielgruppengerecht vermitteln zu können; konzeptionelle Fähigkeiten; kommunikative Fähigkeiten; ggf. Personalverantwortung und komplexe Steuerungsanforderungen; ggf. weitreichende Kooperationen auf nationaler Ebene	14
229	**Konzeption und Durchführung von Tagungen, Konferenzen und Symposien**	Wissenschaftliche Veranstaltungen mit diversen Beiträgen in Kooperation mit Wissenschaftler:innen konzipieren, planen und durchführen; ggf. Ergebnisse publizieren	Deutlich herausragende Kenntnisse des jeweiligen Veranstaltungsthemas; Vernetzung mit den Wissenschaftler:innen; hohe Relevanz der Veranstaltung für die Reputation der Einrichtung; ausgeprägte organisatorische und konzeptionelle Fähigkeiten; hohe Ergebnisverantwortung	14
230	**Konzeption und Durchführung von internationalen Tagungen, Konferenzen und Symposien**	Wissenschaftliche Veranstaltungen mit internationaler Ausrichtung und diversen Beiträgen in Kooperation mit Wissenschaftler:innen konzipieren, planen und durchführen; ggf. Ergebnisse publizieren	Deutlich herausragende Kenntnisse des jeweiligen Veranstaltungsthemas; Vernetzung mit den Wissenschaftler:innen international; hohe Relevanz der Veranstaltung für die Reputation der Einrichtung; ausgeprägte organisatorische und konzeptionelle Fähigkeiten; hohe Ergebnisverantwortung	15

---

* je nach Zeitanteil, s. I.3 Erfassung von Arbeitsvorgängen.
** „Vielseitigkeit", s. I.2.7 Tätigkeitsmerkmale des Tätigkeitsstrangs.
*** je nach Aufgaben-/Organisationsstruktur, s. II. Leitung.

5 Öffentlichkeitsarbeit und Kommunikation (AV 231–251)

Durch die Digitalisierung und die Sozialen Medien hat sich das Kommunikationsverhalten der Menschen grundlegend und massiv gewandelt. Das hat Auswirkungen auf die Öffentlichkeitsarbeit und Kommunikation wissenschaftlicher Bibliotheken, die sich einerseits nach innen an die Beschäftigten der Bibliotheken und wissenschaftlichen Einrichtungen, andererseits nach außen an gegenwärtige und künftige Nutzer:innen richtet. An Hochschulen ist eine scharfe Trennung zwischen innen und außen nicht möglich, da Hochschulmitglieder sowohl Beschäftigte der Einrichtung als auch Nutzer:innen der Bibliotheken sein können.

Bei der Kommunikation nach innen geht es um die Informationsweitergabe und das Wissensmanagement innerhalb der Einrichtung, um sicher zu stellen, dass die Beschäftigten zeitnah über alle wesentlichen Informationen verfügen und gut zusammenarbeiten. Neben den „klassischen" Kommunikationskanälen (Gespräche, Sitzungen, Telefonate, E-Mails) sind Wiki- und Social-Intranet-Plattformen, Austauschverzeichnisse und Dokumentenmanagementsysteme als Tools üblich.

Bei der Öffentlichkeitsarbeit wissenschaftlicher Bibliotheken nach außen geht es darum, aktuellen und potentiellen Nutzer:innen wesentliche Informationen über die Bibliothek und ihre Dienstleistungen so zur Verfügung zu stellen, dass diese Informationen ankommen. Vor dem Hintergrund des veränderten Kommunikationsverhaltens werden Informationen heute anders dargestellt und präsentiert als früher. Texte werden kürzer. Der Sprachstil wird verständlicher. Fotos, Schaubilder, Infografiken und Videos erzielen mehr Aufmerksamkeit als Texte. Die Ansprache wird persönlicher.

Ein weiterer Trend ist die Zusammenarbeit zwischen Bibliotheken und anderen wissenschaftlichen Einrichtungen zur gemeinsamen Konzeption, Planung und Durchführung von Veranstaltungen. Die Anbahnung dieser Kooperationen ist eine Kommunikationsaufgabe.

Was bedeutet das für Arbeitsvorgänge in Bibliotheken? Für den Erfolg der Bibliothek ist eine zielführende Öffentlichkeitsarbeit und Kommunikation zentral. Die mit diesen Aufgaben betrauten Mitarbeiter:innen müssen die sich laufend ändernden Inhalte, Kanäle und Trends im Auge haben und darauf schnell reagieren. Das erfordert ein hohes Maß an Sprachkompetenz, digitaler Kompetenz, Sozialkompetenz und Offenheit für Neues.

5.1 Öffentlichkeitsarbeit

Nr.	Arbeitsvorgang	Erläuterungen, Beispiele, Arbeitsschritte	Anforderungen, ggf. Wirkungen	Entgeltgruppe
231	Vorbereitung von Veranstaltungen & Räumen	Raumbuchung/Raumreservierung, Organisation von Bestuhlung, Dekoration; Materialien auswählen & präsentieren; Bewirtung veranlassen; Service für Gäste	Fundierte Kenntnisse der Nutzungsmodalitäten im Aufgabenbereich	L: 5 ggf. 6** B: 5
232	Aktualisierung von Webseiten	Aktualisierung von Webseiten nach Vorgaben der Verantwortlichen	Fundierte Kenntnisse der Techniken und IT-Tools im Aufgabenbereich	L: 5 ggf. 6** B: 5
233	Vorbereitungen zur Erstellung von schriftlichen Informationsmaterialien s. a. AV 235	Entwurfsvorbereitung zur Gestaltung von Druckvorlagen, Texten, Broschüren, Einladungsschreiben	Fundierte grafische Kenntnisse einschließlich der einschlägigen IT-Tools	L: 5 ggf. 6** B: 5
234	Veranstaltungsassistenz- und Ausstellungsassistenz	Inhaltliche Zuarbeit und Recherche bei der Erstellung und Umsetzung von Konzepten; Erstellen von Einladungen; Überwachung des Finanzbudgets	Genaue und vielfältige Kenntnisse im Aufgabenbereich; Gestaltungsspielraum in kleinerem Umfang	L: 8, 9a* B: 6, 8*
235	Erstellung von schriftlichen Informationsmaterialien	Entwurf, grafische Gestaltung und Herstellung von Druckvorlagen, Texten, Einladungsschreiben, Broschüren, Veranstaltungsankündigungen, Flyern etc.	Ausführliche grafische Kenntnisse einschließlich der einschlägigen IT-Tools, Gestaltungsspielraum im vorgegebenen Rahmen z. B. Corporate Design	L: 8, 9a* B: 6, 8*

---

* je nach Zeitanteil, s. I.3 Erfassung von Arbeitsvorgängen.
** „Vielseitigkeit", s. I.2.7 Tätigkeitsmerkmale des Tätigkeitsstrangs.
*** je nach Aufgaben-/Organisationsstruktur, s. II. Leitung.

Nr.	Arbeitsvorgang	Erläuterungen, Beispiele, Arbeitsschritte	Anforderungen, ggf. Wirkungen	Entgeltgruppe
236	Pflege des Webauftritts	Regelmäßige inhaltliche Pflege und Gestaltung der Webseiten	Umfangreiche Kenntnisse der Öffentlichkeitsarbeit sowie der Webseitengestaltung und der relevanten IT-Tools	L: 9b FG 2/3 B: 9b
237	Umsetzung von Konzepten für die Öffentlichkeitsarbeit s. a. AVs 135, 136	Umsetzung von Konzepten in entsprechende Beiträge, z. B. für Social-Media-Kanäle; Pressemitteilungen	Umfangreiche Kenntnisse der Öffentlichkeitsarbeit und der sozialen Medien; sprachliche Gewandtheit in Wort und Schrift; breite redaktionelle Kenntnisse; Fremdsprachenkenntnisse	L: 9b FG 1 B: 9c
238	Planung und Umsetzung des visuellen Erscheinungsbilds	Planung und Umsetzung von gedruckten und elektronischen Materialien für die Kommunikation nach innen und außen (Plakate, Webseite, Clips/Filme ...); crossmediale Aufbereitung der relevanten Themen	Spezialisierte, hervorragende Kenntnisse und Fähigkeiten zur Gestaltung von Werbung und des grafischen Designs; Aufgabe mit Außenwirkung	10, 11*
239	Erschließung neuer Kommunikationsformen	Neue Kommunikationsformen, die sich perspektivisch entwickeln werden, identifizieren und in die Kommunikationsstrategie einbinden	Herausragende Kenntnisse und Fähigkeit zur Analyse und Bewertung der Presselandschaft, der sozialen Medien sowie neuer Kommunikationsformen; Aufgabe von besonderer Reichweite und großer Außenwirkung	12
240	Aufbau und Pflege von Kontaktarbeit und Netzwerkarbeit	Aufbau und Pflege von Kontakten zu kulturellen, sozialen und anderen Institutionen unterschiedlicher Trägerschaft; zielgruppenorientiertes Vorgehen, z. B. bei der Betreuung des Fördervereins; Kontaktaufnahme und -pflege zu relevanten Partnereinrichtungen; Abstimmung von gemeinsamen oder spezifischen Aktionen; Erstellen von Kommunikationskonzepten und Konzepten für Informationsmaterial	Herausragende Kenntnisse des relevanten Umfeldes der Bibliothek; besondere Fähigkeit, bibliotheksrelevante Fragestellungen mit anderen Einrichtungen zu verknüpfen; herausragende soziale Kompetenz und geübtes Gesprächsverhalten; Aufgabe von großer Relevanz durch hohe Außenwirkung	12
241	Konzeption und Gestaltung des visuellen Erscheinungsbilds der Bibliothek	Einwicklung des Corporate Design, ggf. Transformation und Einbeziehung des Corporate Design der Bibliothek in das Erscheinungsbild der Trägerinstitution	Herausragende Kenntnisse in Herstellungstechniken und in Fragen grafischer Gestaltung, von Layout und Bildbearbeitung; Aufgabe mit großer Reichweite und Relevanz durch die Außenwirkung	12
242	Konzeption für Veranstaltungen und Ausstellungen entwickeln	Programmkonzeption von Veranstaltungen und Ausstellungen in Eigenregie sowie in Zusammenarbeit mit anderen Einrichtungen; Sichtung und Vorauswahl von Angeboten; fachliche und inhaltliche Abstimmung mit den beteiligten Stellen; Erstellen eines Ausstellungskonzepts	Herausragende Kenntnisse der Veranstaltungs- und Ausstellungskonzeption; Befähigung, auf eigene Verantwortung Angebote auszuwählen und Veranstaltungen mit wichtigen Kooperationspartnern zu organisieren und zu konzipieren; Aufgabe von besonderer Relevanz durch hohe Außenwirkung	12

---

*   je nach Zeitanteil, s. I.3 Erfassung von Arbeitsvorgängen.
**   „Vielseitigkeit", s. I.2.7 Tätigkeitsmerkmale des Tätigkeitsstrangs.
*** je nach Aufgaben-/Organisationsstruktur, s. II. Leitung.

5.2 Kommunikation

Nr.	Arbeitsvorgang	Erläuterungen, Beispiele, Arbeitsschritte	Anforderungen, ggf. Wirkungen	Entgeltgruppe
243	Redaktionsassistenz	Inhaltliche Zuarbeit und Recherche bei der Erstellung und Umsetzung von Konzepten; Dokumentenmanagement (analog und digital) zur Unterstützung der Prozesse	Genaue und vielfältige Kenntnisse im Aufgabenbereich mit eigenverantwortlichen Entscheidungen	L: 8, 9a* B: 6, 8*
244	Redaktion des Wissensmanagementsystems	Dokumentation und Protokollierung von internen Prozessen; Pflege des Wissensmanagementsystems	Umfangreiche Kenntnisse von Inhalt und Funktion des Wissensmanagementsystems; breites Wissen bezüglich der internen Abläufe	L: 9b FG 2/3 B: 9c
245	Planung und Umsetzung der internen Kommunikationsstrategie	Umsetzung der internen Kommunikationsformate; inhaltliche und organisatorische Abstimmung; Protokollierung; Ergebnissicherung; Beschlusskontrolle sichern	Hervorragende Kenntnisse der inhaltlichen Vorgaben bezüglich der internen und externen Kommunikation; spezialisierte Kenntnisse in der Webseitengestaltung sowie der relevanten IT-Tools	10, 11*
246	Entwicklung von Konzepten für die interne Kommunikation	Entwicklung von interessengruppenspezifischen Angeboten; Entwicklung von Beteiligungsformaten für die interne Kommunikation; Erstellung von Konzepten zur Informationsweitergabe	Herausragende Kenntnisse der Grundlagen und Funktionen der internen Kommunikation zur Umsetzung der Ziele der Bibliothek; herausragende Kenntnisse der Aufbau- und Ablauforganisation der Bibliothek	12
247	Entwicklung von Konzepten zum Wissensmanagement	Entwicklung von Angeboten und Formaten zum Wissensmanagement und -transfer, z. B. Sitzungen und Protokolle (in Präsenz und virtuell), Arbeitsgruppen, Workshops, Wikis, Social Media, interne Informationsplattformen, Austausch, Diskussionsforen	Herausragende Kenntnisse der Ablauforganisation und vorhandener Strukturen; herausragendes Wissen über Methoden zur Bedarfsermittlung und Formate zum Wissensaustausch	12

5.3 Leitung Öffentlichkeitsarbeit und Kommunikation

Nr.	Arbeitsvorgang	Erläuterungen, Beispiele, Arbeitsschritte	Anforderungen, ggf. Wirkungen	Entgeltgruppe
248	Leitung Öffentlichkeitsarbeit und Kommunikation	Verantwortung für die Entwicklung von Grundsätzen und Strategien der Öffentlichkeitsarbeit und Wissenschaftskommunikation sowie des internen und externen Wissensmanagements; Verantwortung für die strategische Entwicklung einer Corporate Identity inkl. Corporate Design; Verantwortung für Transferaktivitäten wie z. B. Pressearbeit, Werbematerial, Social Media, Webauftritt, Publikationen, Veranstaltungen, Konferenzen, Ausstellungen, interessengruppenspezifische Angebote	Je nach Größe der Bibliothek „Stabsstelle"; umfangreiche und deutlich herausragende Spezialkenntnisse der Presse- und Öffentlichkeitsarbeit, des Medienrechts und publizistischer Grundsätze sowie der internen Kommunikationsstrukturen; Aufgabe mit erheblicher Außen- und Binnenwirkung auf akademischem Niveau	13

---

* je nach Zeitanteil, s. I.3 Erfassung von Arbeitsvorgängen.
** „Vielseitigkeit", s. I.2.7 Tätigkeitsmerkmale des Tätigkeitsstrangs.
*** je nach Aufgaben-/Organisationsstruktur, s. II. Leitung.

Nr.	Arbeitsvorgang	Erläuterungen, Beispiele, Arbeitsschritte	Anforderungen, ggf. Wirkungen	Entgeltgruppe
249	**Entwicklung von Strategien für Veranstaltungs- und Ausstellungsarbeit**	Strategische Planung und Koordination einer vielgestaltigen Veranstaltungsarbeit, z. B. für Konferenzen, Ausstellungen, Lesungen und weitere Transferformate; Zusammenarbeit und Vernetzung in der eigenen wissenschaftlichen Einrichtung sowie Zusammenarbeit und Vernetzung mit der wissenschaftlichen Community	Umfangreiche und deutlich herausragende spezialisierte Kenntnisse der Erarbeitung von Strategien und Konzeptionen, des Veranstaltungs- und Medienmarktes sowie aktueller Themen und Bedürfnisse der eigenen wissenschaftlichen Einrichtung sowie der wissenschaftlichen Community; verantwortungsvolle Aufgabe mit erheblicher Außenwirkung auf wissenschaftlichem Niveau	13
250	**Entwicklung von Strategien für die Öffentlichkeitsarbeit**	Strategische Entwicklung und Verantwortung für die Einführung und Umsetzung neuer Konzepte und Formate für die Öffentlichkeitsarbeit in einem wissenschaftlichen Kontext und für eine wissenschaftliche Community	Umfangreiche, deutlich herausragende Kenntnisse des Medienrechts und publizistischer Grundsätze (Pressekodex); spezialisierte Kenntnisse diverser Vorschriften und Richtlinien: u. a. zum Datenschutz, zur Barrierefreiheit, zum Urheberrecht; umfangreiche Kenntnisse in Projektmanagement und Moderationstechniken	13
251	**Leitung Öffentlichkeitsarbeit und Kommunikation**	Entwicklung von Grundsätzen der Öffentlichkeitsarbeit und Wissenschaftskommunikation; Verantwortung für die Strategie der Öffentlichkeitsarbeit und internen Kommunikation sowie für die Strategie des internen und externen Wissensmanagements; Verantwortung für und strategische Entwicklung einer Corporate Identity inkl. Corporate Design; Verantwortung für Transferaktivitäten wie z. B. Pressearbeit, Werbematerial, Social Media, Webauftritt, Publikationen, Veranstaltungen, Konferenzen, Ausstellungen, interessengruppenspezifische Angebote	Besondere Relevanz in organisatorisch selbständigen Einrichtungen; umfangreiche und deutlich herausragende, hochspezialisierte Kenntnisse der Presse- und Öffentlichkeitsarbeit, des Medienrechts und publizistischer Grundsätze sowie der internen Kommunikationsstrukturen; Fähigkeit zu strategischem Denken und Handeln; Aufgabe mit besonders großer Reichweite auf wissenschaftlichem Niveau	14

---

* je nach Zeitanteil, s. I.3 Erfassung von Arbeitsvorgängen.
** „Vielseitigkeit", s. I.2.7 Tätigkeitsmerkmale des Tätigkeitsstrangs.
*** je nach Aufgaben-/Organisationsstruktur, s. II. Leitung.

6 Forschungsnahe Dienste (AV 252–301)

Forschungsnahe Dienste bezeichnen in Bibliotheken diejenigen Tätigkeiten, die unmittelbar die Forschung an wissenschaftlichen Einrichtungen unterstützen. Damit sind Tätigkeiten als unmittelbare Services genauso gemeint wie unterstützende Tätigkeiten, die dazu dienen, z. B. eine Infrastruktur aufzubauen oder zu unterhalten.

Hier aufgeführt sind somit Arbeitsvorgänge rund um das wissenschaftliche Publizieren, Aufbau und Unterhaltung von Publikationsservern für Monografien und Zeitschriften, der Betrieb von Repositorien zur Speicherung und Archivierung von Erst- und Zweitveröffentlichungen im Open Access und Datendienste im weitesten Sinne, von der Bereitstellung von Material für Text und Data Mining über Schnittstellenprogrammierung bis zur Bereitstellung von Forschungssoftware. Häufig wird im Sinne von Open Science darauf geachtet, dass entwickelte Softwarelösungen, Programme oder Schnittstellen sowie Inhalte für die Nachnutzung Open Source sind. Dementsprechend spielen bei vielen dieser Tätigkeiten die Dokumentation, die Vernetzung, die Normierung und Datenaustauschaktivitäten eine wichtige Rolle.

Ebenfalls hier aufgeführt sind Arbeitsvorgänge rund um Aufbau und Betrieb von Forschungsinformationssystemen sowie forschungsrelevante Tätigkeiten in Fachinformationsdiensten.

Ausführlich kommt das Forschungsdatenmanagement vor, dies auch, da Aufgaben von Fachreferent:innen auf die einzelnen Sachthemen der Arbeitsvorgangstabellen verteilt wurden (vgl. *II. Nicht in den Tabellen aufgeführte Tätigkeitsbereiche – Fachreferat*) und der Bereich Forschungsdatenmanagement eine Kernaufgabe des Fachreferats darstellt.

Langzeitarchivierung und Patentinformation werden ebenfalls bei den forschungsnahen Tätigkeiten angesiedelt.

Arbeitsvorgänge in den Bereiche Texterkennung und Präsentation von digitalisierten Dokumenten sind unter *3. IT in der Bibliothek* zu finden, ebenso alle Arbeitsvorgänge rund um das Wiederfinden kuratierter wissenschaftlicher Daten, sprich Suchdienste und Discovery-Services, aber auch die Rechercheangebote in den integrierten Bibliothekssystemen. Sicher sind für diese Zuordnungen auch andere Herangehensweisen denkbar, über Verweise sollte das Auffinden der Tätigkeiten aber möglich sein.

Viele forschungsnahe Dienstleistungen erfordern tiefergehendes Wissen im Bereich IT oder Programmierkenntnisse und zusätzlich Kenntnisse des fachspezifischen Bedarfs sowie der in diesen Fächern produzierten Daten und Publikationen. Diese Kenntnisse sind in manchen Bibliotheken nicht vorhanden, und es zeichnet sich ab, dass nicht genügend Personen mit diesen Kompetenzen gewonnen werden können. Häufig werden deshalb Quereinsteiger:innen eingestellt oder sogar explizit gesucht.

Ein Grund für den Fachkräftemangel bei forschungsnahen Dienstleistungen ist die Tatsache, dass häufiger als in anderen bibliothekarischen Bereichen spezialisiertes Fachwissen auf universitärem Niveau notwendig ist, um die entsprechenden Dienste entwickeln und bereitstellen zu können. Der Bedarf an berufsbegleitenden Qualifizierungsmaßnahmen ist dementsprechend höher als in anderen Arbeitszusammenhängen. Die Universitäten und Hochschulen entwickeln Studiengänge, aber ein einschlägiger Hochschulabschluss kann die Anforderungstiefe und -breite heutzutage oft genug nicht mehr abdecken.

Aufgrund der Dynamik in diesem Tätigkeitsfeld ist es unrealistisch, zu erwarten, dass in diesem Werk alle einschlägigen Arbeitsvorgänge identifiziert und ausführlich beschrieben sind. Es sollte aber möglich sein, anhand der hier dargestellten Arbeitsvorgänge genügend Information darüber zu erhalten, wie eine entsprechende Tätigkeit zu beschreiben und zu bewerten ist. Je nach Schwerpunktsetzung einer Bibliothek ist es darüber hinaus für fast alle diese Tätigkeiten denkbar, dass sie von einem größeren Team erledigt werden und eine entsprechende Team- oder Abteilungsleitung vorzusehen ist. Hinweise dazu finden Sie unter *II. Nicht in den Tabellen aufgeführte Tätigkeitsbereiche – Leitung*.

6.1 Wissenschaftliches Publizieren

Nr.	Arbeitsvorgang	Erläuterungen, Beispiele, Arbeitsschritte	Anforderungen, ggf. Wirkungen	Entgeltgruppe
252	**Implementierung von Funktionalitäten in Repositorien**	z. B. Rechtemanagement, Sammlungsverwaltung, Anzeigeprogramme (Viewer), PIDs, Datenlieferungsroutinen; Programmierung von Features bzw. Anpassung bestehender Softwarelösungen auf spezielle lokale Gegebenheiten; Dokumentation der implementierten Lösungen z. B. über GitHub oder in internen Systemen	Hervorragende Kenntnisse der verschiedenen Softwarelösungen für Repositorien und der Einbindung von Mehrwertdiensten in den Standardfunktionsumfang; sehr differenzierte Kenntnisse über Nachnutzung der entwickelten Funktionalitäten; sehr weitreichende Kenntnisse der im Bibliotheksumfeld eingesetzten Metadaten, Schnittstellen, Austauschformate; fundierte Programmierkenntnisse	10, 11*
253	**Administration und Redaktion des Frontends des Repositoriums** s. a. AVs in 1.4	Layout, Textredaktion z. B. Hilfetexte, Autorenverträge, Workflows zum Upload für Nutzer:innen, Metadatenanweisungen erstellen, einbinden, aktualisieren	Hervorragende Kenntnisse redaktioneller Anforderungen, der Sprache und der Grammatik, systematische Herangehensweise, gute Kenntnisse der Organisation und der Zuständigkeiten, kompetente Beurteilung der Qualität von Zuarbeiten	10, 11*
254	**Implementierung von Identifikatoren und Metadaten in Repositorien**	Einbindung verschiedener persistenter Identifikatoren in Dokumente: Automatisierung der Vergabe, Einhaltung der spezifischen Vergaberichtlinien, Übergabe an Standardschnittstellen, Sicherstellung der dauerhaften Adressierung, Meldung an Zertifizierungsinstanzen, Dokumentation, z. B. PIDs, URN, URN granular, Orcid, DOI); Systementwicklung, Datenaustausch, Schnittstellenprogrammierung	Hervorragende, spezialisierte Kenntnisse der verschiedenen eindeutigen Identifikatoren in bibliografischen Softwareumgebungen; gründliche Kenntnisse bibliothekarischer Anforderungen an die Eindeutigkeit von Dokumentauszeichnungen; sehr weitreichende Kenntnisse der im Bibliotheksumfeld eingesetzten Metadaten, Schnittstellen, Austauschformate; fundierte Programmierkenntnisse	10, 11*
255	**Konzeption und Bereitstellung eines Repositoriums für Publikationen und/oder Forschungsdaten**	Administration von Repositorien, Softwaretechnische (Weiter-)Entwicklung und Integration eines Datenrepositoriums und darauf aufbauender Anwendungen im Web und lokal inklusive der Bereitstellung von Services. Dokumentation, Durchführung von Qualitätssicherungsmaßnahmen, Integration in bestehende Infrastruktur.	Umfangreiche, akademisch fundierte, spezialisierte Kenntnisse der verschiedenen Softwarelösungen für Repositorien und der Einbindung von Mehrwertdiensten in den Standardfunktionsumfang; sehr differenzierte Kenntnisse der Dokumentation zur Nachnutzung der entwickelten Funktionalitäten. Sehr weitreichende Kenntnisse der im Bibliotheksumfeld eingesetzten Metadaten, Schnittstellen, Austauschformate; fundierte Programmierkenntnisse	13

---

* je nach Zeitanteil, s. I.3 Erfassung von Arbeitsvorgängen.
** „Vielseitigkeit", s. I.2.7 Tätigkeitsmerkmale des Tätigkeitsstrangs.
*** je nach Aufgaben-/Organisationsstruktur, s. II. Leitung.

6.2 Langzeitarchivierung

Nr.	Arbeitsvorgang	Erläuterungen, Beispiele, Arbeitsschritte	Anforderungen, ggf. Wirkungen	Entgeltgruppe
256	Digitale Langzeitarchivierung: Software	Einführung einer kommerziellen Software zur Langzeitarchivierung. Aushandlung der zu betreuenden Formate, der notwendigen Volumina und Spezifikationen. Erstellung von Pflichtenheften. Koordinierung von Abstimmungsprozessen aller Beteiligten.	Wissenschaftlich fundierte, herausragende Fachkenntnisse; sehr gute Kenntnisse der haushalts- und datenschutzrechtlichen Regelungen	13
257	Digitale Langzeitarchivierung: Pflege der Prozesse	Erarbeitung von Workflows zur Übergabe an Speichersysteme, Einführung automatisierter Validierungsprozesse, Qualitätsmanagementroutinen entwickeln und implementieren	Sehr differenzierte Kenntnisse der Vergänglichkeit von Daten und der im Verlauf entstehenden Speicheranforderungen und Fehlerursachen; Kenntnisse bibliotheksspezifischer Formate, Schnittstellen und Speicherinfrastrukturen auf wissenschaftlichem Niveau; selbständige Erarbeitung von Verfahren und Programmroutinen sowie Kooperationen; Vernetzung mit anderen Akteur:innen innerhalb und außerhalb der Hochschule	13
258	Konzeption digitaler Langzeitarchivierung	Erstellung einer Konzeption der digitalen Langzeitarchivierung, Klärung von Kooperations- und Nachnutzungsoptionen, Erarbeitung Beteiligungsmodelle, Aufbereitung von Daten zur Archivierung, Automatisierung der Verfahren zur Übergabe von Daten an die Langzeitarchivierung, Betreuung und Weiterentwicklung der eingesetzten Softwarelösung, Klärung und Pflege der zu archivierenden Formate und deren Weiterverarbeitung, Dokumentation	Sehr differenzierte Kenntnisse von Datenstrukturen, Speicheranforderungen und Fehlerursachen; umfangreiche Kenntnisse bibliotheksspezifischer Formate, Schnittstellen und Speicherinfrastrukturen; Vernetzung mit anderen Akteur:innen innerhalb und außerhalb der Hochschule. Selbständige Erarbeitung von Verfahren und Programmroutinen sowie Kooperationen; Erfahrungen im IT-Bereich einer wiss. Bibliothek und in den relevanten Technologien, Formaten, Programmiersprachen; Anwendbare Programmierkenntnisse, Weiterentwicklung von Open-Source-Lösungen in Bibliotheken; ggf. mit Leitung eines Teams	13–15***

6.3 Tätigkeiten im Rahmen von Universitätsverlagen

Nr.	Arbeitsvorgang	Erläuterungen, Beispiele, Arbeitsschritte	Anforderungen, ggf. Wirkungen	Entgeltgruppe
259	Layout- und Satzerstellung *Hinweis: Nicht einschlägig für Bibliotheken, vgl. EGO TV-L Teil II Nr. 22.9.*	Wissenschaftliche Edition, Klärung des Peer Reviews, Korrektur von eingereichten Manuskripten	Sehr gute Kenntnisse der genutzten Sprachen, deren Grammatik und der Publikationsvorgaben. Sehr ausgeprägte Kenntnisse unterschiedlicher Grammatiken, je nach Sprache unterschiedliche Sprachkenntnisse	13

---

* je nach Zeitanteil, s. I.3 Erfassung von Arbeitsvorgängen.
** „Vielseitigkeit", s. I.2.7 Tätigkeitsmerkmale des Tätigkeitsstrangs.
*** je nach Aufgaben-/Organisationsstruktur, s. II. Leitung.

Nr.	Arbeitsvorgang	Erläuterungen, Beispiele, Arbeitsschritte	Anforderungen, ggf. Wirkungen	Entgeltgruppe
260	**Wissenschaftliches Lektorat in einem Universitäts- bzw. Hochschulverlag Referent:in im Bereich Publikationsdienste**	Beratung der Autor:innen hinsichtlich der Publikations- und Finanzierungsfragen, der Möglichkeiten und Ausgestaltung von Open Access-Publikationen; Entwicklung einer Publikationsstrategie für die Medienprojekte; Wissenschaftliches Lektorat für Publikationen; Steuerung, Überwachung und Qualitätssicherung des Publikationsprozesses, ggf. einschließlich des Peer-Review-Prozesses. Konfigurierung der eingesetzten Workflow-Software; Marketing und Öffentlichkeitsarbeit für die Publikationen; Analyse von wissenschaftlichen Fragestellungen und zu ihrer Umsetzung in Recherchen in eine Publikationsstrategie	Umfassende, durch ein wissenschaftliches Hochschulstudium erworbene Kenntnisse in den relevanten Wissenschaftsdisziplinen bzw. des Medien- und Publikationsmanagements; umfassende, vertiefte Kenntnisse der für Universitätsverlage bzw. Publikationsdienste relevanten Rechtsgebiete (u. a. Vertrags- und Vergaberecht, Datenschutzrecht, Urheber- und Medienrecht usw.); gute Kenntnisse der englischen Fachsprache; umfassende und vertiefte Kenntnisse des Publikationsworkflows; umfassende Kenntnisse der Fördermöglichkeiten und Förderbestimmungen für Open Access-Publikationen	13
261	**Implementierung der technischen Infrastruktur des Publikationsprozesses** s. a. AVs 252–254, 278	Sicherstellung einer adäquaten Infrastruktur, Klärung von Zuständigkeiten und Workflows	Bereitstellung und Verantwortung für die eingesetzte Software und die Abbildung von Workflows im Zusammenspiel verschieden genutzter Software; softwaregestützte Automatisierung der Arbeitsabläufe implementieren; wissenschaftlich fundierte Kenntnisse der Anforderungen und Lösungswege	13
262	**Konzeption von Verlagsprogrammen, Publikation von Reihen und Serien, Kundenakquise, Öffentlichkeitsarbeit**	Verlag gründen oder betreiben, konzeptionelle Schwerpunktsetzungen, Kommunikation innerhalb der Hochschule	Durch ein einschlägiges wissenschaftliches Studium erworbene herausragende Kenntnisse des Verlags- und Urheberrechts auf akademischem Niveau; hohe Relevanz der Ergebnisse für die Hochschule, Verantwortung über die eigene Einrichtung hinaus; Kooperationen, ggf. mit Teamleitung	14

6.4 Publikationsinfrastruktur: Softwarelösungen

Nr.	Arbeitsvorgang	Erläuterungen, Beispiele, Arbeitsschritte	Anforderungen, ggf. Wirkungen	Entgeltgruppe
263	**Publikationsbetreuung von Open-Access-Publikationen aus Transformationsverträgen**	Prüfung von Kostenübernahmeoptionen, z. B. durch Publikationsfonds oder in Transformationsverträgen (z. B. DEAL) enthaltene Kostenübernahmen; Verifizierung von Autoreneinträgen über verlagsspezifische Dashboards oder Dashboards spezifischer Software, Überprüfung der Affiliation und Rücksprache mit Autor:innen, Übergabe an Leitung im Konfliktfall; Vorbereitung von Finanzierungsentscheidungen	Genaue, tiefere Kenntnisse der verlagsspezifischen Verwaltungssoftware zur Verifizierung von OA-Publikationen; Gründliche Kenntnisse der Struktur der Hochschule und der Universitätszugehörigkeit; sehr gute kommunikative Fähigkeiten, Sorgfalt, Gründlichkeit; sehr gute Kenntnisse der Formalerschließung	L: 8, 9a* B: 6, 8*

---

* je nach Zeitanteil, s. I.3 Erfassung von Arbeitsvorgängen.
** „Vielseitigkeit", s. I.2.7 Tätigkeitsmerkmale des Tätigkeitsstrangs.
*** je nach Aufgaben-/Organisationsstruktur, s. II. Leitung.

Nr.	Arbeitsvorgang	Erläuterungen, Beispiele, Arbeitsschritte	Anforderungen, ggf. Wirkungen	Entgeltgruppe
264	Administration eines Open Journal Systems oder ähnlicher Softwarelösungen	Betreuung des Systems, Updates, Festlegung der Workflows; Aufsetzen, Konfigurieren des Systems. Regelmäßige Aktualisierungen; Definition der Workflows, ggf. Migration von Inhalten aus Vorgängersystemen	Spezialisierte, hervorragende Kenntnisse der verlagsspezifischen Verwaltungssoftware zur Verifizierung von OA-Publikationen; gründliche Kenntnisse der Struktur der Hochschule und der Universitätszugehörigkeit; sehr gute kommunikative Fähigkeiten, Sorgfalt, Gründlichkeit; sehr gute Kenntnisse der Formalerschließung	10, 11*
265	Inhaltliche Betreuung eines Publikationssystems für Zeitschriften	Kommunikation mit Autor:innen, Durchführung von Schulungen, Implementierung von Workflows z. B. zum Austausch mit Datenanlieferungslösungen; Anbindung von Dienstprogrammen an bestehende Installationen, z. B. über APIs	Spezialisierte, hervorragende Kenntnisse der verlagsspezifischen Verwaltungssoftware zur Verifizierung von OA-Publikationen; gründliche Kenntnisse der Struktur der Hochschule und der Universitätszugehörigkeit; sehr gute kommunikative Fähigkeiten, Sorgfalt, Gründlichkeit; sehr gute Kenntnisse der Formalerschließung	10, 11*
266	Administration eines Monografien-Publikationssystems	Betreuung des Systems, Updates, Festlegung der Workflows; Aufsetzen, Konfigurieren des Systems. Regelmäßige Aktualisierungen; Definition der Workflows, ggf. Migration von Inhalten aus Vorgängersystemen	Spezialisierte, hervorragende Kenntnisse der verlagsspezifischen Verwaltungssoftware zur Verifizierung von OA-Publikationen; gründliche Kenntnisse der Struktur der Hochschule und der Universitätszugehörigkeit; sehr gute kommunikative Fähigkeiten, Sorgfalt, Gründlichkeit; sehr gute Kenntnisse der Formalerschließung	10, 11*
267	Inhaltliche Betreuung eines Monografien-Publikationssystems	Kommunikation mit Autor:innen, Durchführung von Schulungen, Implementierung von Workflows z. B. zum Austausch mit Lieferprogrammen wie Sci Flow oder Google Docs, Anbindung von Dienstprogrammen an bestehende Installationen	Spezialisierte, hervorragende Kenntnisse der verlagsspezifischen Verwaltungssoftware zur Verifizierung von OA-Publikationen; gründliche Kenntnisse der Struktur der Hochschule und der Universitätszugehörigkeit; sehr gute kommunikative Fähigkeiten, Sorgfalt, Gründlichkeit; sehr gute Kenntnisse der Formalerschließung	10, 11*

6.5 Publikationsunterstützung

Nr.	Arbeitsvorgang	Erläuterungen, Beispiele, Arbeitsschritte	Anforderungen, ggf. Wirkungen	Entgeltgruppe
268	Betreuung der Open-Access-Publikationen	Verifizierung von Autoreneinträgen über verlagsspezifische Dashboards, Dialog mit Autor:innen, Vorbereitung von Finanzierungsentscheidungen	Vielfältige, ausführliche Kenntnisse der verlagsspezifischen Verwaltungssoftware zur Verifizierung von OA-Publikationen auf akademischem Niveau; gründliche Kenntnisse der Struktur der Hochschule und der Universitätszugehörigkeit; sehr gute kommunikative Fähigkeiten; sehr gute Kenntnisse der Formalerschließung	L: 8, 9a* B: 6, 8*

* je nach Zeitanteil, s. I.3 Erfassung von Arbeitsvorgängen.
** „Vielseitigkeit", s. I.2.7 Tätigkeitsmerkmale des Tätigkeitsstrangs.
*** je nach Aufgaben-/Organisationsstruktur, s. II. Leitung.

Nr.	Arbeitsvorgang	Erläuterungen, Beispiele, Arbeitsschritte	Anforderungen, ggf. Wirkungen	Entgeltgruppe
269	**Bearbeitung der Workflows zur Bereitstellung von Open-Access-Publikationen**	Abbildung serviceorientierter, dialoggesteuerter Abläufe in Softwarelösungen; Administration von Peer Review-Prozessen in digitalen Workflows; Konzeption und Abbildung von Workflows, Erarbeitung im Dialog, Beherrschung komplexer Arbeitsprozesse des wissenschaftlichen Publizierens; Beratung der Autor:innen, Schulungen; ggf. Weiterentwicklung der Services	Sehr genaue und vielfältige Kenntnisse von Publikationsinfrastrukturen; ausführliche Kenntnisse spezifischer Anforderungen verschiedener wissenschaftlichen Fächer	L: 8, 9a** B: 6, 8*
270	**Koordinierung der in Zusammenhang mit dem Open-Access-Publizieren anfallenden Tätigkeiten**	Erarbeiten von Anforderungen an Lizenzverträge, Umsetzung der DEAL-Verträge in Geschäftsgänge, Kommunikation von Services und Festlegungen der Publikationsunterstützung, Weiterentwicklung der Speicher- und Archivierungsoptionen, Beratung, Schulung, Sicherstellung der Verfügbarkeit von unterstützenden Publikationsfonds. Einwerbung von Zweitveröffentlichungen; Statistik	Verständnis für komplexe fachliche Zusammenhänge, Befähigung zur Umsetzung strategischer und kundenorientierter Zielvorgaben und verantwortliche Bearbeitung, Kenntnisse zu Verlagsmodellen und Portfolios, hervorragende Kenntnisse über Lizenzmodelle, grundlegende juristische Kenntnisse; Spezialisierte IT-Kenntnisse, vielfältige Kenntnisse von Publikationsinfrastrukturen, Erfahrung mit Forschungsdatenrepositorien, Kenntnisse der Open Access Förderdiskussionen im internationalen Vergleich; gründliche Kenntnisse der im OA-Umfeld eingesetzten Finanzierungsstrategien; gründliche, anwendungsbereite Kenntnisse statistischer Methoden	10, 11*
271	**Open Access Betreuung (alle Farben)**	Verantwortung für alle Tätigkeiten im Zusammenhang mit dem Open-Access Publizieren: Erarbeiten von Anforderungen an Lizenzverträge, Umsetzung der DEAL-Verträge in Geschäftsgänge, Kommunikation von Services und Festlegungen der Publikationsunterstützung, Weiterentwicklung der Speicher- und Archivierungsoptionen, Beratung, Schulung, Sicherstellung der Verfügbarkeit von unterstützenden Publikationsfonds, Einwerbung von Zweitveröffentlichungen; Statistik	Herausragende, spezialisierte Kenntnisse der verlagsspezifischen Verwaltungssoftware zur Verifizierung von OA-Publikationen auf akademischem Niveau, gute Kenntnisse von Publikationsinfrastrukturen auf akademischem Niveau, herausragende Erfahrung mit Forschungsdatenrepositorien, Kenntnisse der Open Access Förderdiskussionen im internationalen Vergleich; gründliche Kenntnisse der im OA-Umfeld eingesetzten Finanzierungsstrategien und statistischer Methoden	13
272	**Überprüfung von Verträgen auf Repositorien**	Sicherstellung des Abschlusses gültiger Autorenverträge für alle von der Hochschule veröffentlichten Publikationen (Repositorien und Verlage)	Deutlich herausragende, spezialisierte Kenntnisse der in der Einrichtung genutzten Verträge; Umfassende akademisch fundierte Kenntnisse der Festlegungen und Handreichungen zur Prüfung der vorgelegten Verträge; Kenntnisse Urheberrecht	11

* je nach Zeitanteil, s. I.3 Erfassung von Arbeitsvorgängen.
** „Vielseitigkeit", s. I.2.7 Tätigkeitsmerkmale des Tätigkeitsstrangs.
*** je nach Aufgaben-/Organisationsstruktur, s. II. Leitung.

Nr.	Arbeitsvorgang	Erläuterungen, Beispiele, Arbeitsschritte	Anforderungen, ggf. Wirkungen	Entgeltgruppe
273	**Reporting, Bibliometrie**	Messung und Auswertung von wissenschaftlichen Publikationen, Erarbeitung und Pflege von Kennzahlensets, Zählung und Analyse wissenschaftlicher Kommunikation v. a. publizierter Kommunikation; Erarbeitung von Auswertungsempfehlungen, Konzeption und Erarbeitung von regelmäßigen Reports, selbständige Erarbeitung veränderter Auswertungsroutinen, Anpassung und regelmäßige Aktualisierung der Verfahren und Messmethoden	Anwendungsbereite, deutlich herausragende Kenntnisse statistischer und mathematischer Verfahren zur Auswertung von Publikationen und deren Nutzung, spezialisierte Kenntnisse von fachspezifischen Publikationskulturen, umfassende Kenntnisse von Qualitätskriterien, Kosten und Merkmalen wissenschaftlicher Publikation, gründliche Kenntnisse des Verlagswesens; Kenntnisse der softwaregestützten Erstellung von Reports, des Umgangs mit großen Datenmengen und der Standards der Erfassung von wissenschaftlichen Leistungen	13
274	**Erstellung von Open Access Autorenverträgen unter Beachtung gültiger urheberrechtlicher Regelungen**	Sicherstellung des Abschlusses gültiger Verträge für alle Publikationen einer Hochschule (Repositorien und Verlage); Entwurf der Verträge nach gängiger Rechtslage, Kooperation mit Justiziariaten oder anderen Rechtsberatungsstellen innerhalb des Arbeitszusammenhanges, Absicherung der Rechtmäßigkeit der Handlungsweise der Bibliothek, Verhinderung von möglichen zivilrechtlichen Ansprüchen aufgrund von Rechteverletzungen. z. B. Verträge für die Publikation eigener Zeitschriften auf eigenen Open Source Systemen; Veröffentlichung von elektronischen Dissertationen oder anderen Qualifikationsschriften auf einem hochschuleigenen Repositorium; Publikation von Open-Access Zweitveröffentlichungen	Sehr gute, akademisch fundierte umfangreiche Kenntnisse der rechtlichen Rahmenbedingungen (Schutzrechte von Autor:innen, Vertragsrecht, Persönlichkeitsrechte); anwendungsbereite Kenntnisse der Erstellung von Verträgen über die Publikation wissenschaftlicher Inhalte); Verantwortung für Entscheidungen mit erheblichen rechtlichen und ggf. finanziellen Konsequenzen	13, 14***

---

* je nach Zeitanteil, s. I.3 Erfassung von Arbeitsvorgängen.
** „Vielseitigkeit", s. I.2.7 Tätigkeitsmerkmale des Tätigkeitsstrangs.
*** je nach Aufgaben-/Organisationsstruktur, s. II. Leitung.

6.6 Fachinformationsdienste

Nr.	Arbeitsvorgang	Erläuterungen, Beispiele, Arbeitsschritte	Anforderungen, ggf. Wirkungen	Entgeltgruppe
275	Leitung eines Fachinformationsdienstes für die Wissenschaft	Leitung und konzeptionelle Entwicklung eines Fachinformationsdienstes von nationaler bzw. überregionaler Bedeutung, insbesondere im Rahmen der Förderung durch die Deutsche Forschungsgemeinschaft oder einer anderen nationalen Einrichtung der Forschungsförderung; Entwicklung und Bereitstellung von Community-spezifischen Dienstleistungen in enger Abstimmung mit der jeweiligen Community, Ermittlung des Spezialbedarfs in einzelnen Fächern und Abbildung der Anforderungen auf das Serviceportfolio des FID; Aufbau von Kooperationen innerhalb des FID-Systems, Entwicklung kooperativer Infrastrukturen; Aufbau und Pflege von Serviceportfolios in den betreuten Fächern: Erwerbung, Erschließung, Bereitstellung, Vermittlung, Publikationsbetreuung, Forschungsdateninfrastrukturen	Umfassende, wissenschaftlich fundierte Kenntnisse der betreuten Wissenschaftsgebiete und ihrer deutsch- und fremdsprachigen Fachterminologie, hoch spezialisierte, wissenschaftlich fundierte Kenntnisse der betreuten Themengebiete, Kenntnisse der Fachinformationsressourcen sowie der Angebotsstruktur des Publikationsmarktes der zu betreuenden Fachgebiete; vertiefte Kenntnisse der Methoden, des Literatur- und Informationsbedarfs sowie der Wissenschaftskultur der betreuten Wissenschaftsdisziplin; Beurteilung von Kosten/Nutzen von Informationsangeboten; Projektmanagementkenntnisse; umfassende Kenntnisse der DFG-FID-Richtlinien; ggf. Personalverantwortung; hohe Relevanz der zu treffenden Entscheidungen für die Gesamtorganisation	14
276	Wissenschaftlicher Mitarbeiter eines Fachinformationsdienstes	Mitarbeit in Fachinformationsdiensten für die Wissenschaft mit sehr guter Kenntnis des jeweiligen FID-Spezialgebietes, thematische Schwerpunktarbeit, z. B. Bestandsaufbau, Vernetzungsaktivitäten mit Fachwissenschaftler:innen, Berichtswesen, Erhebung bibliometrischer Daten, Verhandlung von Lizenzen	Wissenschaftlich fundierte Kenntnisse der betreuten Wissenschaftsgebiete und ihrer deutsch- und fremdsprachigen Fachterminologie; hoch spezialisierte, wissenschaftlich fundierte Kenntnisse der betreuten Themengebiete, Kenntnisse der Fachinformationsressourcen sowie der Angebotsstruktur des Publikationsmarktes der zu betreuenden Fachgebiete; vertiefte Kenntnisse der Methoden, des Literatur- und Informationsbedarfs sowie der Wissenschaftskultur der betreuten Wissenschaftsdisziplin	13

*   je nach Zeitanteil, s. I.3 Erfassung von Arbeitsvorgängen.
**   „Vielseitigkeit", s. I.2.7 Tätigkeitsmerkmale des Tätigkeitsstrangs.
*** je nach Aufgaben-/Organisationsstruktur, s. II. Leitung.

6.7 Forschungsdatenmanagement

Nr.	Arbeitsvorgang	Erläuterungen, Beispiele, Arbeitsschritte	Anforderungen, ggf. Wirkungen	Entgeltgruppe
	Beratungstätigkeiten	s. AV 213 ff.		
	Erschließung von Open Access-Publikationen	s. AV 45		
277	**Forschungsdaten-Erschließung** s. a. AVs in 1.4	Formalerschließung von Forschungsdaten bei Hochladen in ein Repositorium, Anwendung eines vorgegebenen Regelwerkes, z. B. Dublin Core oder vereinfachte RDA	Sehr gute Kenntnisse der formalen Unterschiede vielfältiger Ausgangsmaterialien und -formate; detaillierte Kenntnisse des Regelwerks und selbständige Anwendung; umfassende, aktuelle Kenntnisse des Urheberrechts; Interpretation lokaler und nationaler Festlegungen; detaillierte Kenntnisse der selbstständig anzuwendenden Regelwerke; umfassende, aktuelle Kenntnisse des Urheberrechts	L: 9b FG1 B: 9c
278	**Vergabe PIDs**	Vergabe vereinbarter Identifier im Rahmen der Formalerschließung, Implementierung von PID-Diensten	Umfassende Kenntnisse der verschiedenen eindeutigen Identifikatoren in bibliografischen Softwareumgebungen; gründliche Kenntnisse bibliothekarischer Anforderungen an eindeutige Dokumentauszeichnungen; sehr weitreichende Kenntnisse der im Bibliotheksumfeld eingesetzten Metadaten, Schnittstellen, Austauschformate, Programmierkenntnisse	L: 9b FG1 B: 9c
279	**Leitung Forschungsdatenmanagement**	Koordinierung der Aktivitäten an der Hochschule, Mitarbeit in entsprechenden Gremien intern und hochschulübergreifend, Ermittlung des Bedarfs der Mitglieder der Hochschule und Koordinierung des Serviceangebots, Konzeption der benötigten Infrastruktur, Abstimmung mit Stake-Holdern, Erarbeitung von Projektanträgen allein und im Team, Projektleitung	Umfassende Kenntnisse der internationalen Aktivitäten im Bereich Forschungsdatenmanagement; sehr tiefgreifende Kenntnisse der Förderlandschaft für Wissenschaftler:innen und den Wissenschaftsbetrieb, sehr ausgeprägte kommunikative Fähigkeiten; Erfahrungen im IT-Bereich einer wissenschaftlichen Bibliothek und in den relevanten Technologien, Formaten, Programmiersprachen; anwendbare Kenntnisse der Programmierung und Weiterentwicklung von Open-Source-Lösungen in Bibliotheken	13–15***

* je nach Zeitanteil, s. I.3 Erfassung von Arbeitsvorgängen.
** „Vielseitigkeit", s. I.2.7 Tätigkeitsmerkmale des Tätigkeitsstrangs.
*** je nach Aufgaben-/Organisationsstruktur, s. II. Leitung.

6.8 Forschungsinformationssysteme (FIS)

Nr.	Arbeitsvorgang	Erläuterungen, Beispiele, Arbeitsschritte	Anforderungen, ggf. Wirkungen	Entgeltgruppe
280	Übernahme von vorliegenden Daten aus anderen Datenquellen in das Forschungsinformationssystem	Recherche und Überprüfung in den anderen Datenquellen; Übernahme und ggf. einfache Anpassung an die Datenstruktur des Forschungsinformationssystems; ORCID-Recherche, Kontrolle der Richtigkeit der Ergebnisse, Korrektur fehlerhafter Daten	Genaue, vielfältige Kenntnisse der bibliografischen Beschreibung, breites Wissen über Datenstrukturen und Forschungsinformationssysteme	L: 8, 9a* B: 6, 8*
281	Kundenservice im Forschungsinformationssystem bzw. in der Hochschulbibliografie	Information, Bearbeitung bzw. Weiterleitung von Anfragen zum Forschungsinformationssystem, Unterstützung der Wissenschaftler:innen bei der Eingabe von Daten	Umfangreiche Kenntnisse und breit angelegtes Wissen über Struktur und Normierung in FIS, sehr gute Kenntnisse der operativen Einarbeitung von Daten in FIS	L: 9b FG1 B: 9c
282	Erstellung der Hochschulbibliografie: Validierung von hochgeladenen Publikationen s. a. AVs in 1.4	Prüfung der Vollständigkeit der erfassten Anzahl von Publikationen und deren Validität. Normierung der Metadaten, Prüfung auf Dubletten, ggf. Publikation der Bibliografie in regelmäßigem Turnus	Fundierte und vielfältige Kenntnisse des Forschungsinformationssystems, insbesondere der Import- und Exportmöglichkeiten und Datenformate, vielfältige Kenntnisse des Aufbaus der Datensätze; hervorragende Kenntnisse der angewendeten Regelwerksfestlegungen	10, 11*
283	Technischer Datenimport und Datenexport für ein Forschungsinformationssystem bzw. eine Hochschulbibliografie	Durchführung des Imports und Exports von Daten, lokale Parametrisierung, Kontrolle der Richtigkeit der Ergebnisse, Korrektur fehlerhafter Daten	Fundierte und vielfältige Kenntnisse des Forschungsinformationssystems, insbesondere der Import- und Exportmöglichkeiten und Datenformate, vielfältige Kenntnisse des Aufbaus der Datensätze; hervorragende Kenntnisse der angewendeten Regelwerksfestlegungen	10, 11*
284	Leitung des Datenmanagements für ein Forschungsinformationssystem bzw. eine Hochschulbibliografie	Beratungsgespräche mit Wissenschaftler:innen, Qualitätssicherung, Bearbeitung besonders schwieriger Erfassungsfälle, Kundenorientierte Aufbereitung von Datenauszügen	Spezialisierte, ausgesprochen vertiefte Kenntnisse der Inhalte und Strukturen des Fachinformationssystems und ihrer Recherchemöglichkeiten, bibliotheksbezogene Verantwortung für die Publikations- und Forschungskultur in den verschiedenen Wissenschaftsdisziplinen	10, 11*
285	Leitung eines Forschungsinformationssystems in Hochschulen	Beratung von Wissenschaftler:innen, Qualitätssicherung, Bearbeitung besonders schwieriger Erfassungsfälle, kundenorientierte Aufbereitung von Datenauszügen	Herausragende Kenntnisse der Inhalte und Strukturen des Fachinformationssystems und ihrer Recherchemöglichkeiten; herausragende Kenntnisse der Publikations- und Forschungskultur in den verschiedenen Wissenschaftsdisziplinen	12

---

* je nach Zeitanteil, s. I.3 Erfassung von Arbeitsvorgängen.
** „Vielseitigkeit", s. I.2.7 Tätigkeitsmerkmale des Tätigkeitsstrangs.
*** je nach Aufgaben-/Organisationsstruktur, s. II. Leitung.

Nr.	Arbeitsvorgang	Erläuterungen, Beispiele, Arbeitsschritte	Anforderungen, ggf. Wirkungen	Entgeltgruppe
286	**Wissenschaftliche Leitung eines Forschungsinformationssystems**	Leitung und konzeptionelle Entwicklung eines Forschungsinformationssystems bzw. einer Hochschulbibliografie für eine oder mehrere Hochschulen oder: Auswahl eines Systems	Herausragende, akademisch fundierte Kenntnisse der Inhalte und Strukturen des Fachinformationssystems und ihrer Recherchemöglichkeiten; selbstständige Leistungen Herausragende Kenntnisse der Publikations- und Forschungskultur in den verschiedenen Wissenschaftsdisziplinen; einschlägige wissenschaftliche Hochschulbildung	13

6.9 Digital Humanities, Datendienste

Nr.	Arbeitsvorgang	Erläuterungen, Beispiele, Arbeitsschritte	Anforderungen, ggf. Wirkungen	Entgeltgruppe
287	**Datenanalyse und Qualitätskontrolle**	vergleichende Analyse unterschiedlicher bibliografischer Datenformate; komplexe Qualitätskontrollen bei bibliografischen Datenlieferungen und Fremddatenimporten	Sehr weitreichende, spezialisierte Kenntnisse der im Bibliothekskontext und in der Wissenschaft vorhandenen Dokumentformate, hervorragende Kenntnisse der Speicherinfrastruktur und des Langzeitarchivs	10, 11*
288	**Bereitstellung größerer Korpora**	Zusammenstellung größerer Korpora nach Recherchen in Katalogen und anderen Nachweissystemen in für Forschungsfragen passenden Formaten, Vereinheitlichung der Formate für die Korpusanalyse	Sehr weitreichende, spezialisierte Kenntnisse der im Bibliothekskontext und in der Wissenschaft vorhandenen Dokumentformat, hervorragende Kenntnisse der Speicherinfrastruktur und des Langzeitarchivs	10, 11*
289	**Bereitstellung von Tools zum Transkribieren, zur Datenanalyse und zur Datenbearbeitung**	Betreuung von DH-Tools und Software für verschiedene Fragestellungen z. B. Auswertungstools, Digitale Editionen, Nutzung verschiedener Ontologien etc., Entwicklung von Tools und Speicherlösungen für Anwendungen und Dokumente, Beratung der Wissenschaftler:innen über Speicherung und Auszeichnung mit Metadaten, Sicherung der nachhaltigen Verfügbarkeit der entwickelten Lösungen, Durchführung von Qualitätssicherungsverfahren, Wissenstransfer, Vernetzung mit anderen Anwender:innen	Sehr gute, wissenschaftlich fundierte Kenntnisse der jeweils zu nutzenden Tools, Fähigkeit der kooperativen Einführung von Software für Wissenschaftler:innen; deutlich herausragende Kenntnisse der jeweiligen Möglichkeiten der Software und deren Nutzungsszenarien, möglichst Zusammenarbeit mit der Entwickler-Community	13
290	**Digitale Workflows implementieren**	Tools zur Unterstützung von wissenschaftlicher Tiefenerschließung, zum kollaborativen Arbeiten oder im Rahmen der Erstellung von digitalen Editionen o. ä. implementieren; Konfiguration, Normierung von Nutzungsoptionen	Sehr gute, wissenschaftlich fundierte Kenntnisse der jeweils zu nutzenden Tools, Fähigkeit der kooperativen Einführung von Software für Wissenschaftler:innen; deutlich herausragende Kenntnisse der jeweiligen Möglichkeiten der Software und deren Nutzungsszenarien, Zusammenarbeit mit der Entwickler-Community	13

---

* je nach Zeitanteil, s. I.3 Erfassung von Arbeitsvorgängen.
** „Vielseitigkeit", s. I.2.7 Tätigkeitsmerkmale des Tätigkeitsstrangs.
*** je nach Aufgaben-/Organisationsstruktur, s. II. Leitung.

Nr.	Arbeitsvorgang	Erläuterungen, Beispiele, Arbeitsschritte	Anforderungen, ggf. Wirkungen	Entgeltgruppe
291	Datendienste	Bereitstellung von Metadaten nach standardisierten Vorgaben und in festgelegten Formaten für den Austausch und die Nachnutzung in anderen Software-Umgebungen; Weiterentwicklung und Anwendung von Austauschformaten, Vorbereitung und Durchführung automatisierter Bereitstellungs- und Harvesting-Routinen, Qualitätskontrolle, Dokumentation	Sehr differenzierte, wissenschaftlich fundierte Kenntnisse der Vergänglichkeit von Daten und der im Verlauf entstehenden Speicheranforderungen und Fehlerursachen; umfangreiche Kenntnisse bibliotheksspezifischer Formate, Schnittstellen und Speicherinfrastrukturen; Vernetzung mit anderen Akteur:innen innerhalb und außerhalb der Hochschule; Selbständige Erarbeitung von Verfahren und Programmroutinen sowie Kooperationen	13
292	Community Dienstleistungen	z. B. übergreifende Repositorien, DH-Tools, Beratungsdienstleistungen, Code-Entwicklung Open Source Software; Entwicklung von Tools und Speicherlösungen für Anwendungen und Dokumente, Beratung der Wissenschaftler:innen über Speicherung und Auszeichnung mit Metadaten, Sicherung der nachhaltigen Verfügbarkeit der entwickelten Lösungen, Durchführung von Qualitätssicherungsverfahren, Wissenstransfer, Vernetzung mit anderen Anwender:innen	Umfangreiche und deutlich herausragende Kenntnisse der Forschungsumgebungen der einzelnen Fächer, der Metadatenfestlegungen und Normierungsansätze; spezialisierte Kenntnisse der aktuellen Entwicklungen im Bereich Standardisierung/Normierung	13
293	Anwendung nationaler und internationaler Regelwerke und Datenformate für den Import und Export von Daten	Konzeption und Realisierung von Änderungen der Datenformate aufgrund neuer lokaler, nationaler und internationaler Festlegungen; Pflege und Entwicklung von Dokumentationen und Konkordanzen für die Import- und Exportformate	Herausragende, durch ein abgeschlossenes wissenschaftliches Studium fundierte Kenntnisse der eingesetzten Regelwerke, deren automatisierter Anwendungsumsetzung und der Austauschformate	13
294	Formatmodellierung und Datenkonvertierung	Anforderungen für Datenformate sammeln, erheben, bewerten, analysieren; technische Spezifikationen und Konzepte für komplexe Anforderungen erstellen; Beobachtung der Datenformat-Entwicklungen, Mitgestaltung, Planungsberücksichtigung; vergleichende Analyse unterschiedlicher bibliografischer Datenformate durchführen; IT-Verfahren erarbeiten, evaluieren, optimieren, in den Betrieb übergeben	Spezialisierte, herausragende und umfangreiche Kenntnisse der Forschungsumgebungen der einzelnen Fächer, der Metadatenfestlegungen und der Normierungsansätze; hervorragende, wissenschaftlich vertiefte Kenntnisse der aktuellen Entwicklungen im Bereich Standardisierung/Normierung	13

---

* je nach Zeitanteil, s. I.3 Erfassung von Arbeitsvorgängen.
** „Vielseitigkeit", s. I.2.7 Tätigkeitsmerkmale des Tätigkeitsstrangs.
*** je nach Aufgaben-/Organisationsstruktur, s. II. Leitung.

6.10 Forschungssoftware

Nr.	Arbeitsvorgang	Erläuterungen, Beispiele, Arbeitsschritte	Anforderungen, ggf. Wirkungen	Entgeltgruppe
295	Forschungssoftware erschließen	Erschließung nach normierten Festlegungen der jeweiligen Standardisierungsgremien	Spezialisierte, hervorragende Kenntnisse der im Bibliothekskontext und in der Wissenschaft vorhandenen Dokumentformate, Kenntnisse der Speicherinfrastruktur und des Langzeitarchivs; Kenntnisse vorhandener Regelwerke und Erschließungsrichtlinien	10, 11*
296	Forschungssoftware entwickeln	Entwicklung möglichst unter Nutzung offener Standards und Nachnutzung bereits entwickelter Teile	Umfassende und anwendungsbereite Kenntnisse der Programmmieranforderungen, hervorragende und weitreichende Kenntnisse der im Bibliothekskontext und in der Wissenschaft vorhandenen Dokumentformate, umfangreiche Kenntnisse der Speicherinfrastruktur und des Langzeitarchivs	10, 11*
297	Forschungssoftware dokumentieren und zur Nachnutzung bereit stellen	Dokumentationen erstellen, Nachnutzung garantieren, Normierung einhalten	Spezialisierte, hervorragende Kenntnisse der im Bibliothekskontext und in der Wissenschaft vorhandenen Dokumentformate, sehr gute Kenntnisse der Speicherinfrastruktur und des Langzeitarchivs	10, 11*
298	Forschungssoftwarelösungen finden und bereitstellen	Analyse möglicher Softwarelösungen für spezifizierte Fragestellungen, Implementierung im Dialog mit Nutzer:innen, Betrieb, Dokumentation, Schulung und Beratung; Einbindung von Mehrwertdiensten in den Standardfunktionsumfang	Spezialisierte, hervorragende Kenntnisse der verschiedenen Softwarelösungen für Forschungssoftware; sehr differenzierte Kenntnisse der Dokumentation zur Nachnutzung entwickelter Funktionalitäten; sehr weitreichende Kenntnisse der im Bibliotheksumfeld eingesetzten Metadaten, Schnittstellen, Austauschformate; Programmierkenntnisse	10, 11*

6.11 Patent- und Normdienste

Nr.	Arbeitsvorgang	Erläuterungen, Beispiele, Arbeitsschritte	Anforderungen, ggf. Wirkungen	Entgeltgruppe
299	Kundenservice im Patentinformations- bzw. Normenzentrum	Information und Bearbeitung von Anfragen bezüglich der Services und Angebote des Patentinformationszentrums/Normenzentrums, ggf. Bearbeitung von Bestellungen, Ermittlung und Bereitstellung von bestellten Dokumenten (Patentschriften, Normen usw.)	Hervorragende, spezialisierte Kenntnisse der vorhandenen Informationsressourcen, der Zitierweise der enthaltenen Dokumente (Patentschriften, Normen usw.) und der rechtlichen Bestimmungen für ihre Nutzung	10, 11*

---

* je nach Zeitanteil, s. I.3 Erfassung von Arbeitsvorgängen.
** „Vielseitigkeit", s. I.2.7 Tätigkeitsmerkmale des Tätigkeitsstrangs.
*** je nach Aufgaben-/Organisationsstruktur, s. II. Leitung.

Nr.	Arbeitsvorgang	Erläuterungen, Beispiele, Arbeitsschritte	Anforderungen, ggf. Wirkungen	Entgeltgruppe
300	**Wissenschaftliche Vermittlung von Informationen zu Patenten, Marken, Normen, Designs und Gebrauchsmustern**	Auskunft und Beratung an spezialisierten und internationalen Patent- und Normendatenbanken, Beratung zur Recherche, Bearbeitung von Patentüberwachungsaufträgen, patentstatistische Analysen; wissenschaftliche Themenrecherchen (Stand der Technik, Designs, Patente, Normen etc.); Abfrage des Verfahrensstand eines Schutzrechts im Register; Recherche und Überwachung von Marken; Durchführung von einschlägigen Schulungen, Lehr- und Informationsveranstaltungen	Umfassende Kenntnisse in den relevanten Wissenschaftsdisziplinen; gute Kenntnisse der englischen Fachsprache; umfassende und vertiefte Kenntnisse der einschlägigen Informationsressourcen sowie der deutschen, europäischen und internationalen Normierungsarbeit; umfassende Kenntnisse des Patent- und Markenrechts; Fähigkeit zur Beurteilung von Recherchemöglichkeiten nach dem Verhältnis von Kosten und Nutzen	13
301	**Leitung eines Patentinformationszentrums (PIZ)**	Planung und Weiterentwicklung des Informationsangebotes des Patentinformationszentrums; Konzeption des Angebots, Anleitung des Teams, Beschaffung des Referenzbestandes; Erarbeitung des Dienstleistungsportfolios und Verantwortung für Qualität und Verfügbarkeit des Dienstes	Umfassende, vertiefte Kenntnisse der Vermittlung von Informationen zu Patenten, Marken, Designs, Gebrauchsmustern und ggf. Normen; umfassende und vertiefte Kenntnisse des Patent- und Markenrechts, Befähigung zur wissenschaftlichen Analyse und Bewertung von Patentinformationsressourcen; Kenntnisse des Haushaltsrechts, Befähigung zur Personalführung und Einsatzkoordinierung	13

* je nach Zeitanteil, s. I.3 Erfassung von Arbeitsvorgängen.
** „Vielseitigkeit", s. I.2.7 Tätigkeitsmerkmale des Tätigkeitsstrangs.
*** je nach Aufgaben-/Organisationsstruktur, s. II. Leitung.

7 Bau und Einrichtung (AV 302–315)

Das Aufgabengebiet „Bau und Einrichtung" an wissenschaftlichen Bibliotheken hat sich in den letzten Jahren erweitert und ausdifferenziert. Neben dem Neubau wissenschaftlicher Bibliotheken hat vor allem die Weiterentwicklung, Funktionsanpassung und technische Modernisierung der Bestandsgebäude an Bedeutung gewonnen.

Treibende Kräfte sind dabei die Digitalisierung auf allen Gebieten des Bibliotheksbetriebs sowie damit einhergehend der Medienwandel und das veränderte Mediennutzungsverhalten sowie die zunehmende Automatisierung von Betriebsabläufen. Die Anforderungen und Erwartungen der Nutzer:innen haben sich gewandelt: Viele Bibliotheken bieten umfassende Öffnungszeiten an, die ggf. Umbauten für personallose Öffnung erfordern. An die Stelle einheitlicher Sitzplätze im Lesesaal sind vielfältige Lern- und Arbeitsräume getreten, die ein breites Spektrum an Nutzungsszenarien ermöglichen. Das Angebot reicht von Einzelarbeitsplätzen über Gruppenräume bis zu Räumen für diverse (Lehr-)Veranstaltungsformate. Neben die Funktion der Bibliothek als Raum für (Bücher-)Sammlungen tritt die Funktion der Bibliothek als Ort der sozialen Interaktion und des gemeinsamen kreativen Schaffens. Neben dem Bibliotheksgebäude rückt dabei zunehmend auch der Außenraum in den Blick.

Die Personalarbeitsräume erfahren in ähnlicher Weise eine grundlegende Veränderung: Die Digitalisierung ermöglicht und erfordert eine neue, differenzierte Gestaltung der Büros. Klassische Schreibtische werden durch Arbeitslandschaften abgelöst, die Kommunikations- und Kreativitätsprozesse unterstützen und die geteilte Nutzung und den Wechsel von Arbeitsplätzen („Desksharing" bzw. mobiles Arbeiten) ermöglichen.

Veränderte Anforderungen betreffen auch die Magazinbereiche, in denen zunehmend digital unterstützte Bereitstellungs- und Magazinmanagementverfahren Einzug halten und neue Anforderungen an konservatorische Bedingungen und Sicherheit zu berücksichtigen sind.

Dabei hat sich die Zahl und der Umfang der bei Bau, Einrichtung und Betrieb von Bibliotheksgebäuden zu beachtenden Gesetze, Normen und Regelungen stark erweitert und differenziert. Im Ergebnis hat sich die Zahl der in Bibliotheken mit Bau- und Einrichtungsaufgaben befassten Beschäftigten erweitert.

Neu- und Umbaumaßnahmen, Umnutzungen ganzer Gebäude, einzelner Funktionsbereiche oder Räume sind Projekte. Bibliothekarische Aufgaben beim Thema Bau und Einrichtung reichen von der Konzeption und Planung von Gebäudebereichen und Betriebsabläufen über die Erstellung von Nutzungsanforderungen bis hin zur fachlichen Beratung und Mitwirkung bei Bauvorhaben. Kommunikation und Abstimmung mit allen am Projekt beteiligten Akteur:innen (z. B. Unterhaltsträger, Hochschul- bzw. Einrichtungsleitung, Bauabteilungen bzw. Baubehörden, Architekt:innen, Innenarchitekt:innen, Gewerke und Dienstleister:innen, Denkmalschutz …) sind dabei Kernaufgaben. Breit angelegte Beteiligungsprozesse ermöglichen die Berücksichtigung unterschiedlicher Sichtweisen und Bedürfnisse.

Nr.	Arbeitsvorgang	Erläuterungen, Beispiele, Arbeitsschritte	Anforderungen, ggf. Wirkungen	Entgeltgruppe
	Bearbeitung von laufenden Vertragsvorgängen	AV Nr. 334		
	Vertrags- und Beschaffungsmanagement	AV Nr. 344		
302	Konzeption (elektronisches) Leitsystem / Standortinformationssystem	Planung, Entwurf und Vorgaben zur Umsetzung eines (elektronischen) Leitsystems für Neubauten, bestehende Gebäude, Räume; Anpassung an Gegebenheiten vor Ort	Spezialisierte Kenntnisse in der Führung von Besucherströmen und dem Aufbau und der Struktur der Bibliothek sowie von elektronischen Informationssystemen; Handlungsspielraum bei der Entwicklung der Vorgaben Auswirkungen auf Einrichtung und Benutzer:innen	10, 11*

---

* je nach Zeitanteil, s. I.3 Erfassung von Arbeitsvorgängen.
** „Vielseitigkeit", s. I.2.7 Tätigkeitsmerkmale des Tätigkeitsstrangs.
*** je nach Aufgaben-/Organisationsstruktur, s. II. Leitung.

7 Bau und Einrichtung (AV 302–315)

Nr.	Arbeitsvorgang	Erläuterungen, Beispiele, Arbeitsschritte	Anforderungen, ggf. Wirkungen	Entgeltgruppe
303	Begleitende Einrichtungs- und Umzugsplanung von Teilbereichen	Planung und Umsetzung der Einrichtung in Teilbereichen oder speziellen Funktionsräumen (z. B. Lese- und Lernräumen, Medialabs, Makerspaces) sowie kleinerer Umzüge; bibliotheksfachliche Begleitung von Baumaßnahmen, die von externer Seite verantwortet werden	Umfangreiche Kenntnisse einschlägiger Rechtsgrundlagen und Normen im Bereich Arbeitssicherheit, Betriebssicherheit, Gesundheitsschutz und Arbeitsplatzgestaltung; Grundlegende Kenntnis der Normen im Bibliotheksbau	L: 9b FG 1 B: 9c
304	Einrichtungs- und Umzugsplanung bei Nutzungsveränderungen oder Umbauten	Planung und Umsetzung der Einrichtung und technischen Infrastruktur der Publikumsbereiche, der Arbeitsbereiche für die Mitarbeitenden und der Medienstellflächen (Magazin und Freihand) für eine Bibliothek, sowie von Umzügen; bibliotheksfachliche Begleitung von Baumaßnahmen, die von externer Seite verantwortet werden	Spezialisierte Kenntnisse einschlägiger Rechtsgrundlagen und Normen im Bereich Arbeitssicherheit, Betriebssicherheit, Gesundheitsschutz und Arbeitsplatzgestaltung; umfangreiche Kenntnisse der Normen im Bibliotheksbau Auswirkung auf Öffentlichkeit	10, 11*
305	Einrichtungs- und Umzugsplanung bei Neubau oder Umbauten in komplexen Bibliotheksorganisationen	Verantwortliche Gesamtplanung und Umsetzung der Einrichtung und technischen Infrastruktur der Publikumsbereiche, der Arbeitsbereiche für die Mitarbeitenden und der Medienstellflächen (Magazin und Freihand) für eine hochdifferenzierte und komplexe Bibliotheksorganisation bzw. ein Bibliothekssystem, Raumbedarfsermittlung und Raumnutzungsplanung im Bestand, Planung und Umsetzung von Umzügen, Implementierung eines Rauminformationssystems; Bibliotheksfachliche Beratung bei Baumaßnahmen, die von externer Seite verantwortet werden	Herausragende Kenntnisse einschlägiger Rechtsgrundlagen und Normen im Bereich Arbeitssicherheit, Betriebssicherheit, Gesundheitsschutz und Arbeitsplatzgestaltung; Grundlegende Kenntnis der Normen im Bibliotheksbau sowie weiterführender Bestimmungen und Normen u. a. zur Gestaltung von Arbeitsplätzen, zur Barrierefreiheit, zum Brand- und Wasserschutz, zur Erhaltung des kulturellen Erbes, zur Klimatisierung, Beleuchtung und Raumhygiene, zum Betrieb von Versammlungsstätten, zur Gebäudesicherheit, zur Verkehrssicherheit, zum Schutz von Beständen; Auswirkung auf Öffentlichkeit und nachgeordnete Institutionen	12
306	Planung, Einrichtung und Betriebsvorbereitung spezieller Funktionsräume einer Bibliothek	Planung, Einrichtung und Betriebsvorbereitung von Lese- und Lernräumen und verwandten Publikumsbereichen (z. B. Medialabs, Makerspaces) und deren räumlicher und technischer Ausstattung für eine komplexere Bibliothek bzw. Bibliotheksorganisation, Raumbedarfsermittlung und Raumnutzungsplanung im Bestand, Planung und Umsetzung von Umzügen	Spezialisierte Kenntnisse einschlägiger Rechtsgrundlagen und Normen im Bereich Arbeitssicherheit, Betriebssicherheit, Gesundheitsschutz und Arbeitsplatzgestaltung; grundlegende Kenntnis der Normen im Bibliotheksbau sowie weiterführender Bestimmungen und Normen; Auswirkung auf Öffentlichkeit	10, 11*
307	Planung, Einrichtung und Betriebsvorbereitung spezieller Funktionsräume in komplexen Bibliotheksorganisationen	Planung, Einrichtung und Betriebsvorbereitung von Lese- und Lernräumen und verwandten Publikumsbereichen (z. B. Medialabs, Makerspaces) und deren räumlicher und technischer Ausstattung für komplexe Bibliotheksorganisationen bzw. ein Bibliothekssystem, Raumbedarfsermittlung und Raumnutzungsplanung im Bestand, Planung, Organisation und Umsetzung von Umzügen	Herausragende Kenntnisse einschlägiger Rechtsgrundlagen und Normen im Bereich Arbeitssicherheit, Betriebssicherheit, Gesundheitsschutz und menschengerechte Arbeitsgestaltung. Grundlegende Kenntnis der Normen im Bibliotheksbau (sowie weiterführender Bestimmungen und Normen; Auswirkung auf Öffentlichkeit und nachgeordnete Institutionen	12

---

* je nach Zeitanteil, s. I.3 Erfassung von Arbeitsvorgängen.
** „Vielseitigkeit", s. I.2.7 Tätigkeitsmerkmale des Tätigkeitsstrangs.
*** je nach Aufgaben-/Organisationsstruktur, s. II. Leitung.

Nr.	Arbeitsvorgang	Erläuterungen, Beispiele, Arbeitsschritte	Anforderungen, ggf. Wirkungen	Entgeltgruppe
308	**Begleitende Planung und technische Leitung von Magazinen und Regalanlagen in Teilbereichen**	Berechnung von Kapazitäten, Ermittlung der Anforderungen an die technische Ausstattung, Einrichtungsplanung, Belegungsplanung, Raumnutzungsplanung, Leitung des technischen Betriebs unter Berücksichtigung der Anforderungen der Arbeitssicherheit einschließlich Organisation und Dokumentation der Wartung entsprechend der einschlägigen Rechtsvorschriften und Normen	Umfangreiche Kenntnis einschlägiger Rechtsgrundlagen und Normen im Bereich Arbeitssicherheit, Betriebssicherheit, Gesundheitsschutz und Arbeitsplatzgestaltung; grundlegende Kenntnis der Normen im Bibliotheksbau	L: 9b FG 1 B: 9c
309	**Planung und technische Leitung von Magazinen und Regalanlagen einer Bibliothek bzw. Bibliotheksorganisationen**	Berechnung von Kapazitäten, Ermittlung der Anforderungen an die technische Ausstattung und Einrichtung von Sicherungsmaßnahmen, Einrichtungsplanung, Belegungsplanung, Raumnutzungsplanung, Leitung des technischen Betriebs unter Berücksichtigung der Anforderungen der Arbeitssicherheit einschließlich Organisation und Dokumentation der Wartung entsprechend der einschlägigen Rechtsvorschriften und Normen, technische Organisation der Aufbewahrung des schriftlichen Kulturguts einschließlich Mitarbeit an der Notfallplanung	Umfassende Kenntnis einschlägiger Rechtsgrundlagen und Normen im Bereich Arbeitssicherheit, Betriebssicherheit, Gesundheitsschutz und Arbeitsplatzgestaltung; umfassende Kenntnis der Normen im Bibliotheksbau sowie weiterführender Bestimmungen und Normen u. a. zur Gestaltung von Arbeitsplätzen, zur Barrierefreiheit, zum Brand- und Wasserschutz, zur Erhaltung des kulturellen Erbes, zur Klimatisierung, Beleuchtung und Raumhygiene, zum Betrieb von Versammlungsstätten, zur Gebäudesicherheit, zur Verkehrssicherheit, zum Schutz von Beständen	10, 11*
310	**Planung und technische Leitung von Magazinen und Regalanlagen in komplexen Bibliotheksorganisationen oder Bibliotheken mit umfangreichen oder besonders bedeutenden (schützenswerten) Beständen**	Berechnung von Kapazitäten, Ermittlung der Anforderungen an die technische Ausstattung, Einrichtungsplanung und Einrichtung von Sicherungsmaßnahmen, Belegungsplanung, Raumnutzungsplanung, Leitung des technischen Betriebs unter Berücksichtigung der Anforderungen der Arbeitssicherheit und einschließlich Organisation und Dokumentation der Wartung entsprechend der einschlägigen Rechtsvorschriften und Normen, Technische Organisation der Aufbewahrung des schriftlichen Kulturguts einschließlich Mitarbeit an der Notfallplanung	Herausragende, differenzierte Kenntnisse der Normen für Lagereinrichtungen; Umfassende Kenntnis einschlägiger Rechtsgrundlagen und Normen, Umfassende und detaillierte Kenntnis einschlägiger Rechtsgrundlagen und Normen im Bereich Arbeitssicherheit, Betriebssicherheit, Gesundheitsschutz und Arbeitsplatzgestaltung; umfassende und detaillierte Kenntnis der Normen im Bibliotheksbau sowie weiterführender Bestimmungen und Normen u. a. zur Gestaltung von Arbeitsplätzen, zur Barrierefreiheit, zum Brand- und Wasserschutz, zur Erhaltung des kulturellen Erbes, zur Klimatisierung, Beleuchtung und Raumhygiene, zum Betrieb von Versammlungsstätten, zur Gebäudesicherheit, zur Verkehrssicherheit, zum Schutz von Beständen Auswirkung auf Öffentlichkeit und nachgeordnete Institutionen	12

---

* je nach Zeitanteil, s. I.3 Erfassung von Arbeitsvorgängen.
** „Vielseitigkeit", s. I.2.7 Tätigkeitsmerkmale des Tätigkeitsstrangs.
*** je nach Aufgaben-/Organisationsstruktur, s. II. Leitung.

Nr.	Arbeitsvorgang	Erläuterungen, Beispiele, Arbeitsschritte	Anforderungen, ggf. Wirkungen	Entgeltgruppe
311	**Planung und technische Leitung von automatisierten und digital gesteuerten Magazinanlagen (Automated Storage and Retrieval-Systems)**	Berechnung von Kapazitäten, Ermittlung der Anforderungen an die technische Ausstattung, Einrichtungsplanung und Einrichtung von Sicherungsmaßnahmen, Planung der Belegungssteuerung, Planung und Steuerung der Aufnahme und Ausgabe von Medien, Steuerung der klimatischen und konservatorischen Bedingungen, Leitung des technischen Betriebs unter Berücksichtigung der Anforderungen der Arbeitssicherheit und einschließlich Organisation und Dokumentation der Wartung entsprechend der einschlägigen Rechtsvorschriften und Normen, Technische Organisation der Aufbewahrung des schriftlichen Kulturguts einschließlich Mitarbeit an der Notfallplanung	Herausragende, spezialisierte Kenntnisse der Normen für Lagereinrichtungen; Umfassende Kenntnis einschlägiger Rechtsgrundlagen und Normen im Bereich Arbeitssicherheit, Betriebssicherheit, Gesundheitsschutz Umfassende und detaillierte Kenntnis einschlägiger Rechtsgrundlagen und Normen,; Umfassende und detaillierte Kenntnis der Normen im Bibliotheksbau sowie weiterführender Bestimmungen und Normen u. a. zur Gestaltung von Arbeitsplätzen, zur Barrierefreiheit, zum Brand- und Wasserschutz, zur Erhaltung des kulturellen Erbes, zur Klimatisierung, Beleuchtung und Raumhygiene, zum Betrieb von Versammlungsstätten, zur Gebäudesicherheit, zur Verkehrssicherheit, zum Schutz von Beständen	13
312	**Gebäudemanagement (Bestandsbau)**	Zusammenarbeit mit Fachverwaltungen bzgl. Bau und Gebäudeunterhaltung, Brand- und Katastrophenschutz, technische Einrichtungen und Fachabteilungen bzgl. der Anforderungen des Bibliotheksbetriebs	Detaillierte Kenntnisse einschlägiger Rechtsgrundlagen und Normen im Bereich Arbeitssicherheit, Betriebssicherheit, Gesundheitsschutz und Arbeitsplatzgestaltung; grundlegende Kenntnis der Normen im Bibliotheksbau sowie weiterführender Bestimmungen und Normen Auswirkung auf Öffentlichkeit	10, 11*
313	**Gebäudemanagement (Bestandsbau) in komplexen Bibliotheksorganisationen oder Bibliotheken mit umfangreichen oder besonders bedeutenden (schützenswerten) Beständen**	Zusammenarbeit mit Fachverwaltungen bzgl. Bau und Gebäudeunterhaltung, Brand- und Katastrophenschutz, technische Einrichtungen, Zusammenarbeit mit Notfallverbünden für den Schutz des Kulturguts, Mitarbeit bei der Erarbeitung von Sicherungs- und Archivierungskonzepten, Zusammenarbeit mit Fachabteilungen bzgl. der Anforderungen des Bibliotheksbetriebs	Umfassende und detaillierte Kenntnis der Normen im Bibliotheksbau, Normen für Lagereinrichtungen, einschlägiger Rechtsgrundlagen und Normen in den Bereichen Arbeitssicherheit, Betriebssicherheit, Gesundheitsschutz und Arbeitsplatzgestaltung sowie weiterführender Bestimmungen und Normen u. a. zur Gestaltung von Arbeitsplätzen, zur Barrierefreiheit, zum Brand- und Wasserschutz, zur Erhaltung des kulturellen Erbes, zur Klimatisierung, Beleuchtung und Raumhygiene, zum Betrieb von Versammlungsstätten, zur Gebäudesicherheit, zur Verkehrssicherheit, zum Schutz von Beständen Auswirkung auf Öffentlichkeit und nachgeordnete Institutionen	12

* je nach Zeitanteil, s. I.3 Erfassung von Arbeitsvorgängen.
** „Vielseitigkeit", s. I.2.7 Tätigkeitsmerkmale des Tätigkeitsstrangs.
*** je nach Aufgaben-/Organisationsstruktur, s. II. Leitung.

Nr.	Arbeitsvorgang	Erläuterungen, Beispiele, Arbeitsschritte	Anforderungen, ggf. Wirkungen	Entgeltgruppe
314	Einführung von prozessunterstützenden Techniken	Planung und Entwicklung von Ablaufautomatisierungen im Bereich Ausleihe-Rückgabe, Sicherheit, Zutrittsmanagement, Zahlvorgänge, Transportdienstleistungen, Magazintechnik. Konzeptionserarbeitung, Vergabevorbereitung, Kosten- und Folgekostenabschätzungen	Umfangreiche und deutlich spezialisierte Kenntnisse bei der Ablaufplanung und der Prozessentwicklung sowie der technischen Gegebenheiten und Möglichkeiten; besondere Reichweite für die Bibliotheksbeschäftigten und die gesamte Bibliotheksorganisation	13
315	Leitung des Bereichs Bau und Einrichtung (Baureferent:in)	Konzeption, Planung und Weiterentwicklung der Bibliotheksgebäude und ihrer Einrichtung. Raumbedarfsermittlung und Raumnutzungsplanung, Nutzungsanforderungen erstellen. Kommunikation u. a. mit den Unterhaltsträgern und Bauverwaltungen, Bauträgern, Einrichtungen des Immobilienmanagements und Denkmalschutzämtern, Mitarbeit in Fachgremien	Herausragende, spezialisierte Kenntnisse der Normen im Bibliotheksbau, Normen für Lagereinrichtungen, für kraftgetriebene Regale, einschlägiger Rechtsgrundlagen und Normen in den Bereichen Arbeitssicherheit, Betriebssicherheit, Gesundheitsschutz und menschengerechte Arbeitsgestaltung sowie weiterführender Bestimmungen und Normen u. a. zur Gestaltung von Arbeitsplätzen, zur Barrierefreiheit, zum Brand- und Wasserschutz, zur Erhaltung des kulturellen Erbes, zur Klimatisierung, Beleuchtung und Raumhygiene, zum Betrieb von Versammlungsstätten, zur Gebäudesicherheit, zur Verkehrssicherheit, zum Schutz von Beständen; Bewältigung komplexer Probleme, Stratege bei Problemlösungen Auswirkung auf Öffentlichkeit und nachgeordnete Institutionen	13

* je nach Zeitanteil, s. I.3 Erfassung von Arbeitsvorgängen.
** „Vielseitigkeit", s. I.2.7 Tätigkeitsmerkmale des Tätigkeitsstrangs.
*** je nach Aufgaben-/Organisationsstruktur, s. II. Leitung.

8 Aus- und Fortbildung (AV 316–326)

An wissenschaftlichen Bibliotheken wird für den mittleren, gehobenen und höheren Dienst ausgebildet,[27] wobei sich die Ausbildungs- und Studiengänge in den vergangenen Jahren erheblich diversifiziert haben, sowohl inhaltlich als auch rechtlich-organisatorisch.

Die dreijährige duale Berufsausbildung „Fachangestellte:r für Medien- und Informationsdienste – Fachrichtung Bibliothek (FaMI)" qualifiziert für den mittleren Dienst. Aufbauend auf die FaMI-Ausbildung kann mit der berufsbegleitenden Weiterbildung „Fachwirt:in für Medien- und Informationsdienste" die Qualifikation für den gehobenen Dienst erreicht werden. In der Regel wird diese Qualifikation jedoch durch ein Bachelor-Studium an einer Hochschule für Angewandte Wissenschaften erworben.

Die Qualifikation für den höheren Dienst kann beim Bund und in zahlreichen Bundesländern mit einem Vorbereitungsdienst (Referendariat) erworben werden. Daneben gibt es in einigen Bundesländern die Möglichkeit eines Volontariats in Verbindung mit einem Masterstudium. Eine weitere Option ist ein berufsbegleitendes Masterstudium im Bereich Bibliothek und Information.

Darüber hinaus werden in wissenschaftlichen Bibliotheken auch Verwaltungsfachangestellte, Fachinformatiker:innen der Fachrichtungen Anwendungsentwicklung und Systemintegration und Fachkräfte für Veranstaltungstechnik ausgebildet.

Als Folge der digitalen Transformation und der Erweiterung des Aufgabenspektrums wissenschaftlicher Bibliotheken hat das Arbeitsgebiet Aus- und Fortbildung an Bedeutung gewonnen, oft in Verbindung mit Aspekten der Personalentwicklung. Viele Bibliotheken und Hochschulen bieten eigene Fortbildungen (z. B. Zertifikatskurse) an oder arbeiten bei der Qualifikation ihrer Beschäftigten mit weiteren Institutionen, Vereinen und Verbänden zusammen.

Ausbildungstätigkeiten für Studierende, Auszubildende, Anwärter:innen, Volontär:innen und Praktikant:innen werden in wissenschaftlichen Bibliotheken potentiell von allen Beschäftigten ausgeübt. Diese Tätigkeiten nehmen im Arbeitsalltag in der Regel einen geringen Zeitanteil in Anspruch und sind daher für die Eingruppierung der meisten Beschäftigten nicht relevant. Deswegen werden in der folgenden Tabelle Ausbildungstätigkeiten nicht als Arbeitsvorgang aufgeführt. Die Tabelle „Aus- und Fortbildung" enthält ausschließlich Arbeitsvorgänge von Ausbilder:innen, Fortbildungsbeauftragten und Ausbildungsleiter:innen, die sich auf die Konzeption, Planung und Organisation von Aus- und Fortbildungen beziehen.

Arbeitsvorgänge wie die Konzeption, Planung und Durchführung von Vorträgen und Workshops im Zusammenhang mit internen Fortbildungsveranstaltungen finden sich in *II. 4 Schulung und Beratung*.

Nr.	Arbeitsvorgang	Erläuterungen, Beispiele, Arbeitsschritte	Anforderungen, ggf. Wirkungen	Entgeltgruppe
	Planung, Vorbereitung und Durchführung von bibliothekarischen Fortbildungsveranstaltungen und E-Learning-Angeboten	s. 4.2 & 4.5		

---

27 Vgl. auch I.4 Berufsbilder.

* je nach Zeitanteil, s. I.3 Erfassung von Arbeitsvorgängen.
** „Vielseitigkeit", s. I.2.7 Tätigkeitsmerkmale des Tätigkeitsstrangs.
*** je nach Aufgaben-/Organisationsstruktur, s. II. Leitung.

Nr.	Arbeitsvorgang	Erläuterungen, Beispiele, Arbeitsschritte	Anforderungen, ggf. Wirkungen	Entgeltgruppe
316	Ausbildungsorganisation für die zweite Qualifikationsebene (mittlerer Dienst)	Bearbeitung von Ausbildungsangelegenheiten, Ansprechpartner:in für die Auszubildenden in Verwaltungs- und Organisationsangelegenheiten der Ausbildung, Erledigung des Schriftverkehrs und Aktenführung, Administration von Fehlzeiten und Abwesenheiten, Mitwirkung an Auswahlverfahren für Auszubildende, Planung und Organisation des Ausbildungsplans auf der Grundlage des Ausbildungsrahmenplans, Organisation der Ausbildungsstationen, Durchführung von Schulungen, Verwaltung von Dokumenten in elektronischen Lehr- und Lernplattformen, Kommunikation mit den Beteiligten, Überprüfen der Berichtshefte, Einholen der Leistungsnachweise, Vorbereitung der Zeugnisse, Controlling von ausbildungsrelevanten Daten sowie Reporting	Ausbildereignungsprüfung, genaue und vielfältige Kenntnisse der Organisation der Ausbildung und der einschlägigen Rechtsvorschriften (insbesondere Berufsbildungsgesetz, Ausbildungsordnung(en), Ausbildungsrahmenpläne, Jugendarbeitsschutzgesetz, Berufsbildungsförderungsgesetz, Personalvertretungsrecht) sowie der betrieblichen Ausbildungspläne	L: 8, 9a* B: 6, 8*
317	Fortbildungsorganisation	Ansprechpartner:in für die Beschäftigten in Verwaltungs- und Organisationsangelegenheiten der Fortbildung, Erledigung des Schriftverkehrs und der Aktenführung, Ankündigung von Veranstaltungen, Durchführung des Anmeldeverfahrens, Vorbereitung, Vervielfältigung und Verteilung von Materialien und Seminarunterlagen, Dokumentation, Verwaltung von Dokumenten in elektronischen Lehr- und Lernplattformen, Verteilung von Informationen, Ausstellen und Archivieren von Teilnahmebescheinigung, Bearbeitung von Rechnungen, Erfassen für die Fortbildungsstatistik	Genaue und vielfältige Kenntnisse der Organisation der Fortbildung und der einschlägigen Rechtsvorschriften des Bundes und der Länder sowie der einschlägigen Bestimmungen des Tarifvertrags; insbesondere Personalvertretungsrecht, Berufsbildungsförderungsgesetz, Regelungen zum Bildungsurlaub	L: 8, 9a* B: 6, 8*
318	Fortbildungskoordination	Bedarfsermittlung, Beratung der Mitarbeiter:innen bei internen und externen Fortbildungsanmeldungen und Dienstreiseanträgen, Bekanntmachung, Koordinierung und Durchführung von Fortbildungsangeboten, Durchführung von internen Fortbildungsangeboten, Budgetüberwachung, Erhebung und Auswertung der Fortbildungsstatistik, Organisation von internen Fortbildungen, Organisation von elektronischen Lehr- und Lernplattformen, Festlegung von Informationsverteilern, Verantwortung für die Dokumentation und das Fortbildungscontrolling	Komplexe Kenntnisse des Bibliotheks- und Informationswesens; umfangreiche und eingehende Kenntnisse der Organisation der Fortbildung und der einschlägigen Rechtsvorschriften des Bundes und der Länder sowie der einschlägigen Bestimmungen des Tarifvertrags; insbesondere Personalvertretungsrecht, Berufsbildungsförderungsgesetz, Regelungen zum Bildungsurlaub	L: 9b FG1 B: 9c

* je nach Zeitanteil, s. I.3 Erfassung von Arbeitsvorgängen.
** „Vielseitigkeit", s. I.2.7 Tätigkeitsmerkmale des Tätigkeitsstrangs.
*** je nach Aufgaben-/Organisationsstruktur, s. II. Leitung.

Nr.	Arbeitsvorgang	Erläuterungen, Beispiele, Arbeitsschritte	Anforderungen, ggf. Wirkungen	Entgeltgruppe
319	**Ausbildungsleitung für die zweite und dritte Qualifikationsebene (mittlerer bzw. gehobener Dienst)**	Leitung des Bereichs Ausbildung: Bedarfserhebung, verantwortliche Organisation und Durchführung von Auswahlverfahren für Praktikant:innen und Auszubildende, Konzeption, Planung und Weiterentwicklung der betrieblichen Rahmenpläne sowie der Ausbildungs- und Praktikumspläne, Entwicklung der Bewertungskriterien, Erstellen der Praktikums- und Ausbildungszeugnisse, Betreuung von Praxissemestern und Projekten, Konzeption, Organisation und Durchführung von Ausbildungsveranstaltungen, ggf. Kommunikation mit zu beteiligenden Stellen der Verwaltung und der Berufsschule(n) bzw. Hochschule(n), Evaluierung von Ausbildungsaktivitäten, Mitarbeit in Fachgremien, Erarbeitung der Fragen für Prüfungen, Teilnahme an Prüfungskommissionen, Kontakt mit der Berufsschule; Überregionaler Austausch, Mitwirkung am Berufsbild	Spezialisierte, vielseitige und hervorragende Kenntnisse des Bibliotheks- und Informationswesens, der Organisation der Ausbildung und der einschlägigen Rechtsvorschriften. Bei Verantwortung im Rahmen der dualen Berufsausbildung Ausbildereignungsprüfung Voraussetzung.	10, 11*
320	**Leitung der Fortbildung einer komplexeren Bibliothek bzw. eines komplexeren Bibliothekssystems**	Verantwortliche Planung und Konzeptionierung der Fortbildung für das gesamte Personal, Bedarfsermittlung, Verantwortliche Konzeption, Koordinierung, Planung und Durchführung von Fortbildungs- und Personalentwicklungsmaßnahmen, Evaluierung von Fortbildungsmaßnahmen, Beratung der Mitarbeitenden, Vorgesetzten und der Bibliotheksleitung, Gestaltung der Verträge mit den beteiligten Stellen der Verwaltung und der Fortbildungsträger, Verantwortung für die Erhebung und Auswertung der Fortbildungsstatistik, Mitarbeit in Fachgremien	Spezialisierte, vielseitige und hervorragende Kenntnisse des Bibliotheks- und Informationswesens, der Organisation der Fortbildung und der einschlägigen Rechtsvorschriften des Bundes und der Länder sowie der einschlägigen Bestimmungen des Tarifvertrags; insbesondere Personalvertretungsrecht, Berufsbildungsförderungsgesetz, Regelungen zum Bildungsurlaub	10, 11*
321	**Leitung der Fortbildung einer Bibliothek von nationaler Bedeutung bzw. innerhalb eines Bundeslands**	Verantwortliche Planung und Konzeption der Fortbildung für das gesamte Personal, Bedarfsermittlung, Verantwortliche Konzeption, Koordinierung, Planung und Durchführung von Fortbildungs- und Personalentwicklungsmaßnahmen, Evaluierung von Fortbildungsmaßnahmen, Beratung der Mitarbeitenden, Vorgesetzten und der Bibliotheksleitung, Gestaltung der Verträge mit den beteiligten Stellen der Verwaltung und der Fortbildungsträger, Verantwortung für die Erhebung und Auswertung der Fortbildungsstatistik, Mitarbeit in Fachgremien	Herausragende Kenntnisse des Bibliotheks- und Informationswesens, der Organisation der Fortbildung und der einschlägigen Rechtsvorschriften des Bundes und der Länder sowie der einschlägigen Bestimmungen des Tarifvertrags; insbesondere Personalvertretungsrecht, Berufsbildungsförderungsgesetz, Regelungen zum Bildungsurlaub	12

---

* je nach Zeitanteil, s. I.3 Erfassung von Arbeitsvorgängen.
** „Vielseitigkeit", s. I.2.7 Tätigkeitsmerkmale des Tätigkeitsstrangs.
*** je nach Aufgaben-/Organisationsstruktur, s. II. Leitung.

Nr.	Arbeitsvorgang	Erläuterungen, Beispiele, Arbeitsschritte	Anforderungen, ggf. Wirkungen	Entgeltgruppe
322	**Fortbildungsreferent:in, Referent:in für Personalentwicklung**	Leitung des Bereichs Fortbildung, Bedarfsermittlung, Konzeption, Planung und Weiterentwicklung des Fortbildungsprogramms für das gesamte Personal einschließlich wissenschaftlicher Fortbildungsmaßnahmen, Wissenschaftlich-didaktische Konzeption und Durchführung von komplexen Fortbildungsveranstaltungen und Personalentwicklungs- und gewinnungsmaßnahmen, Akquise von Dozent:innen, Kommunikation und Gestaltung der Verträge mit den beteiligten Stellen der Verwaltung und der Fortbildungsträger, methodische Verantwortung für die Evaluierung von Fortbildungsaktivitäten, wirtschaftliche Verantwortung für den Fortbildungsbereich, Mitarbeit in Fachgremien	Umfangreiche und deutlich herausragende, spezialisierte Kenntnisse des Bibliotheks- und Informationswesens auf wissenschaftlichem Niveau. Laufbahnprüfung für den höheren Bibliotheksdienst oder entsprechende, ggf. postgradual erworbene, bibliothekswissenschaftliche Qualifikation	13
323	**Wissenschaftliche Ausbildungsleitung, Ausbildungsreferent/in, Ausbildungsleitung für die vierte Qualifikationsebene (höherer Dienst) einer Ausbildungsbibliothek**	Leitung des Bereichs Ausbildung einer Ausbildungsbibliothek: Bedarfsermittlung, Verantwortliche Leitung bzw. Organisation des Auswahlverfahrens, Konzeption, Planung und Weiterentwicklung der lokalen Ausbildungscurricula, Wissenschaftlich-didaktische Konzeption und Durchführung von komplexen Ausbildungsveranstaltungen, Kommunikation mit den beteiligten Stellen, Verantwortung für die Beurteilung von Auszubildenden aller Qualifikationsniveaus und die Evaluierung von Ausbildungsveranstaltungen, Erstellen und ggf. Ausfertigen der Praktikums- und Ausbildungszeugnisse, wirtschaftliche Verantwortung für den Ausbildungsbereich, Mitarbeit in Fachgremien	Umfangreiche und deutlich herausragende, spezialisierte Kenntnisse des Bibliotheks- und Informationswesens auf wissenschaftlichem Niveau. Laufbahnprüfung für den höheren Bibliotheksdienst oder entsprechende, ggf. postgradual erworbene, bibliothekswissenschaftliche Qualifikation. Umfassende, vertiefte Kenntnisse des Laufbahnrechts und des öffentlichen Arbeitsrechts sowie der einschlägigen Ausbildungs- und Prüfungsordnungen	13
324	**Wissenschaftliche Ausbildungsleitung für die vierte Qualifikationsebene (höherer Dienst) einer größeren Ausbildungsbibliothek / eines Bibliothekssystems** **Leitung der Abteilung Ausbildung**	Leitung des Bereichs Ausbildung einer Ausbildungsbibliothek bzw. eines Bibliothekssystems mit mindestens drei wissenschaftlichen Bibliothekar:innen in Ausbildung: Bedarfsermittlung, Verantwortliche Leitung bzw. Organisation des Auswahlverfahrens, Konzeption, Planung und Weiterentwicklung der lokalen Ausbildungscurricula, Wissenschaftlich-didaktische Konzeption und Durchführung von komplexen Ausbildungsveranstaltungen, Kommunikation mit den beteiligten Stellen, Verantwortung für die Beurteilung von Auszubildenden aller Qualifikationsniveaus und die Evaluierung von Ausbildungsveranstaltungen, wirtschaftliche Verantwortung, Mitarbeit in Fachgremien	Umfangreiche und deutlich herausragende, spezialisierte Kenntnisse des Bibliotheks- und Informationswesens auf wissenschaftlichem Niveau. Laufbahnprüfung für den höheren Bibliotheksdienst oder entsprechende, ggf. postgradual erworbene, bibliothekswissenschaftliche Qualifikation. Umfassende, vertiefte Kenntnisse des Laufbahnrechts und des öffentlichen Arbeitsrechts sowie der einschlägigen Ausbildungs- und Prüfungsordnungen	14

---

*   je nach Zeitanteil, s. I.3 Erfassung von Arbeitsvorgängen.
** „Vielseitigkeit", s. I.2.7 Tätigkeitsmerkmale des Tätigkeitsstrangs.
*** je nach Aufgaben-/Organisationsstruktur, s. II. Leitung.

Nr.	Arbeitsvorgang	Erläuterungen, Beispiele, Arbeitsschritte	Anforderungen, ggf. Wirkungen	Entgeltgruppe
325	**Leitung eines Fortbildungszentrums für die bibliothekarische Fortbildung eines größeren Verbunds oder eines Bundeslands**	Leitung des Bereichs Fortbildung, Bedarfsermittlung, Konzeption, Planung und Weiterentwicklung des Fortbildungsprogramms für das gesamte Personal einschließlich wissenschaftlicher Fortbildungsmaßnahmen, Wissenschaftlich-didaktische Konzeption und Durchführung von komplexen Fortbildungsveranstaltungen sowie Personalentwicklungs- und gewinnungsmaßnahmen, Akquise von Dozent:innen, Kommunikation und Gestaltung der Verträge mit den beteiligten Stellen der Verwaltung und der beteiligten Bibliotheken, methodische Verantwortung für die Evaluierung von Fortbildungsaktivitäten, wirtschaftliche Verantwortung für den Fortbildungsbereich, Mitarbeit in Fachgremien	Umfangreiche und deutlich herausragende, spezialisierte Kenntnisse des Bibliotheks- und Informationswesens auf wissenschaftlichem, akademischem Niveau. Laufbahnprüfung für den höheren Bibliotheksdienst oder entsprechende, ggf. postgradual erworbene, bibliothekswissenschaftliche Qualifikation. Ausgeprägte organisatorische und konzeptionelle Befähigung, besonders komplexe betriebliche Steuerungsaufgaben wahrzunehmen	14, 15***
326	**Wissenschaftliche Ausbildungsleitung für die vierte Qualifikationsebene (höherer Dienst) bzw. Leitung der Abteilung Ausbildung einer Bibliothek von nationaler Bedeutung** **Leitung des Ausbildungszentrums eines Bundeslands mit mehreren Ausbildungsbibliotheken**	Leitung der Ausbildung einer Ausbildungsbibliothek bzw. eines Bibliothekssystems mit mindestens fünf wissenschaftlichen Bibliothekar:innen in Ausbildung bzw. für ein Bundesland mit mehreren Ausbildungsbibliotheken: Bedarfsermittlung, Verantwortliche Leitung bzw. Organisation des Auswahlverfahrens, Konzeption, Planung und Weiterentwicklung der lokalen Ausbildungscurricula, wissenschaftlich-didaktische Konzeption und Durchführung von komplexen Ausbildungsveranstaltungen, Kommunikation mit den beteiligten Stellen, Verantwortung für die Beurteilung von Auszubildenden aller Qualifikationsniveaus und die Evaluierung von Ausbildungsveranstaltungen, wirtschaftliche Verantwortung, Mitarbeit in Fachgremien	Umfangreiche und deutlich herausragende, spezialisierte Kenntnisse des Bibliotheks- und Informationswesens auf wissenschaftlichem Niveau. Laufbahnprüfung für den höheren Bibliotheksdienst oder entsprechende, ggf. postgradual erworbene, bibliothekswissenschaftliche Qualifikation. Umfassende, vertiefte Kenntnisse des Laufbahnrechts und des öffentlichen Arbeitsrechts sowie der einschlägigen Ausbildungs- und Prüfungsordnungen.	15

---

* je nach Zeitanteil, s. I.3 Erfassung von Arbeitsvorgängen.
** „Vielseitigkeit", s. I.2.7 Tätigkeitsmerkmale des Tätigkeitsstrangs.
*** je nach Aufgaben-/Organisationsstruktur, s. II. Leitung.

9 Verwaltung in der Bibliothek (AV 327–354)

Die Tabelle „Verwaltung in der Bibliothek" enthält nicht bibliotheksspezifische aber dennoch in wissenschaftlichen Bibliotheken vorkommende charakteristische Arbeitsvorgänge. Häufig fallen die aufgeführten Tätigkeiten eher in einer übergeordneten bzw. zentralen Organisationseinheit der Universität, Hochschule oder des Instituts an, dennoch kommen sie auch in – gerade größeren – Bibliotheken vor.

Vorgänge, die zwar in den Verwaltungsbereich hineinreichen, aber aus bibliothekarischen Bereichen stammen wie medienbezogene Vertragsangelegenheiten, die Bearbeitung von Mahnungen oder statistische Tätigkeiten sind teilweise auch in den jeweiligen Abschnitten II.1 bis II.8 aufgeführt.

9.1 Allgemeine Verwaltungstätigkeiten

Nr.	Arbeitsvorgang	Erläuterungen, Beispiele, Arbeitsschritte	Anforderungen, ggf. Wirkungen	Entgeltgruppe
327	Tätigkeiten in der Poststelle	Versand und Annahme von internen und externen Postsendungen sowie Annahme von Lieferungen. Verteilung bzw. Auslieferung im Haus	Kenntnisse der zugrundeliegenden Regelungen und Abläufe	L: 4 FG 1 B: 4
328	Komplexere Tätigkeiten in der Poststelle	Leihverkehrsversand; inhaltliche Zuordnung nach Ablauforganisation und Geschäftsverteilungsplan	Abgeschlossene einschlägige Ausbildung; fundierte Kenntnisse der Ablauforganisation und des Geschäftsverteilungsplans. Ggf. Reklamationen, Verbuchungen der Leihverkehrssendungen im BMS. Reklamationsorganisation	L: 5 ggf. 6** B: 5
329	Leitung der Poststelle	Koordinierung der Aufgaben und Abläufe; Sicherstellung termingebundener Vorgänge; Festlegung der Bearbeitungsschritte bei Auftreten neuer Sachverhalte; Ressourcenverteilung	Genaue und vielfältige Kenntnisse von gesetzlichen und zollrechtlichen Rahmenbedingungen bezogen auf Posteingang und -ausgang Gestaltungs- und Entscheidungsspielraum im vorgegebenen Rahmen	L: 8, 9a* B: 6, 8*
330	Sachbearbeitung allgemeiner Verwaltungsvorgänge	z. B. Aktenführung, Postbearbeitung, Korrespondenz, Erteilung von allgemeinen Auskünften; Geschäftsstellentätigkeiten; Mitwirkung bei der Beschaffung und Verwaltung von Geräten und Material	Fundierte Kenntnisse der Verwaltungs- und Haushaltsvorschriften sowie der relevanten Dienstanweisungen	L: 5 ggf. 6** B: 5
331	Sachbearbeitung allgemeiner und spezieller Verwaltungsvorgänge	Sachbearbeitung von in der Verwaltung vorkommenden Aufgaben, z. B. Inventarisierung von Ausstattungsgegenständen und Beschaffungsplanung zwecks Erneuerung nach festgelegtem Geschäftsgang, Materialbeschaffung, Preis- und Qualitätsvergleiche, auch Auftragsvergaben innerhalb der Trägerinstitution	Fundierte und vielfältige Kenntnisse der Verwaltungs- und Haushaltsvorschriften sowie der relevanten Dienstanweisungen. Kenntnis der Vergabevorschriften	L: 6 B: 5

---

* je nach Zeitanteil, s. I.3 Erfassung von Arbeitsvorgängen.
** „Vielseitigkeit", s. I.2.7 Tätigkeitsmerkmale des Tätigkeitsstrangs.
*** je nach Aufgaben-/Organisationsstruktur, s. II. Leitung.

Nr.	Arbeitsvorgang	Erläuterungen, Beispiele, Arbeitsschritte	Anforderungen, ggf. Wirkungen	Entgeltgruppe
332	Sachbearbeitung komplexer Verwaltungsvorgänge	Eigenständige Sachbearbeitung von in der Verwaltung vorkommenden komplexen Aufgaben, z. B. Koordinierung sich widersprechender Anforderungen. Urlaubsplanungen, Sicherstellung der Fristeinhaltung vielfältiger verschiedener Zuarbeiten, Planung von Veranstaltungen. Beschaffungsplanung, Begleitung outgesourcter Verträge (Reinigung, Bauunterhaltung, Sicherheit, Gesundheitsschutz etc.)	Fundierte und vielfältige Kenntnisse der Verwaltungs- und Haushaltsvorschriften sowie der relevanten Dienstanweisungen; eigenständige Anwendung dieser Kenntnisse. Entscheidungsbefugnisse in begrenztem Umfang	L: 8, 9a* B 6, 8*
333	Verantwortliche Führung des Aktenplans/der Registratur einer Bibliothek	Verantwortung für die Führung der Registratur; Führen und Anpassen des Aktenplans und des Aktenverzeichnisses; Anpassung des Aktenplans an geänderte Organisationsstrukturen und Anforderungen der Nutzer:innen und deren Beratung; Erarbeitung von hausinternen Vorschriften und Handlungsanweisungen; Schulung der Mitarbeitenden in der Schriftgutverwaltung; Dokumentation und Organisation der Schriftgutverwaltung; Umsetzung und Weiterentwicklung der elektronischen Aktenführung und Vorgangsbearbeitung; Registraturverwaltung und -bearbeitung	Umfangreiche Kenntnisse der Verwaltungsorganisation, der rechtlichen Rahmenbedingungen und der Verschriftlichung vertraglich relevanter komplexer Sachverhalte und somit von besonderer Relevanz	L: 9b FG 1 B: 9c
334	Bearbeitung und Überwachung von laufenden Vertragsvorgängen	Ausfertigung, Terminüberwachung, Rechnungsbearbeitung, Ablage von Verträgen z. B. zu Bauleistungen, Beschaffung, Wartung und Sicherheitsprüfung technischer Einrichtungen und gebäudebezogener Dienstleistungen, Reinigung, Wachdienst, Versicherung, Schließsysteme, Telekommunikation	Eingehende Kenntnisse des Haushalts- und Vergaberechts und aller vertraglichen Vereinbarungen mit Dienstleistern	L: 9b FG 2/3 B: 9b
335	Kaufmännische Geschäftsführung einer organisatorisch selbständigen Bibliothek, Verbundzentrale oder sonstigen Informationseinrichtung	Gesamtkoordination aller wirtschaftlichen Prozesse der Einrichtung einschließlich Finanz- und Personalmanagement und ggf. der Funktion des/der Beauftragten für den Haushalt, Haushalts- und Wirtschaftsplanung, Vertrags- und Rechtsangelegenheiten, konzeptionelle Entwicklung und Gestaltung von Verwaltungsprozessen und ihrer digitalen Umsetzung; ggf. Erstellung des Jahresabschlusses, Verantwortung für Controlling, Berichtswesen, Compliance und Innenrevision, Kommunikation mit Einrichtungen der Trägerorganisation und Mitwirkung bei der Vertretung der Bibliothek nach außen	Umfangreiche und deutlich herausragende, spezialisierte Kenntnisse des Bibliotheks- und Informationswesens auf wissenschaftlichem, akademischem Niveau; Laufbahnprüfung für den höheren Bibliotheksdienst oder entsprechende, ggf. postgradual erworbene, bibliothekswissenschaftliche Qualifikation; ausgeprägte kaufmännische Kenntnisse, organisatorische Befähigung, komplexe betriebliche Steuerungsaufgaben wahrzunehmen	13–15***

* je nach Zeitanteil, s. I.3 Erfassung von Arbeitsvorgängen.
** „Vielseitigkeit", s. I.2.7 Tätigkeitsmerkmale des Tätigkeitsstrangs.
*** je nach Aufgaben-/Organisationsstruktur, s. II. Leitung.

Nr.	Arbeitsvorgang	Erläuterungen, Beispiele, Arbeitsschritte	Anforderungen, ggf. Wirkungen	Entgeltgruppe
336	Leitung der Verwaltung einer organisatorisch selbständigen Bibliothek	Leitung der Verwaltung der Bibliothek (inkl. ggf. Finanz- und Personalmanagement, technischen Diensten, Bau- und Gebäudemanagement usw.), Haushalts- und Wirtschaftsplanung inkl. ggf. Steuerung und Überwachung des Personalhaushalts und des Stellenplans, Vertrags- und Rechtsangelegenheiten, konzeptionelle Entwicklung und Gestaltung von Verwaltungsprozessen und ihrer digitalen Umsetzung; Verantwortung für Controlling, Berichtswesen, Compliance und Innenrevision, Kommunikation mit Einrichtungen der Trägerorganisation	Umfangreiche und deutlich herausragende, spezialisierte Kenntnisse des Bibliotheks- und Informationswesens auf wissenschaftlichem, akademischem Niveau; Laufbahnprüfung für den höheren Bibliotheksdienst oder entsprechende, ggf. postgradual erworbene, bibliothekswissenschaftliche Qualifikation; ausgeprägte organisatorische und konzeptionelle Befähigung, besonders komplexe betriebliche Steuerungsaufgaben wahrzunehmen	13–15***

9.2 Personalverwaltung

Nr.	Arbeitsvorgang	Erläuterungen, Beispiele, Arbeitsschritte	Anforderungen, ggf. Wirkungen	Entgeltgruppe
337	Operative Personalverwaltung	Ansprechpartner für die Mitarbeiter/innen in Bezug auf Fehlzeiten und Fehlbuchungen, Administration der Fehlzeiten und Abwesenheiten (Urlaub, Krankheit u. Ä.), Fehlermanagement im Zeiterfassungssystem, Berechnung von Zeitzuschlägen, Controlling von Stammdaten sowie Reporting	Fundierte Kenntnisse der gesetzlichen Grundlagen (v. a. ArbZG, JArbSchG, MuSchG) sowie der Verwaltungs- und Haushaltsvorschriften und der relevanten Dienstanweisungen	L: 5 ggf. 6** B: 5
338	Personalverwaltung	z. B. Personaleinsatz, Stellenbesetzung, Ausschreibungen, Auswahlverfahren, Organisation von Vertretungseinsätzen, Pflege des Stellen- und Geschäftsverteilungsplans; Zuordnung für die Kosten- und Leistungsrechnung; Planung von Stellenbesetzungen und der freien Mittel in Zusammenarbeit mit der Zentralverwaltung (z. B. der Universität); Vorbereitung und Veröffentlichung von Stellenausschreibungen	Umfangreiche Kenntnisse des Arbeitsrechts und des Tarifvertrages sowie der einschlägigen Vorschriften und internen Regelungen der Institution (z. B. Dienstvereinbarungen, Organisationsplan) Auswirkungen auf Beschäftigte und deren Arbeitsverhältnis	L: 9b FG 1 B: 9c
339	Personalmanagement	z. B. Personalentwicklung, Personalbedarfsplanung, Personalgewinnung, Personalberatung, Personalbeurteilung, Stellenbeschreibungen, Stellenbewertungen, Stellenüberprüfungen. Bewirtschaftung und Planung des Personalbudgets und des Personalhaushalts	Spezialisierte, hervorragende Kenntnisse des Arbeitsrechts und des Tarifvertrages sowie der einschlägigen Vorschriften und internen Regelungen der Institution (z. B. Dienstvereinbarungen) Auswirkungen auf Beschäftigte und deren Arbeitsverhältnis, Bedeutung für die Personalausstattung und damit die Funktionsfähigkeit der Institution	10, 11*

---

* je nach Zeitanteil, s. I.3 Erfassung von Arbeitsvorgängen.
** „Vielseitigkeit", s. I.2.7 Tätigkeitsmerkmale des Tätigkeitsstrangs.
*** je nach Aufgaben-/Organisationsstruktur, s. II. Leitung.

Nr.	Arbeitsvorgang	Erläuterungen, Beispiele, Arbeitsschritte	Anforderungen, ggf. Wirkungen	Entgeltgruppe
340	Leitung der Personalverwaltung einer Bibliothek	z. B. Personalbedarfsplanung; Anmeldung, Planung, Bewirtschaftung und Controlling des Personalhaushalts; verantwortliche Bewirtschaftung der Stellen und Personalmittel im Rahmen der personal- und haushaltsrechtlichen Befugnisse; fachliche und rechtliche Vorbereitung und ggf. Ausführung konstitutiver Personalmaßnahmen (Ausschreibung, Auswahl, Einstellung, Beförderung, Höhergruppierung, Abordnung, Versetzung usw.); personalrechtliche Compliance; Zusammenarbeit mit den Fachabteilungen, den Personalvertretungen und Gleichstellungsbeauftragten der Bibliothek bzw. der Trägerorganisation; Zusammenarbeit mit der Personalleitung der Trägerorganisation; Verantwortung bei der Erarbeitung von Arbeitszeit- und Urlaubsregelungen, Dienstplanregelungen und Dienstvereinbarungen; ggf. Vertretung der Bibliothek bzw. der Trägerorganisation in Verfahren vor Arbeits- und Verwaltungsgerichten	Abgeschlossenes wissenschaftliches Hochschulstudium, idealerweise in Rechtswissenschaften. Wirkung auf alle Funktionsbereiche und juristische Außenvertretung	13–15***

9.3 Haushalts- und budgetbezogene Verwaltungstätigkeiten

Nr.	Arbeitsvorgang	Erläuterungen, Beispiele, Arbeitsschritte	Anforderungen, ggf. Wirkungen	Entgeltgruppe
341	Rechnungsbearbeitung sowie Bearbeitung steuerlicher und ähnlicher Sachverhalte	z. B. Rechnungsbearbeitung; Prüfung von Buchungen; ggf. Abgleich mit dem Buchungssystem der Zentralverwaltung; Bearbeitung von Zollangelegenheiten; Umsatzsteuervoranmeldung, Künstlersozialkasse, VG Wort	Sichere Kenntnisse des Haushaltsrechts, Grundlagen des Steuerrechts, der Verwaltungs- und Haushaltsvorschriften sowie der relevanten Dienstanweisungen	L: 5 ggf. 6** B: 5
342	Beschaffung	Vorbereitung von Beschaffungsvorgängen; Redaktion von Leistungsverzeichnissen; Abstimmung inhaltlicher Anforderungen mit den Fachabteilungen; Bewirtschaftung von Beschaffungen, die über Rahmenverträge bestellt werden	Ausführliche Kenntnisse des Beschaffungsrechts, VOL, VOB, ggf. von Rahmenverträgen und der relevanten Dienstanweisungen, Bearbeitung komplizierterer Vorgänge	L: 8, 9a* B: 6, 8*
343	Verwaltung zugewiesener und zugewendeter Mittel	Bewirtschaftung und Überwachung des Budgets für Sachmittel, Investitionen, Drittmittel sowie der Entgelt- und Gebühreneinnahmen; Zuordnung für die Kosten- und Leistungsrechnung	Umfangreiche Kenntnisse der Verwaltungs- und Haushaltsvorschriften, Auswirkung auf die Einhaltung der Ansätze und des Budgets	L: 9b FG 1 B: 9c

---

* je nach Zeitanteil, s. I.3 Erfassung von Arbeitsvorgängen.
** „Vielseitigkeit", s. I.2.7 Tätigkeitsmerkmale des Tätigkeitsstrangs.
*** je nach Aufgaben-/Organisationsstruktur, s. II. Leitung.

Nr.	Arbeitsvorgang	Erläuterungen, Beispiele, Arbeitsschritte	Anforderungen, ggf. Wirkungen	Entgeltgruppe
344	Vertrags- und Beschaffungsmanagement	Durchführung von Ausschreibungen z. B. nach VOL, Vergabe und Leistungsabnahme inkl. Rechnungsprüfung; Beantragung von Fördermitteln	Spezialisierte, hervorragende Kenntnisse der Verwaltungs- und Haushaltsvorschriften, VOL, VOB, der Vergaberichtlinien auf allen Ebenen sowie der relevanten Dienstanweisungen; umfassende Kenntnisse rechtlicher Rahmenbedingungen für nationale und internationale Vergabeverfahren, Verantwortung für die Institution	10, 11*

9.4 Rechtsbezogene Verwaltungstätigkeiten

Nr.	Arbeitsvorgang	Erläuterungen, Beispiele, Arbeitsschritte	Anforderungen, ggf. Wirkungen	Entgeltgruppe
	Sachbearbeitung (komplexer) rechtsbezogener Verwaltungsvorgänge	s. AV Nr. 330–332		
345	Organisation und Umsetzung von Maßnahmen zur Arbeitssicherheit	Sicherheitsbegehungen durchführen; Dokumentationen erstellen; Überwachung der Einhaltung von Arbeitsvorschriften	Umfangreiche Kenntnisse der Gesetze, Vorschriften und Richtlinien zur Arbeitssicherheit; Auswirkungen auf Betriebsabläufe und Arbeitssicherheit	L: 9b FG 1 B: 9c
346	Sachbearbeitung Datenschutzmanagement	Bearbeitung von Anfragen; Mitarbeit bei der Pflege von Verfahrensverzeichnissen sowie der Datenschutzerklärung	Umfangreiche Kenntnisse der datenschutzrechtlichen gesetzlichen Regelungen. Von besonderer Relevanz für Abläufe und ggf. Außenwirkung	L: 9b FG 1 B: 9c
347	Anleitungen und Festlegungen im Bereich Arbeitsorganisation und Arbeitssicherheit formulieren	Erstellung von Vorgaben und Regelungen unter Berücksichtigung rechtlicher Rahmenbedingungen und Vorgaben der Zentralverwaltung: z. B. Vorgaben zur Sicherung von Kulturgut in Gefahrensituationen, Erstellung von Gefahrenabwehrplänen und zur Rettung von Kulturgütern; Erarbeitung von Fluchtplänen in Abstimmung mit der Feuerwehr; Erstellung von Konzepten zur ordnungsgemäßen Umsetzung von Vorschriften zur Arbeitssicherheit und zum Gesundheitsschutz; Erarbeitung von Konzepten	Herausragende Kenntnisse der arbeitsrechtlichen Vorgaben, der Handlungsspielräume und der Anforderungen; aufgrund der Auswirkungen auf die Arbeitssicherheit, die Arbeitsorganisation und damit auf den Gesundheitsschutz der Beschäftigten von besonderer Relevanz	12

* je nach Zeitanteil, s. I.3 Erfassung von Arbeitsvorgängen.
** „Vielseitigkeit", s. I.2.7 Tätigkeitsmerkmale des Tätigkeitsstrangs.
*** je nach Aufgaben-/Organisationsstruktur, s. II. Leitung.

Nr.	Arbeitsvorgang	Erläuterungen, Beispiele, Arbeitsschritte	Anforderungen, ggf. Wirkungen	Entgeltgruppe
348	**Wissenschaftliche Bearbeitung von Rechtsfragen**	Auch Tätigkeit als Referent:in für Rechtsfragen, Justiziar:in, Datenschutzkoordinator:in, Bearbeitung aller Rechtsfragen, die in einer Bibliothek anfallen; in den Bereichen Datenschutz-, Vertrags-, Lizenz- und Urheberrecht; Klärung von rechtlichen Grundsatzfragen, Entwurf und Prüfung von Verträgen (Erwerbung und Lizenzierung von Medien, Depositalverträge, Kooperationsverträge); Erstellung von Gutachten und Beratung der Bibliotheksleitung in Rechtsfragen; Bearbeitung von Restitutionsverfahren; Erarbeitung von Formularen; Vertretung der Bibliothek vor Gericht	Umfangreiche und deutlich herausragende spezialisierte Kenntnisse auf akademischem Niveau in den für Bibliotheken relevanten Rechtsgebieten (z. B. Verwaltungsrecht, Beamtenrecht, öffentliches Dienstrecht, Arbeitsrecht, öffentliches Haushaltsrecht, Vertrags- und Vergaberecht, Datenschutzrecht, Telekommunikationsrecht, Urheber- und Medienrecht, Zivilrecht, Strafrecht, Jugendschutzrecht, Jugendmedienschutzrecht). Umfassende Kenntnisse der Ziele und der Organisation der Bibliothek sowie ihrer Einbindung in institutionelle, regionale und überregionale Rahmenbedingungen	13–15***

9.5 Statistik und Controlling

Nr.	Arbeitsvorgang	Erläuterungen, Beispiele, Arbeitsschritte	Anforderungen, ggf. Wirkungen	Entgeltgruppe
	Sachbearbeitung spezieller Verwaltungsvorgänge im Bereich Statistik und Controlling	s. AV Nr. 330–332		
349	**Reporting, Berichtswesen, Statistik**	Erstellen von Statistiken und Berichten für den internen und/oder externen Gebrauch (z. B. DBS); Skripterstellung für Anfragen aus dem Bibliotheksmanagementsystem und der Kassensoftware der Einrichtung. Arbeit mit großen Datenmengen	Umfassende Kenntnisse der relevanten Vorgaben und Anwendung von einschlägigen IT-Lösungen; Aufbereitung der erhobenen Daten für internen und externen Gebrauch. Gutes Verständnis der abgefragten sachlichen Zusammenhänge. Exzellente Kenntnisse des Reporting, von Tabellenkalkulation und skriptgesteuerten SQL-Abfragen	10, 11*
350	**Compliance-Management Durchführung der Innenrevision**	Konzeption und Überwachung von Kontrollsystemen zur Vermeidung von Verstößen gegen gesetzliche und interne Richtlinien; Bewertung der Effizienz von Kontrollen und deren kontinuierliche Verbesserung; regelmäßige Überprüfung von Verfahren, Berichten usw. zur Identifizierung von versteckten Risiken und Nichtkonformitätsproblemen; Schulung der Mitarbeiter:innen und Beratung der Leitung in Compliance-Fragen	Herausragende Kenntnisse der einschlägigen Regelungen und Vorgaben, Bewältigung besonders schwieriger Probleme	12

---

* je nach Zeitanteil, s. I.3 Erfassung von Arbeitsvorgängen.
** „Vielseitigkeit", s. I.2.7 Tätigkeitsmerkmale des Tätigkeitsstrangs.
*** je nach Aufgaben-/Organisationsstruktur, s. II. Leitung.

9.6 Sekretariat und Assistenz

Nr.	Arbeitsvorgang	Erläuterungen, Beispiele, Arbeitsschritte	Anforderungen, ggf. Wirkungen	Entgeltgruppe
351	Sekretariatsaufgaben	Pflege der Webseiten der Einrichtung inhaltlich (Telefonlisten, News, Links, Termine, Ereignisse, Ankündigungen); Wiedervorlagen erstellen und termingerecht erarbeiten; Aktenführung nach Aktenplan. Aktenplan erweitern, redaktionell pflegen; Pivot-Tabellen erstellen, Daten aufbereiten; Newsletter, Postversandlisten erstellen, pflegen; Serienbriefe erstellen und versenden	Fundierte Kenntnisse der Verwaltungs- und Haushaltsvorschriften sowie der relevanten Dienstanweisungen. Anwendung komplexer Aktenpläne. Nutzung digitaler Instrumente zur Verwaltung von Terminerinnerungen	L: 5 ggf. 6** B: 5
352	Direktionsassistenz	Büroorganisation; Sekretariatsaufgaben; eigenständige Erledigung von Schriftverkehr in deutschen und europäischen Sprachen; elektronisches Dokumentenmanagement; Terminkoordination und -überwachung; Reise- und Raumplanung; Reisekostenabrechnung	Genaue und vielfältige Kenntnisse der Arbeitsabläufe; lösungsorientiertes Handeln, selbständige Einordnung vielfältiger, neu auftretender Anforderungen und profunde Kenntnisse der strategischen Handlungsziele und Fähigkeit, verbindliche Planungen mit Stakeholdern zu vereinbaren. Nutzung von Software-Tools zur Projektsteuerung	L: 8, 9a* B: 6, 8*
353	**Organisatorische Direktionsassistenz** **Sachbearbeitung Direktion**	Büroleitung; Terminverantwortung; selbständige Aufbereitung komplexer Sachverhalte zur Weiterverarbeitung. Anleitung von Mitarbeiter:innen. Koordinierung von Projektberichten und Drittmittelverwaltung. Organisation von besonderen Meetings inhaltlichem versorgungstechnische und technische Verantwortungsübernahme, Koordinierung von Zuarbeiten; Kommunikation mit internen und externen Partner:innen, Protokollerstellung	Durchdringung komplexer Sachverhalte, ggf. Bewältigung inhaltlich (besonders) schwieriger Probleme. Fremdsprachenkenntnisse, sichere schriftliche Ausdrucksfähigkeit. Herausragende Kenntnisse von Organisationsabläufen und Projektsteuerung, Nutzung digitaler Instrumente zur integrierenden Verwaltung unterschiedlicher Sachverhalte	L: 9b FG 1–12*** B: 9c–12***
354	**Wissenschaftliche Direktionsassistenz**	z. B. Direktionsreferent:in; Ausarbeitung wissenschaftlicher Stellungnahmen; Erarbeitung von komplexen, wissenschaftlich fundierten Gutachten und Kommentaren, Erstellung von thematischen Informationszusammenstellungen und deren aufgabenorientierte Aufbereitung	Herausragende, durch ein wissenschaftliches Studium belegte Kenntnisse von Wissenschaftskommunikation, Förderinstitutionen und der Binnenstrukturen von Hochschulen und Ministerien	13, 14***

---

* je nach Zeitanteil, s. I.3 Erfassung von Arbeitsvorgängen.
** „Vielseitigkeit", s. I.2.7 Tätigkeitsmerkmale des Tätigkeitsstrangs.
*** je nach Aufgaben-/Organisationsstruktur, s. II. Leitung.

III Arbeitsvorgänge in staatlichen Bücherei- und Bibliotheksfachstellen (AVBF)

Bibliotheksfachstellen sind in der Regel im Auftrag der Bundesländer für das öffentliche Bibliothekswesen sowie teilweise auch für Schulbibliotheken oder Sonderformen wie Gefängnis- oder Krankenhausbibliotheken landesweit bzw. auf Regierungsbezirksebene zuständig.

Die Eingruppierung und Bezahlung der Beschäftigten in den Bibliotheksfachstellen richtet sich daher überwiegend nach dem TV-L bzw. orientiert sich an diesem. Bei Fachstellen in nichtstaatlicher Trägerschaft findet auch der TVöD-VKA Anwendung.

Ergänzend zu den Angaben in diesem Band zur Eingruppierung und den Tätigkeitsmerkmalen des TV-L und des TVöD Bund (vgl. auch I.2 und I.3) sei für den Bereich TVöD VKA auf Band 1 der *Arbeitsvorgänge in Bibliotheken – Öffentliche Bibliotheken im Geltungsbereich des TVöD-VKA (AVÖB)*[28] verwiesen. Die für den Bibliotheksbereich relevanten Teile der drei Entgeltordnungen finden sich in Teil IV dieser Publikation.

Das Bibliothekswesen in den Bundesländern unterscheidet sich je nach Größe und Struktur der Länder und Kommunen z. T. erheblich voneinander. Während es beispielsweise im bevölkerungsstärksten Bundesland Nordrhein-Westfalen mit seinen ca. 18 Millionen Einwohnern knapp 400 selbständige Städte und Gemeinden gibt, sind es in Rheinland-Pfalz bei ca. 4 Millionen Einwohnern fast 2.300 Kommunen. Auch in der Bevölkerungsdichte sowie in der Ausstattung mit kommunalen und kirchlichen Bibliotheken unterscheiden sich die Bundesländer oft deutlich voneinander.

Diese Unterschiede haben erhebliche Auswirkungen auf die durchschnittliche Größe und Leistungsfähigkeit der Bibliotheken und auf die Struktur des Bibliothekswesens (wie z. B. das Verhältnis hauptamtlich geführter zu neben- und ehrenamtlich geführten Bibliotheken). Je nach Bundesland sind deshalb auch die Aufgabenschwerpunkte, Zuständigkeiten, Größe und Organisationsform der Bibliotheksfachstellen unterschiedlich.

Diese Unterschiede können im Hinblick auf die Beschreibung und Bewertung der Aufgaben und Tätigkeiten in diesem Band nicht im Detail berücksichtigt werden. Es wurde deshalb versucht, die Tätigkeiten bzw. die Arbeitsvorgänge so zu beschreiben, dass sie unabhängig von der Struktur für die Stellenbewertung der Mitarbeiter:innen in den Bibliotheksfachstellen genutzt werden können.

Zu den wesentlichen Aufgaben und Dienstleistungen der Bibliotheksfachstellen zählen:
- Bibliotheksentwicklungsplanung
- Fachberatung von Bibliotheksträgern und Bibliotheken
- Sprachbildung, Leseförderung und Medienbildung
- Fort- und Weiterbildung der Bibliotheksmitarbeiter:innen
- Koordination regionaler und landesweiter Bibliotheksprojekte
- Unterstützung von Bibliotheken beim EDV- und Interneteinsatz sowie dem Angebot elektronischer Medien
- Informationsdienste für Bibliotheken
- Zentrale Serviceleistungen für öffentliche Bibliotheken und Schulbibliotheken
- Medienbestände und Themenkisten zur Ausleihe
- Finanzielle Förderung der Bibliotheken
- Kooperation mit anderen Regionen und Bundesländern

Die beschriebenen Arbeitsvorgänge wurden in 9 Tätigkeitsbereiche aufgeteilt:
1. Leitung und Management
2. Verwaltung
3. Fachberatung
4. Aus- und Fortbildung
5. Bibliotheks- und Medienpädagogik
6. Veranstaltungsangebote und Öffentlichkeitsarbeit

---

28 Arbeitsvorgänge in Bibliotheken: 1. Öffentliche Bibliotheken im Geltungsbereich des TVöD-VKA (AVÖB). – 2020. – ISBN 978-3-00-066947-7. https://www.bib-info.de/berufspraxis/keb-eingruppierung/publikationen/avoeb

7. Bibliotheksförderung
8. Medienangebote und Fachbibliothek
9. Konsortialaufgaben und Verbünde

Die Bereiche sollen möglichst umfassend die Tätigkeiten in den Bibliotheksfachstellen abbilden, wobei jede Bibliotheksfachstelle ihre eigene Organisationsstruktur hat. Die Reihenfolge der Tätigkeitsbereiche bedeutet keine Wertung, sondern erfolgt rein pragmatisch. Das Verzeichnis der Arbeitsvorgänge wird in Tabellenform dargestellt (zur Gliederung der Tabellen siehe auch die Erläuterungen zu den Arbeitsvorgängen in den Wissenschaftlichen Bibliotheken (II.1 bis II.9).

Erläuterungen zu den Tätigkeitsbereichen

Zu 1. Leitung und Management

Die Gesamtleitung einer Bibliotheksfachstelle bildet mit der damit verbundenen Gesamtverantwortung für die Bibliotheksfachstelle und das Bibliothekswesen im Zuständigkeitsbereich einen einheitlichen Arbeitsvorgang, für den eine Gesamtbewertung erfolgt. Eine Differenzierung bzw. Untergliederung in einzelne Tätigkeiten erfolgen nicht.

Für andere Leitungs- und Managementaufgaben kommen weitere Tätigkeiten hinzu.

Je nach Aufgaben der Fachstelle, der Größe des Zuständigkeits- und Verantwortungsbereiches, der Zahl der betroffenen Bibliotheken und Bibliotheksbeschäftigen, der Höhe des zu verantwortenden Budgets und der Zahl der unterstellten Beschäftigen steigen Schwierigkeit, Verantwortung und Bedeutung.

Insbesondere die Auswirkungen auf das Bibliothekswesen im Land bzw. auf den betroffenen Arbeits- und Zuständigkeitsbereich sind bei der Bewertung der Tätigkeiten und der Eingruppierung der Beschäftigten mit Leitungs-, Koordinierungs- und Managementaufgaben zu berücksichtigen.

Zu 2. Verwaltung

Im Abschnitt Verwaltung sind die Arbeitsvorgänge beschrieben, die im Zusammenhang mit der Arbeit von Bibliotheksfachstellen anfallen, unabhängig davon, ob sie in der jeweiligen Bibliotheksfachstelle oder in einer übergeordneten bzw. zentralen Organisationseinheit angesiedelt sind.

Zu 3. Fachberatung

Bei der Fachberatung für Bibliotheken und Bibliotheksträger handelt es sich um eine zentrale Aufgabe der Bibliotheksfachstellen, die sich durch besondere Schwierigkeit und Bedeutung sowie durch ein hohes Maß an Verantwortung für die Weiterentwicklung der Bibliotheken und des Bibliothekswesens im Land bzw. im Zuständigkeitsbereich auszeichnet.

Die Tätigkeit erfordert zudem umfassende und vertiefte Kenntnisse des Bibliothekswesens und der Bibliothekssituation vor Ort. Darüber hinaus stellt die Tätigkeit hohe Anforderungen an die Vermittlungsfähigkeit, Überzeugungskraft und Motivationsfähigkeit der Mitarbeiter:innen in diesem Aufgabenfeld.

Je nach Bundesland sowie Größe und Struktur der Bibliotheksfachstellen gibt es für einzelne Fachthemen Spezialisierungen, die ein spezifisches, themenbezogenes Fachwissen erfordern. Die entsprechenden Mitarbeiter:innen müssen ihr Wissen kontinuierlich an die aktuellen Anforderungen und Entwicklungen anpassen und durch regelmäßige Fortbildung auf dem neuesten Stand halten.

Zu 4. Aus- und Fortbildung

Für die Weiterentwicklung der Bibliotheken vor Ort und des Bibliothekswesens in den Bundesländern ist die Ausbildung und regelmäßige Fortbildung der Leitungskräfte und Mitarbeiter:innen in den Bibliotheken von besonderer Bedeutung. Die Konzeption und das Angebot eines entsprechenden Fortbildungsprogramms, das fortlaufend an die aktuellen Entwicklungen und den spezifischen Bedarf der unterschiedlich großen Bibliotheken im Zuständigkeitsbereich angepasst werden muss, ist deshalb besonders verantwortungsvoll und schwierig.

Hier ist es besonders wichtig, neue Entwicklungen und berufsbildende Trends frühzeitig zu erkennen und bedarfsgerechte und zielgruppenspezifische Angebote zu unterschiedlichen Themen zu entwickeln. Zudem sind hervorragende

Kenntnisse im Bibliothekswesen erforderlich, und die Auswirkungen auf die Qualität und Weiterentwicklung der Bibliotheksangebote im Zuständigkeitsbereich zu berücksichtigen.

Für die Konzeption und Durchführung von Fortbildungsveranstaltungen sind besondere didaktische und pädagogische Fähigkeiten sowie ein hohes Maß an Medienkompetenz erforderlich.

Zu 5. Bibliotheks- und Medienpädagogik

Die Bibliotheks- und Medienpädagogik hat in den Öffentlichen Bibliotheken eine zentrale Bedeutung, die auch weiterhin zunehmen wird. Bibliotheken sind neben Schulen, Kitas und Volkshochschulen zentrale Akteure bei der Sprachbildung, Leseförderung und Medienbildung von Kindern, Jugendlichen und Erwachsenen. Die Bedeutung dieses Aufgabenbereichs wird auch dadurch deutlich, dass die systematische Zusammenarbeit der Bibliotheken mit anderen Bildungspartnern zunehmend durch Kooperationsverträge oder -vereinbarungen gestärkt und verstetigt wird.

Die Bibliotheksfachstellen unterstützen die Bibliotheken dabei durch Beratung und Förderung sowie die Entwicklung und Bereitstellung zentraler Materialien (z. B. Muster für Kooperationsvereinbarungen) und z. T. durch die Entwicklung und Koordination regionaler oder landesweiter Sprach- und Leseförderaktionen sowie bibliotheks- und medienpädagogischer Projekte und Programme.

Zu 6. Veranstaltungsangebote und Öffentlichkeitsarbeit

Hierzu zählen die Konzeption und Koordination regionaler, landesweiter und ggf. bundesweiter Projekte und Aktionen z. T. in Kooperation mit anderen Partnern. Beispiele sind Bibliotheks- oder Literaturtage, Nacht der Bibliotheken, Sommerleseclubs, der Frederick Tag, Lesestart (in Kooperation mit der Stiftung Lesen) oder die Organisation von Lesereisen.

Die Bibliotheksfachstellen unterstützen die Bibliotheken dabei in ähnlicher Weise wie bei den unter Nr. 5 „Bibliotheks- und Medienpädagogik" genannten Aktionen und Programmen (siehe auch die dortigen Erläuterungen).

Zu 7. Bibliotheksförderung

Zahlreiche Bundesländer unterstützen die Bibliotheken im Land mit eigenen Förderprogrammen. Die Entwicklung der Förderprogramme und die Durchführung der Landesförderung inkl. der Entscheidung über die Förderanträge übernehmen in der Regel die Bibliotheksfachstellen bzw. sie sind zentral daran beteiligt. Die Aufgabe erfordert sehr gute Kenntnisse des Bibliothekswesens und ist mit einer sehr hohen Verantwortung verbunden.

Darüber hinaus beraten und unterstützen sie die Bibliotheken bei der Vermittlung und Nutzung von Förderprogrammen auf europäischer oder bundesweiter Ebene.

Zu 8. Medienangebote und Fachbibliothek

Die Bereitstellung spezieller Medienangebote wie z. B. Themen- oder Medienkisten, Klassensätzen, Tabletkoffern, Büchereirallyes, Bilderbuchkinos, Kamishibais etc. für die Bibliotheks- und Veranstaltungsarbeit oder eine Ergänzungsbücherei mit zusätzlichen Medienangeboten für kleine Bibliotheken sowie die Bereitstellung einer Fachbibliothek gehört zu den Aufgaben zahlreicher Bibliotheksfachstellen.

Besonders für kleine und mittlere Bibliotheken sind diese Angebote sehr wichtig, da sie hier auf zentrale Angebote zurückgreifen können, die sie selbst nicht in dieser Breite aufbauen und aktuell halten könnten.

Zu 9. Konsortialaufgaben und Verbünde

Regionale oder landesweite Verbünde und Konsortien von Bibliotheken gewinnen zunehmend an Bedeutung. Insbesondere bei digitalen Medien und Angeboten (wie z. B. der E-Medien-Ausleihe oder Datenbanken) ist es sinnvoll, dass Bibliotheken sich zusammenschließen und gemeinsame Services für die Bürger:innen anbieten.

Durch Bündelung der Ressourcen sind die Angebote attraktiver und es ist eine professionelle gemeinsame Werbung möglich. Es lassen sich für die beteiligten Bibliotheken günstigere Konditionen erzielen und durch arbeitsteilige Zusammenarbeit sind die Aufgaben für alle Verbundteilnehmer:innen leichter zu bewältigen.

Bibliotheksfachstellen sind hier beratend und unterstützend tätig und übernehmen häufig auch koordinierende Funktionen bis hin zur Leitung und Steuerung landesweiter Verbünde und Konsortien. Dazu gehört z. T. auch die Aushandlung von Konditionen und Verträgen inkl. rechtlicher Prüfung sowie die Vertretung des Verbunds oder Konsortiums nach außen.

Diese zentrale Funktion von Bibliotheksfachstellen wird mit der Zunahme digitaler Services und Medienangebote zukünftig weiter an Bedeutung gewinnen.

Tabellen der Arbeitsvorgänge (AV BF 1–BF 70)

1 Leitung und Management

Nr.	Arbeitsvorgang	Erläuterungen, Beispiele, Arbeitsschritte	Anforderungen, ggf. Wirkungen	Entgeltgruppe
BF 1	Leitung und Koordination von Projektteams und Arbeitsgruppen	Auch für Projektteams und Arbeitsgruppen mit externen Teilnehmenden	Vertretung der Fachstelle, Verantwortung für die Außenwirkung und Organisation	10, 11*
BF 2	Leitung und Organisation von ortsübergreifenden Arbeitskreisen, landesweiten und regionalen Tagungen		Vertretung der Fachstelle, Verantwortung für die Außenwirkung und Organisation deutlich über den Wirkungskreis der Fachstelle hinaus	12
BF 3	Repräsentation der Fachstelle in landes- und bundesweiten und internationalen Gremien und Arbeitskreisen	Sofern nicht Leitungsaufgabe	Repräsentation der Fachstelle, Verantwortung für die Außenwirkung, deutlich über den Wirkungskreis der Fachstelle hinaus	12
BF 4	Organisation der Betriebsabläufe	Erstellung von Geschäftsordnung, Geschäftsverteilungsplan, Vertretungsplänen, Dienstanweisungen etc.	Verantwortung für den reibungslosen Dienstbetrieb	12
BF 5	Einwerbung von Fördermitteln und Sponsorengeldern zur Umsetzung großer bibliotheksbezogener Projekte	Recherche und Auswahl potentieller und alternativer Finanzquellen, Fundraising	Eingehende und weitreichende Kenntnisse der Fördermöglichkeiten sowie der rechtlichen Grundlagen für Sponsoring; Bedeutung für die Durchführung zusätzlicher Angebote	13
BF 6	Leitung von Standorten, Abteilungen bzw. Referaten	Fach- und Dienstaufsicht; Entscheidung über interne Angelegenheiten des Standortes	Eingehende und weitreichende Kenntnisse im Bibliothekwesen inkl. aktueller Entwicklungen; Wissenschaftlicher Hochschulabschluss oder gleichwertige Fähigkeiten und Erfahrungen	13–14***
BF 7	Ständige Stellvertretung der Leitung	Entscheidung von Grundsatzfragen in zugewiesenen Aufgabengebieten; Fach- und Dienstaufsicht in zugewiesenen Aufgabengebieten. Eine reine Abwesenheitsvertretung erfüllt dies nicht.	Eingehende und weitreichende Kenntnisse im Bibliothekwesen inkl. aktueller Entwicklungen; Wissenschaftlicher Hochschulabschluss oder gleichwertige Fähigkeiten und Erfahrungen	13–14***

---

* je nach Zeitanteil, s. I.3 Erfassung von Arbeitsvorgängen.
** „Vielseitigkeit", s. I.2.7 Tätigkeitsmerkmale des Tätigkeitsstrangs.
*** je nach Aufgaben-/Organisationsstruktur, s. II. Leitung.

Nr.	Arbeitsvorgang	Erläuterungen, Beispiele, Arbeitsschritte	Anforderungen, ggf. Wirkungen	Entgeltgruppe
BF 8	Leitung der Bibliotheksfachstelle	Entscheidung von Grundsatzfragen Fach- und Dienstaufsicht Repräsentation der Fachstelle bei Lobbyarbeit und repräsentativen Anlässen und Dienstbesprechungen (interne und externe Adressaten) Haushalts- und Etatverantwortung inkl. Planung Verantwortung für die Presse- und Öffentlichkeitsarbeit	Weitgespannte und hochspezialisierte Kenntnisse im Bibliothekwesen inkl. aktueller Entwicklungen Wissenschaftlicher Hochschulabschluss oder gleichwertige Fähigkeiten und Erfahrungen Mindestens Tätigkeiten mit besonderer Schwierigkeit und Bedeutung als Heraushebung aus der 13	14–15***
	Koordination landesweiter Projekte und Aktionen	s. BF 44		

2 Verwaltung

Nr.	Arbeitsvorgang	Erläuterungen, Beispiele, Arbeitsschritte	Anforderungen, ggf. Wirkungen	Entgeltgruppe
BF 9	Pflege von Adressdatenbank und Mailinglisten	Einpflegen von Änderungen, An-, Um- und Abmeldungen,	Fundierte Kenntnisse der eingesetzten Datenbank und Mailinglistenverwaltungspogramme	5, 6**
BF 10	Personalverwaltung	Ansprechpartner für die Mitarbeiter/innen in Bezug auf Fehlzeiten und Fehlbuchungen, Administration der Fehlzeiten und Abwesenheiten (Urlaub, Krankheit u. Ä.), Fehlermanagement im Zeiterfassungssystem, Berechnung von Zeitzuschlägen, Controlling von Stammdaten sowie Reporting	Fundierte Kenntnisse der gesetzlichen Grundlagen (v. a. ArbZG, JArbSchG, MuSchG), Verwaltungs- und Haushaltsvorschriften sowie der relevanten Dienstanweisungen und deren praktische Anwendung	5, 6**
BF 11	Bearbeitung allgemeiner Verwaltungsangelegenheiten	Materialbeschaffung und Verwaltung, Preis- und Qualitätsvergleiche, Organisation und Durchführung der Aktenablage	Fundierte Kenntnisse des Vergaberechts, der Verwaltungs- und Haushaltsvorschriften, des Aktenplanes, der Aufbewahrungsregelungen und ggf. des Digitalen Management Systems sowie der relevanten Dienstanweisungen	5, 6**
BF 13	Buchführung und Bearbeitung steuerlicher und ähnlicher Sachverhalte	Kontierung der Buchungen, Erstellen von Auszahlungs- und Annahmeanordnungen, Führen des Rechnungseingangsbuchs, Rechnungserstellung; Umsatzsteuervoranmeldung, Künstlersozialkasse, VG Wort	Fundierte Kenntnisse des Haushaltsrechts, Grundlagen des Steuerrechts, der Verwaltungs- und Haushaltsvorschriften sowie der relevanten Dienstanweisungen	5, 6**
BF 14	Bearbeitung von haushaltsrechtlichen Sachverhalten	Das Kassenwesen umfasst alle Arbeitsvorgänge von der Sollstellung über die Bearbeitung von Zahlungseingängen bis zur Prüfung von Kassen und Erteilung von Kassenermächtigungen	Genaue und vielfältige Kenntnisse des Haushaltsrechts, der Verwaltungs- und Haushaltsvorschriften sowie der relevanten Dienstanweisungen und deren praktische Anwendung mit Entscheidungsspielräumen	L: 8, 9a* VKA: 7, 8, 9a*

---

* je nach Zeitanteil, s. I.3 Erfassung von Arbeitsvorgängen.
** „Vielseitigkeit", s. I.2.7 Tätigkeitsmerkmale des Tätigkeitsstrangs.
*** je nach Aufgaben-/Organisationsstruktur, s. II. Leitung.

3 Fachberatung

Nr.	Arbeitsvorgang	Erläuterungen, Beispiele, Arbeitsschritte	Anforderungen, ggf. Wirkungen	Entgeltgruppe
BF 15	Deutsche Bibliotheksstatistik	Eingabe, Sichtung und Prüfung der Daten zur jährlichen Deutschen Bibliotheksstatistik z. B. für nebenamtliche Bibliotheken		L: 9b FG 1 VKA: 9c
BF 16	Fachberatung zur Bibliotheksorganisation, -betrieb und -management	In den Bereichen Budget und Finanzierung, Personal und Öffnungszeiten, Mitteleinsatz allgemein (Gebührenstruktur, Förderkontingente, Sponsoring), Arbeitsorganisation und Abläufe in der Bibliothek, Instrumente des Controllings; Fachberatung bei der Erhebung, Prüfung, Auswertung und Interpretation statistischer Daten (z. B. Deutsche Bibliotheksstatistik) zur argumentativen Untermauerung von Projekten, bzw. Jahresberichten. Auch Gesamtauswertungen der Deutschen Bibliotheksstatistik	Spezialisierte, hervorragende Kenntnisse im Bibliotheksmanagement, in der Ablaufplanung, Betriebsorganisation Umsetzung von Strategien Auswirkung auf die Bibliotheken im Zuständigkeitsgebiet	10, 11*
BF 17	Bau- und Einrichtungsberatung	Vermittlung fachlicher Empfehlung und deren Anpassung an orts- und bauspezifische Rahmenbedingungen; Fachliche Stellungnahmen zum Bauen im Bestand, Sanierungen, Neubauten Prüfung und Bewertung von Planungsentwürfen; Teilnahme an Planungssitzungen mit Entscheidungsträger:innen und Fachplaner:innen Marktsichtung und Bewertung für Möblierung	Umfangreiche Kenntnis entsprechender Normen (z. B. DIN 67700) und Entwicklungen Auswirkung auf die Organisation und die Aufenthaltsqualität der Bibliotheken	10, 11*
BF 18	Fachberatung bei Bestandsaufbau (digital und analog)	z. B. zu Gewichtung, neue Trends, kontinuierliche Marktsichtung, Gesamtkonzept für analoge und digitale Medienausstattung, Bestandsrevisionen, Erstellung von Empfehlungs- und Löschlisten; Beratung der Bibliotheken hinsichtlich des Einsatzes von Digitalen Diensten und Datenbanken s. a. BF 67	Spezialisierte, hervorragende Kenntnis aktueller Bestandskonzepte und des Medienmarktes, Auswirkung auf die Qualität und Attraktivität der Bibliotheken	10, 11*
BF 19	Technik- und IT-Beratung	Konzeption und Empfehlung für technische und Software-Ausstattung (RFID, Digitalisierungs- und Veranstaltungstechnik)	Spezialisierte, hervorragende Kenntnis des aktuellen Standes der Technik, Auswirkung auf die Organisation der Bibliotheken	10, 11*
BF 20	Fachberatung bei Bibliothekskonzeption und -entwicklung	Erarbeitung von zeitgemäßen Bibliothekskonzeptionen für politische Entscheidungsträger:innen und Bibliotheksleitungen; Beratung zu Möglichkeiten, Chancen und Risiken interkommunaler Zusammenarbeit; Fachberatung bei der Erstellung von Leitbildern und Neukonzeptionen; Beratung zur Initiierung von Lobbyarbeit und Vernetzung vor Ort (Runder Tisch, Fördervereine, Bibliothekspartnerschaften)	Grundlegende Weiterentwicklung von Bibliothekskonzepten Herausragende Kenntnis aktueller Entwicklungen Konzeption zukunftsorientierter, nachhaltiger Lösungen für Bibliotheksentwicklung und -angebote	12

* je nach Zeitanteil, s. I.3 Erfassung von Arbeitsvorgängen.
** „Vielseitigkeit", s. I.2.7 Tätigkeitsmerkmale des Tätigkeitsstrangs.
*** je nach Aufgaben-/Organisationsstruktur, s. II. Leitung.

Nr.	Arbeitsvorgang	Erläuterungen, Beispiele, Arbeitsschritte	Anforderungen, ggf. Wirkungen	Entgeltgruppe
	Fachberatung zur beruflichen Ausbildung	s. III.4 Aus- und Fortbildung		
	Fachberatung zu bibliothekspädagogischen Angeboten	s. III.5 Bibliotheks- und Medienpädagogik		
	Fachberatung zur Veranstaltungs- und Öffentlichkeitsarbeit	s. III.6 Veranstaltungsangebote und Öffentlichkeitsarbeit		
	Fachberatung der Bibliotheken hinsichtlich der Gründung von Verbünden und Konsortien für digitale Dienste	s. BF 66		

4 Aus- und Fortbildung

Nr.	Arbeitsvorgang	Erläuterungen, Beispiele, Arbeitsschritte	Anforderungen, ggf. Wirkungen	Entgeltgruppe
BF 21	Führen der Anmeldeliste, Beantworten von Anfragen	Verwaltungstätigkeit	Grundlage der Planung und ggf. notwendig für Reaktion bei ausgebuchten Angeboten, ggf. Führen der Warteliste	5, 6**
BF 22	Vorbereitung des Raumes, Bewirtung	Organisieren von Getränken etc. Abklären der zu treffenden Vorbereitungen mit den zuständigen Personen (z. B. Hausdienst)	Fundierte Kenntnis der Organisationsstruktur, Auswirkungen auf Veranstaltung	5, 6**
BF 23	Veröffentlichung der Veranstaltung und Information der Bibliotheken	Erstellen von Veranstaltungsankündigungen für Fortbildungsangebote und Publikation über alle Kanäle (z. B. Website, Newsletter, Social Media)	Umfangreiche Kenntnisse der Öffentlichkeitsarbeit und der Regelungen für Veröffentlichungen, Auswirkungen auf Anmeldezahlen	L: 9b FG 2/3 VKA: 9b
BF 24	Vorbereitung der Technik, Betreuung des/der Vortragenden	Prüfung der Funktionsfähigkeit der Technik Begrüßung und Betreuung	Eingehende Kenntnis der eingesetzten Technik. Auswirkungen auf reibungslosen Ablauf der Veranstaltung und deren inhaltliche Qualität	L: 9b FG 2/3 VKA: 9b 9b
BF 25	Nachbereitung und Evaluation	Teilnehmerliste, Feedback einholen, Seminarunterlagen versenden, Evaluation Interne Dokumentation und fachgerechte Archivierung der Ergebnisse der Fortbildung; Initiierung von weiterführenden Fortbildungen aus Folgebedarfsanalysen	Didaktische Kenntnisse und der Evaluationsmethoden, analytische Fähigkeiten. Auswirkungen auf zukünftige Angebote und Qualität des Fortbildungsprogrammes	L: 9b FG 1 VKA: 9c

---

* je nach Zeitanteil, s. I.3 Erfassung von Arbeitsvorgängen.
** „Vielseitigkeit", s. I.2.7 Tätigkeitsmerkmale des Tätigkeitsstrangs.
*** je nach Aufgaben-/Organisationsstruktur, s. II. Leitung.

Nr.	Arbeitsvorgang	Erläuterungen, Beispiele, Arbeitsschritte	Anforderungen, ggf. Wirkungen	Entgeltgruppe
BF 26	**Konzeption und Durchführung von Fortbildungsangeboten, Schulungen und Seminaren für Dritte oder Interne**	Bedarfsermittlung Schulungen, Seminare sowohl für Dritte als auch für Interne, z. B. Bibliotheks- und Medienpädagogik; einzelne Angebote, Grundlagenschulungen, Referententätigkeit im bibliothekarischen Umfeld, Dokumentation, fachliche Aufbereitung und Zusammenfassung der Fortbildungsinhalte für die Teilnehmenden mit Abklärung der Urheberrechte Vertrags- und Honorarverhandlungen und -abschlüsse; Ablaufkoordination und Organisation einzelner Fortbildungen; Anfragen von Referent:innen und Seminarleiter:innen, Verhandeln von Konditionen (Termin, Ablauf, Seminarunterlagen, Honorar, Anreise, Übernachtung) Bundesweite Marktsondierung und Bewertung von Fachreferenten und Kooperationspartnern	Didaktische, pädagogische und rhetorische Kenntnisse, hohe Medienkompetenz Auswirkungen auf den Wissensstand von Bibliotheksbeschäftigten im Zuständigkeitsbereich und damit auf die Qualität der Bibliotheksarbeit	12
BF 27	**Zentrale Steuerung des Fortbildungsmanagements für die öffentlichen Bibliotheken im Zuständigkeitsbereich**	Konzeption und Erstellung des Fortbildungsprogramms mit Fortbildungsveranstaltungen unterschiedlichen Formats Analyse und Auswertung von Innovationsprojekten und berufsbildenden Trends zur bedarfsgerechten und zielgruppenspezifischen Auswahl von Fortbildungsangeboten; Marktsichtung Ausmachen aktueller, zukunftsweisender Trends und Themen, Festlegung auf geeignete Referenten und Bewertung; Budgetverantwortung	Bewertungsfähigkeit für Angebote und Arten der Fortbildungen, Umfangreiche Kenntnisse im Bibliothekswesen und insbesondere aktueller Entwicklungen auf akademischem Niveau. Auswirkungen auf die Qualität sowie die Neu- und Weiterentwicklung von Bibliotheksangeboten im Zuständigkeitsbereich	13
BF 28	**Beratung zu Ausbildungsanfragen für die Berufsbilder Fachangestellte für Medien- und Informationsdienste und Bachelor of Arts/Science Bibliotheks- und Informationsmanagement sowie Weiterbildung und -qualifizierung**	Beratung von bzw. Beantwortung von Anfragen von Interessent:innen für die spezifischen Berufe/Studiengänge	Umfangreiche Kenntnisse des Berufsbildungsgesetzes und des Ausbildungsrahmenplanes sowie der Studieninhalte. Verantwortung für die Gewinnung von Fachkräftenachwuchs	10, 11*
BF 29	**Mitarbeit in ausbildungsrelevanten Gremien**	z. B. Berufsbildungsausschuss, Prüfungsausschuss, Gremien zur Evaluation und/oder Weiterentwicklung der Ausbildungsgänge	Umfangreiche Kenntnisse des Berufsbildungsgesetzes und des Ausbildungsrahmenplanes. Verantwortung für Qualität der Ausbildung und für die Qualifikationsmöglichkeiten einzelner Personen	10, 11*

---

* je nach Zeitanteil, s. I.3 Erfassung von Arbeitsvorgängen.
** „Vielseitigkeit", s. I.2.7 Tätigkeitsmerkmale des Tätigkeitsstrangs.
*** je nach Aufgaben-/Organisationsstruktur, s. II. Leitung.

Nr.	Arbeitsvorgang	Erläuterungen, Beispiele, Arbeitsschritte	Anforderungen, ggf. Wirkungen	Entgeltgruppe
BF 30	Ausbildungsberatung Fachangestellte für Medien- und Informationsdienste	Ausbildungsberatung gemäß BBiG auch im Auftrag der Zuständigen Stelle für die berufliche Bildung Fachberatung zu allen Ausbildungsthemen für die Ausbildungsbeauftragten mit Konfliktmanagement Ansprechpartner für Fachfragen zur Ausbildung für Auszubildende, Ausbilder, Kommunen, Berufsschule und Zuständige Stelle	Herausragende Kenntnisse des Berufsbildungsgesetzes und des Ausbildungsrahmenplanes. Hohe Verantwortung für die Qualität der Ausbildung in den Bibliotheken und somit auch für Fachkräftenachwuchs	12
BF 31	Gutachterliche Tätigkeit in Bezug auf Ausbildungsangelegenheiten	Gutachterliche Tätigkeit z. B. für Ausbilder, Ausbildungsstätten, Ausbildungsverlauf, Zulassung als Ausbildungsstätte, Anerkennung von ausländischen Bildungsabschlüssen im Bereich öffentliche Bibliothek, Zulassung externer Prüfungsteilnehmer	Herausragende Kenntnisse des Berufsbildungsgesetzes und des Ausbildungsrahmenplanes. Hohe Verantwortung für Qualität der Ausbildung und auf die Qualifikationsmöglichkeiten einzelner Personen	12

5 Bibliotheks- und Medienpädagogik

Nr.	Arbeitsvorgang	Erläuterungen, Beispiele, Arbeitsschritte	Anforderungen, ggf. Wirkungen	Entgeltgruppe
BF 32	Beratung von Bibliotheken in bibliotheks- und medienpädagogischen Fragen und zum Einsatz neuer Medien	z. B. zur Erstellung von alters- und schulspezifischen Bibliotheksangeboten, zu bibliotheks- und medienpädagogischen Konzepten etc.	Umfangreiche bibliotheks- und medienpädagogische Kenntnisse bzw. mehrjährige Erfahrungen in bibliotheks- und medienpädagogischen Tätigkeiten und im Einsatz neuer Medien Auswirkungen auf den Bildungsstand und den Stellenwert der Bibliotheken	10, 11*
BF 33	Initiierung, Unterstützung und Begleitung von Bildungspartnerschaften zur Zusammenarbeit von Bibliotheken mit Schulen und Kitas	Konzeption und Erstellung von Arbeitshilfen z. B. „Bildungspartner Bibliothek" inkl. Vertragsentwürfen für Kooperationsverträge von Bibliotheken zur Verstetigung der Zusammenarbeit mit Schulen und Kitas	Umfangreiche Kenntnisse der Bibliotheken und der Anforderungen von Schulen und Kitas im Land (inkl. Lehrplänen und Bildungskonzepten); Konzeptionelles Denken, gutes Kommunikations- und Verhandlungsgeschick. Auswirkungen auf den Bildungsstand und den Stellenwert der Bibliotheken	10, 11*
BF 34	Konzeption und Erstellung von Angeboten für die bibliotheks- und medienpädagogische Arbeit von Bibliotheken	z. B. Bilderbuchkinos, Kamishibais, Geschichtenkoffer, Erzählkoffer, Tablet-Koffer, Mobile Makerspaces und MINT-Kisten, Themenkisten oder Sprachen-Lernkisten für verschiedene Unterrichtsthemen und Klassenstufen etc.; ggf. inkl. Erstellung von didaktischen Begleitmaterialien auch in digitaler Form	Umfangreiche bibliotheks- und medienpädagogische Kenntnisse bzw. mehrjährige Erfahrungen in bibliotheks- und medienpädagogischen Tätigkeiten und im Einsatz der betreffenden Medien Auswirkungen auf die Qualität der Bibliotheksangebote	10, 11*

* je nach Zeitanteil, s. I.3 Erfassung von Arbeitsvorgängen.
** „Vielseitigkeit", s. I.2.7 Tätigkeitsmerkmale des Tätigkeitsstrangs.
*** je nach Aufgaben-/Organisationsstruktur, s. II. Leitung.

Nr.	Arbeitsvorgang	Erläuterungen, Beispiele, Arbeitsschritte	Anforderungen, ggf. Wirkungen	Entgeltgruppe
BF 35	Konzeption und Entwicklung einzelner bibliotheks- und medienpädagogischer Angebote für Bibliotheken	Unter Berücksichtigung der schulischen Curricula Konzeption altersentsprechender Angebote mit Bezug zu Bildungs- bzw. Orientierungsplänen unter Berücksichtigung bibliotheks- und medienpädagogischer Aspekte; Entwicklung von didaktischen Lernaufgaben; Pilotanwendung; Konzeption und Erstellung von Aktionen und Materialien zur Sprach- und Leseförderung	Pädagogische, medienpädagogische und didaktische Kenntnisse bzw. eine psychologisch-pädagogische Vorbildung auf akademischem Niveau bzw. langjährige Erfahrung im Umgang mit verschiedenen Zielgruppen sowie verschiedenen Schulformen. Umfangreiche und deutlich herausragende Kenntnisse des Bibliothekswesens in der Region bzw. im Land	13
BF 36	Konzeption und Entwicklung eines bibliothekspädagogischen Gesamtprogramms für verschiedene Altersgruppen und Klassenstufen	z. B. Stufenprogramm zur Leseförderung und Medienbildung mit Modulen für Kinder und Jugendliche bis 16 Jahren, unter Berücksichtigung altersspezifischer und didaktischer Anforderungen	Pädagogische, medienpädagogische und didaktische Kenntnisse bzw. eine psychologisch-pädagogische Vorbildung bzw. langjährige Erfahrung im Umgang mit verschiedenen Zielgruppen sowie verschiedenen Schulformen	13
BF 37	Entwicklung und Koordination landesweiter Sprach- und Leseförderaktionen sowie bibliotheks- und medienpädagogischer Projekte inkl. Leitung entsprechender AGs sowie Weiterentwicklung und Evaluation der Projekte	z. B. Leseförderung und Medienbildung, Medienkomp@ss RLP in Bibliotheken, Lesesommer RLP, Heiss auf Lesen, Aktion Schultüte, Dezembergeschichten und Adventskalender, auch Projekte für besondere Zielgruppen wie z. B. Senioren, Analphabeten, Flüchtlinge etc., Entwicklung der Projekte auch in Zusammenarbeit mit anderen regional bzw. landes- oder bundesweit tätigen Kooperationspartnern; s. a. AV BF 44	Pädagogische, medienpädagogische und didaktische Kenntnisse bzw. eine psychologisch-pädagogische Vorbildung bzw. langjährige Erfahrung im Umgang mit verschiedenen Zielgruppen sowie verschiedenen Schulformen. Umfangreiche und deutlich herausragende Kenntnisse der landesweiten Bibliotheksstruktur und der Anforderungen und Möglichkeiten großer und kleiner Bibliotheken. Sehr gutes Kommunikations- und Verhandlungsgeschick. Bedeutungsvoll für die Qualität und den Erfolg entsprechender Angebote	13
	Einwerbung von Fördermitteln und Sponsorengeldern für große bibliotheks- und medienpädagogische Projekte inkl. Verteilung und Abrechnung der Mittel	s. BF 5		
	Ausleihe von Angeboten für die bibliotheks- und medienpädagogische Arbeit von Bibliotheken	s. BF 59		
	Konzeption und Durchführung bibliotheks- und medienpädagogischer Fortbildungsprogramme und Tagungen zur Thematik	s. BF 26		
	Leitung regionaler bzw. landesweiter AGs zur Bibliotheks- und Medienpädagogik	s. BF 2		

---

* je nach Zeitanteil, s. I.3 Erfassung von Arbeitsvorgängen.
** „Vielseitigkeit", s. I.2.7 Tätigkeitsmerkmale des Tätigkeitsstrangs.
*** je nach Aufgaben-/Organisationsstruktur, s. II. Leitung.

6 Veranstaltungsangebote und Öffentlichkeitsarbeit

Nr.	Arbeitsvorgang	Erläuterungen, Beispiele, Arbeitsschritte	Anforderungen, ggf. Wirkungen	Entgeltgruppe
BF 38	Vorbereitung und Beauftragung von Werbematerialien inkl. zentraler Beschaffung und Verteilung	Werbematerialien aussuchen, ggf. nach Vorlage gestalten und bestellen bei professionellen Druckereien u. a. unter Berücksichtigung der Copyright- und Abgaberegelungen (GEMA, VG Wort, Künstlersozialkasse, etc.)	Fundierte und vielfältige Kenntnisse der Arbeiten nach Vorgaben, eigenverantwortliche Gestaltung des Layouts	L: 8, 9a* VKA: 7, 8, 9a*
BF 39	Beratung und Unterstützung bei der Auswahl und Durchführung einzelner Veranstaltungen	Beratung zu Präsentation und Marketing der Angebote inklusive Publikationserstellung als Print- und Online-Ressource Hinweis auf die zu berücksichtigenden Copyright- und Abgaberegelungen (GEMA, VG Wort, Künstlersozialkasse, etc.)	Breite Kenntnis des Veranstaltungs- und Medienmarktes, aktueller Themen und/oder Autor:innen, der lokalen Bedürfnisse und Rahmenbedingungen der Bibliotheken sowie der lokalen und regionalen Kulturkonzeptionen Verantwortungsvolle Aufgabe mit hoher Außenwirkung	10,11*
BF 40	Pressearbeit inklusive Erstellung und Betreuung von Blogs und Auftritten in sozialen Netzwerken	Aufbau und Pflege von Kontakten zu den Presseorganen, Entwurf/Abfassung von schriftlichen Pressemitteilungen von Informationen und Meldungen für den Rundfunk, das Internet, regelmäßige Einträge in Blogs und sozialen Netzwerken	Befähigung, Fragestellungen und Sachverhalte verantwortungsvoll in angemessener Form für die Zielgruppen darzustellen, Verantwortung für die Außenwirkung	10, 11*
BF 41	Anfertigung von Werbematerialien	Konzeptionierung und Entwurf von schriftlichen und / oder grafischen Materialien, z. B. Handzettel oder Plakate für Veranstaltungen für die Öffentlichkeit unter Berücksichtigung und Umsetzung der Vorgaben eines evtl. zu beachtenden visuellen Erscheinungsbildes	Hervorragende Kenntnisse und Umsetzung der Gestaltung von Materialien im Gebiet der Werbung / Public Relations. Die Anforderungen liegen unterhalb der Anforderungen an Grafikdesigner:innen	10, 11*
BF 42	Beratung und Unterstützung bei der Ausarbeitung eines Veranstaltungskonzepts oder einer Veranstaltungsreihe	Für Angebote der Bibliotheken unter Berücksichtigung des jeweiligen Bibliotheksprofils. Vermittlung eines Überblicks über die z. Z. auf dem Veranstaltungsmarkt befindlichen Möglichkeiten und Unterstützung bei der Programmauswahl	Herausragende Kenntnisse der Erarbeitung von Konzeptionen, des Veranstaltungs- und Medienmarktes, aktueller Themen und/oder Autor:innen sowie der lokalen Bedürfnisse und Rahmenbedingungen der Bibliotheken	12

---

* je nach Zeitanteil, s. I.3 Erfassung von Arbeitsvorgängen.
** „Vielseitigkeit", s. I.2.7 Tätigkeitsmerkmale des Tätigkeitsstrangs.
*** je nach Aufgaben-/Organisationsstruktur, s. II. Leitung.

Nr.	Arbeitsvorgang	Erläuterungen, Beispiele, Arbeitsschritte	Anforderungen, ggf. Wirkungen	Entgeltgruppe
BF 43	Programmkonzeption, Planung, Erstellung und Organisation markt- und bedarfsorientierter Veranstaltungsformate sowie Evaluation für die Bibliotheken	Planung und Koordination sämtlicher Veranstaltungen im Bereich der Programmarbeit z. B von Lesereisen ggf. einschließlich Reiseplanung, Hotelbuchung. Erarbeiten des Programm- und Terminablaufs aller Veranstaltungsformate; Kontaktarbeit mit überregionalen Ansprechpartner:innen Nachbereitung und Evaluation mit Erhebung und Auswertung der statistischen Daten aus Kunden-Feedback Auswahl und Entscheidung für differenzierte Zielgruppenbedürfnisse unter finanzplanerischen Aspekten Honorar- und Vertragsverhandlungen und -abschlüsse Ansprechpartner:in für Bibliotheken, Bibliotheksträger, Autor:innen, Veranstalter:innen etc.	Analytische Kenntnisse und Fähigkeiten Umfangreiche und deutlich herausragende Kenntnisse der Erarbeitung von Konzeptionen, des Veranstaltungs- und Medienmarktes, aktueller Themen und/oder Autor:innen und Bedürfnisse der Bibliotheken sowie der lokalen und regionalen Kulturkonzeptionen	13
BF 44	Konzeption und Koordination landes- und evtl. bundesweiter Kampagnen und Formate s. a. BF 34	z. B. Bibliothekstage, Nacht der Bibliotheken, Literaturtage, Frederik-Tag etc.	Analytische Kenntnisse und Fähigkeiten Hohes Organisations- und Kommunikationsgeschick, hohe Belastbarkeit Breite Öffentlichkeitswirkung	13
	Pflege von Adressdatenbank und Mailinglisten	s. BF 9		
	Planung, Beratung und Konzeption bibliothekspädagogischer Angebote	s. III.5 Bibliotheks- und Medienpädagogik		
	Betreuung von Zuschüssen/Landesmitteln für die Veranstaltungsarbeit	s. III.7 Bibliotheksförderung		

7 Bibliotheksförderung

Nr.	Arbeitsvorgang	Erläuterungen, Beispiele, Arbeitsschritte	Anforderungen, ggf. Wirkungen	Entgeltgruppe
BF 45	Erstellung der Bewilligungsbescheide	Aufgrund der erfolgten Förderentscheidungen	Fundierte Kenntnisse der anzuwendenden Regelungen und Vorgaben	5, 6**
BF 46	Rechnerische Prüfung der Verwendungsnachweise	Verwaltungstätigkeit	Fundierte Kenntnisse der anzuwendenden Regelungen und Vorgaben	5, 6**
BF 47	Formale, sachliche und rechnerische Prüfung der Anträge	Formale Überprüfung, ob Antrag gemäß Förderrichtlinien gestellt ist	Tiefere Kenntnisse der Förderprogramme und Förderkriterien sowie im Zuwendungsrecht	L: 8, 9a*; VKA 7, 8, 9a*

---

* je nach Zeitanteil, s. I.3 Erfassung von Arbeitsvorgängen.
** „Vielseitigkeit", s. I.2.7 Tätigkeitsmerkmale des Tätigkeitsstrangs.
*** je nach Aufgaben-/Organisationsstruktur, s. II. Leitung.

Nr.	Arbeitsvorgang	Erläuterungen, Beispiele, Arbeitsschritte	Anforderungen, ggf. Wirkungen	Entgeltgruppe
BF 48	Information und Beratung über Förderprogramme und Fördermaßnahmen der Bibliotheksfachstelle, Vermittlung von Antragsunterlagen (inkl. Durchführung von Infoveranstaltungen)	Rechtzeitige und ausführliche Information über neue Fördermöglichkeiten und Termine. Hilfe und Beratung bei der Antragstellung	Spezialisierte und hervorragende Kenntnisse der Fördermöglichkeiten und Förderprogramme. Auswirkungen auf Erfolg von Förderanträgen	10, 11*
BF 49	Fachliche Prüfung über die Verwendung der Mittel	Ggf. auch Entscheidung über Rückforderungen	Spezialisierte und hervorragende Kenntnisse der Förderprogramme und des Zuwendungsrechts, ggf. rechtliche oder finanzielle Auswirkungen der Prüfung (z. B. Rückforderungen)	10, 11*
BF 50	Beratung im Bereich Bibliotheksförderung (z. B. Förderprogramme des Landes, Bundesprogramme, EU-Programme etc.) und der Antragstellung	Laufende Marktsichtung und Information über neue Fördermöglichkeiten und -programme im Hinblick auf die Bibliotheken des Betreuungsbereichs	Herausragende und vertiefte Kenntnis der in Frage kommenden Förderprogramme inkl. Förderkriterien im Land, auf Bundes- und EU-Ebene, auch der Förderprogramme von Stiftungen etc.	12
BF 51	Entscheidung über die Zuwendungen	Unter Berücksichtigung der verfügbaren Mittel und der Gesamtheit der Zuwendungsanträge	Herausragende und vertiefte Kenntnisse der Förderprogramm und des Zuwendungsrechts. Hohe Verantwortung und Entscheidungskompetenz	12
BF 52	Entwicklung, Betreuung, Koordination und Evaluation von Förderprogrammen des Landes	z. B. Entwicklung neuer Förderprogramme bzw. fortlaufende Weiterentwicklung der Bibliotheksförderung in Abstimmung mit den kultur- und bildungspolitischen Zielen des Landes	Umfangreiche und deutlich herausragende Kenntnisse des Bibliothekswesens auf wissenschaftlichem Niveau inkl. vorhandener Defizite bzw. Entwicklungspotentiale im Land. Selbstständige und eigenverantwortliche Leistung. Sehr hohe Verantwortung und Entscheidungskompetenz	13

8 Medienangebote und Fachbibliothek

Nr.	Arbeitsvorgang	Erläuterungen, Beispiele, Arbeitsschritte	Anforderungen, ggf. Wirkungen	Entgeltgruppe
BF 53	Vorakzession	Überprüfung an Bestands- bzw. Bestelldateien; ggf. durch automatisierten Dublettenabgleich bzw. Leistungen Dritter	Fundierte Kenntnisse der bibliografischen Beschreibung	5, 6*
BF 54	Mahnung von Bestellungen	Eine Norm für Art und Häufigkeit der Mahnungen ist technisch gegeben	Fundierte Kenntnisse der Ablauforganisation bei Bestellung und Zugang sowie des Erwerbungssystems	5, 6*
BF 55	Technische Medienbearbeitung bis zur Ausleihfertigkeit	Folieren, Verstärken, Einkleben von Beilagentaschen, Barcode- und Sicherungsetiketten, RFID-Transponder; Beachtung der Besonderheiten beim Einarbeiten von Nicht-Buch-Medien, Erstellen von Signaturschildern und Sonderbeschriftungen, Schlusskontrolle	Fundierte Kenntnisse des gesamten Bearbeitungsgangs von Medien	5, 6*

* je nach Zeitanteil, s. I.3 Erfassung von Arbeitsvorgängen.
** „Vielseitigkeit", s. I.2.7 Tätigkeitsmerkmale des Tätigkeitsstrangs.
*** je nach Aufgaben-/Organisationsstruktur, s. II. Leitung.

Nr.	Arbeitsvorgang	Erläuterungen, Beispiele, Arbeitsschritte	Anforderungen, ggf. Wirkungen	Entgeltgruppe
BF 56	Preisvergleich bei nicht preisgebundenen Medien	Erstellung einer Pauschalabfrage bzw. Recherche für Einzeltitel	gute Kenntnisse des Medienmarktes, der Lieferanten- und Bezugsmöglichkeiten; Festlegung und Beschreibung der zu erbringenden Leistung	5, 6*
BF 57	Übernahme von Fremddaten als Bestelldaten	Recherche und Überprüfung in Bestandsdateien	Fundierte und vielfältige Kenntnisse der bibliografischen Beschreibung zur Beurteilung der selbstständigen Übernahme	L: 8, 9a*; VKA: 7, 8, 9a*
BF 58	Bibliografische Erfassung nach RDA für einteilige Monografien	Erstellen eines bibliografischen Datensatzes bzw. Überprüfung eines bibliografischen Datensatzes und Vergleich mit dem vorliegenden Exemplar bei Nutzung von Fremddaten	Fundierte und vielfältige Kenntnisse des Regelwerks und selbständige Anwendung des RDA Toolkits unter Beachtung und Interpretation lokaler, ggf. regionaler Festlegungen	L: 8, 9a*; VKA: 7, 8, 9a*
BF 59	Ausleihe von Medienangeboten der Fachstelle	Terminierung der Ausleihe Erstellung der Ausleihstatistik Verpackung und Versand	fundierte und vielfältige Kenntnisse im Verfahren der Ausleihe von Medienangeboten sowie der Ablauforganisation; Anwendung dieser Kenntnisse in Eigenverantwortung beim komplexen Ineinandergreifen einer Vielzahl von Prozessen unter Berücksichtigung von Terminwünschen	L: 8, 9a*; VKA: 7, 8, 9a*
BF 60	Bibliografische Erfassung nach RDA für mehrteilige Monografien und monografische Reihen sowie für Integrierende Ressourcen und / oder Medien mit komplexen Erfassungsschemata	Erstellung bzw. Überprüfung eines bibliografischen Datensatzes und Vergleich mit dem vorliegenden Exemplar	Breit angelegte Kenntnisse des Regelwerks und selbständige Anwendung des RDA Toolkits unter Beachtung und Interpretation lokaler, ggf. regionaler Festlegungen	L: 9b FG 1 VKA: 9c
BF 61	Inhaltliche Erschließung von Fachbeständen	Klassifizierung / Systematisierung von physischen Medien anhand gebräuchlicher oder individueller Klassifikation und / oder Vergabe von Schlagwörtern zur verbalen Sacherschließung unter Einbeziehung der Normdateien	Breit angelegte Kenntnisse der angewandten Systematik; Entscheidungskompetenz über infrage kommende Systematikstellen	L: 9b FG 1 VKA: 9c
BF 62	Bestandsaufbau und -pflege	Sowohl für die Fachbibliothek ggf. auch als Dienstleistung für Bibliotheken Entscheidungsfindung aufgrund umfangreicher Quellen, die bereits die Marktsichtung und Begutachtung berücksichtigt haben. Beinhaltet auch Bestandsabbau Überprüfung des Bestandes auf technische und inhaltliche Veralterung, Nutzung und Erscheinungsbild; ggf. Hinweise zur Ergänzung entstehender Bestandslücken	Hervorragende Kenntnisse des Medienmarktes und des Bestandsaufbaus; Analyse der Kongruenz von Bedarfen und Angeboten	10, 11*
BF 63	Pflege und Aktualisierung der individuellen Klassifikation bzw. individueller Überarbeitungen	Erarbeiten eigener sowie Bearbeiten von Änderungsvorschlägen Dritter im Rahmen der Systematikpflege, Koordinierung im Hinblick auf die Gesamtstruktur der Systematik, z. B. Klartextsystematiken	Detaillierte und spezialisierte Kenntnisse der angewandten Systematik sowie der inhaltlichen Entwicklung der Fachgebiete; selbstständige systemgerechte Erarbeitung und Darstellung von neuen Inhalten und bedarfsgerechter Verlagerung von Themen	10, 11*

* je nach Zeitanteil, s. I.3 Erfassung von Arbeitsvorgängen.
** „Vielseitigkeit", s. I.2.7 Tätigkeitsmerkmale des Tätigkeitsstrangs.
*** je nach Aufgaben-/Organisationsstruktur, s. II. Leitung.

Nr.	Arbeitsvorgang	Erläuterungen, Beispiele, Arbeitsschritte	Anforderungen, ggf. Wirkungen	Entgeltgruppe
BF 64	Beratung zu den Medienangeboten der Fachstelle	Inhaltliche Beratung zu den Medienangeboten der Fachstelle für die Veranstaltungsarbeit der Bibliotheken	Hervorragende Kenntnisse der Methoden und Instrumente der Bestandserschließung und -nachweise sowie der Inhalte relevanter Bestände, ggf. auch der Strukturen und Inhalte von Datenbanken	10, 11*

9 Konsortialaufgaben und Verbünde

Nr.	Arbeitsvorgang	Erläuterungen, Beispiele, Arbeitsschritte	Anforderungen, ggf. Wirkungen	Entgeltgruppe
BF 65	Etatverwaltung des Verbundes/Konsortiums	Zentrale Abrechnung mit dem Serviceanbieter und den Bibliotheken	Breit angelegte Kenntnisse im Haushaltsrecht und Controlling	L: 9b FG 1 VKA: 9c
BF 66	Fachberatung der Bibliotheken hinsichtlich der Gründung von Verbünden und Konsortien für digitale Dienste sowie Marktbeobachtung und Analyse	im Hinblick auf Eignung des Angebotes, Verbund-/Konsortialstruktur, Aufgabenverteilung, Finanzierung etc.	Detaillierte und spezielle Kenntnisse der Angebote und Anbieter und deren Eignung für Öffentliche Bibliotheken Auswirkungen auf die Verbundbibliotheken	10, 11*
BF 67	Einholung von Angeboten zu neuen digitalen Angeboten und Verbünden	einschließlich Vertragsverhandlungen und Aushandlung der Konditionen für den Verbund und die beteiligten Bibliotheken	Detaillierte und spezialisierte Kenntnisse der Angebote und Anbieter und deren Eignung für Öffentliche Bibliotheken sowie im Vertragsrecht und Öffentlichen Recht Auswirkungen auf die Verbundbibliotheken	10, 11*
BF 68	Lizenzmanagement und -verwaltung	Im digitalen Bestandsbereich sind die abgeschlossenen Lizenzverträge mit unterschiedlichen rechtlichen Bedingungen zu verwalten	Detaillierte und spezialisierte Kenntnisse des Medienmarktes und des Bestandsaufbaus sowie der Lizenzverträge und -arten Auswirkungen auf die Verbundangebote	10, 11*
BF 69	Entwurf und Abstimmung von Verträgen zwischen Verbundzentrale bzw. Verbundkoordinator und den Teilnehmerbibliotheken	Formulierung von Verbund- und Konsortialverträgen	Herausragende Kenntnisse im Vertragsrecht und im Öffentlichen Recht Auswirkungen auf die Verbundbibliotheken und die -angebote	12
BF 70	Koordination und Geschäftsführung von Verbünden und Konsortien	Leitung von Verbundsitzungen, Vorbereitung und Umsetzung wichtiger Entscheidungen. Vertretung des Verbundes nach außen	Herausragende Kenntnisse im Vertragsrecht und im Öffentlichen Recht Auswirkungen auf die Verbundbibliotheken und die -angebote	12
	Vorbereitung und Beauftragung von Werbematerialien inkl. zentraler Beschaffung und Verteilung	s. BF 38		

---

* je nach Zeitanteil, s. I.3 Erfassung von Arbeitsvorgängen.
** „Vielseitigkeit", s. I.2.7 Tätigkeitsmerkmale des Tätigkeitsstrangs.
*** je nach Aufgaben-/Organisationsstruktur, s. II. Leitung.

IV Anhänge

Entgeltordnung zum TV-L (= Anlage A zum TV-L)

Teil I Allgemeine Tätigkeitsmerkmale für den Verwaltungsdienst

Entgeltgruppe 15

1. Beschäftigte mit abgeschlossener wissenschaftlicher Hochschulbildung und entsprechender Tätigkeit sowie sonstige Beschäftigte, die aufgrund gleichwertiger Fähigkeiten und ihrer Erfahrungen entsprechende Tätigkeiten ausüben, deren Tätigkeit sich durch das Maß der damit verbundenen Verantwortung erheblich aus der Entgeltgruppe 14 Fallgruppe 1 heraushebt.
(Hierzu Protokollerklärung Nr. 1)

2. Beschäftigte mit abgeschlossener wissenschaftlicher Hochschulbildung und entsprechender Tätigkeit sowie sonstige Beschäftigte, die aufgrund gleichwertiger Fähigkeiten und ihrer Erfahrungen entsprechende Tätigkeiten ausüben, denen mindestens fünf Beschäftigte mindestens der Entgeltgruppe 13 durch ausdrückliche Anordnung ständig unterstellt sind.
(Hierzu Protokollerklärungen Nrn. 1 und 2)

Entgeltgruppe 14

1. Beschäftigte mit abgeschlossener wissenschaftlicher Hochschulbildung und entsprechender Tätigkeit sowie sonstige Beschäftigte, die aufgrund gleichwertiger Fähigkeiten und ihrer Erfahrungen entsprechende Tätigkeiten ausüben, deren Tätigkeit sich durch besondere Schwierigkeit und Bedeutung aus der Entgeltgruppe 13 heraushebt.
(Hierzu Protokollerklärung Nr. 1)

2. Beschäftigte mit abgeschlossener wissenschaftlicher Hochschulbildung und entsprechender Tätigkeit sowie sonstige Beschäftigte, die aufgrund gleichwertiger Fähigkeiten und ihrer Erfahrungen entsprechende Tätigkeiten ausüben, deren Tätigkeit sich mindestens zu einem Drittel durch besondere Schwierigkeit und Bedeutung aus der Entgeltgruppe 13 heraushebt.
(Hierzu Protokollerklärung Nr. 1)

3. Beschäftigte mit abgeschlossener wissenschaftlicher Hochschulbildung und entsprechender Tätigkeit sowie sonstige Beschäftigte, die aufgrund gleichwertiger Fähigkeiten und ihrer Erfahrungen entsprechende Tätigkeiten ausüben, deren Tätigkeit sich dadurch aus der Entgeltgruppe 13 heraushebt, dass sie mindestens zu einem Drittel hochwertige Leistungen bei besonders schwierigen Aufgaben erfordert.
(Hierzu Protokollerklärung Nr. 1)

4. Beschäftigte mit abgeschlossener wissenschaftlicher Hochschulbildung und entsprechender Tätigkeit sowie sonstige Beschäftigte, die aufgrund gleichwertiger Fähigkeiten und ihrer Erfahrungen entsprechende Tätigkeiten ausüben, denen mindestens drei Beschäftigte mindestens der Entgeltgruppe 13 durch ausdrückliche Anordnung ständig unterstellt sind.
(Hierzu Protokollerklärungen Nrn. 1 und 2)

Entgeltgruppe 13

Beschäftigte mit abgeschlossener wissenschaftlicher Hochschulbildung und entsprechender Tätigkeit sowie sonstige Beschäftigte, die aufgrund gleichwertiger Fähigkeiten und ihrer Erfahrungen entsprechende Tätigkeiten ausüben.
(Hierzu Protokollerklärung Nr. 1)

Entgeltgruppe 12
Beschäftigte im Büro-, Buchhalterei-, sonstigen Innendienst und im Außendienst,
deren Tätigkeit sich durch das Maß der damit verbundenen Verantwortung erheblich aus der Entgeltgruppe 11 heraushebt.
(Hierzu Protokollerklärung Nr. 3)

Entgeltgruppe 11
Beschäftigte im Büro-, Buchhalterei-, sonstigen Innendienst und im Außendienst,
deren Tätigkeit sich durch besondere Schwierigkeit und Bedeutung aus der Entgeltgruppe 9b Fallgruppe 1 heraushebt.
(Hierzu Protokollerklärung Nr. 3)

Entgeltgruppe 10
Beschäftigte im Büro-, Buchhalterei-, sonstigen Innendienst und im Außendienst,
deren Tätigkeit sich mindestens zu einem Drittel durch besondere Schwierigkeit und Bedeutung aus der Entgeltgruppe 9b Fallgruppe 1 heraushebt.
(Hierzu Protokollerklärung Nr. 3)

Entgeltgruppe 9b
1. Beschäftigte der Fallgruppen 2 oder 3,
deren Tätigkeit sich dadurch aus der Fallgruppe 2 oder 3 heraushebt, dass sie besonders verantwortungsvoll ist.
(Hierzu Protokollerklärung Nr. 3)

2. Beschäftigte im Büro-, Buchhalterei-, sonstigen Innendienst und im Außendienst,
deren Tätigkeit gründliche, umfassende Fachkenntnisse und selbständige Leistungen erfordert.
(Hierzu Protokollerklärungen Nrn. 3, 4 und 5)

3. Beschäftigte im Büro-, Buchhalterei-, sonstigen Innendienst und im Außendienst mit abgeschlossener Hochschulbildung und entsprechender Tätigkeit.
(Hierzu Protokollerklärungen Nrn. 3 und 11)

Entgeltgruppe 9a
Beschäftigte der Entgeltgruppe 6,
deren Tätigkeit selbständige Leistungen erfordert.
(Hierzu Protokollerklärung Nr. 5)

Entgeltgruppe 8
Beschäftigte der Entgeltgruppe 6,
deren Tätigkeit mindestens zu einem Drittel selbständige Leistungen erfordert.
(Hierzu Protokollerklärung Nr. 5)

Entgeltgruppe 6
Beschäftigte der Entgeltgruppe 5 Fallgruppe 1 oder 2,
deren Tätigkeit vielseitige Fachkenntnisse erfordert.
(Hierzu Protokollerklärung Nr. 6)

Entgeltgruppe 5
1. Beschäftigte im Büro-, Buchhalterei-, sonstigen Innendienst und im Außendienst,
deren Tätigkeit gründliche Fachkenntnisse erfordert.
(Hierzu Protokollerklärungen Nrn. 3 und 7)

2. Beschäftigte im Büro-, Buchhalterei-, sonstigen Innendienst und im Außendienst mit erfolgreich abgeschlossener Berufsausbildung in einem anerkannten Ausbildungsberuf
mit einer Ausbildungsdauer von mindestens drei Jahren und entsprechender Tätigkeit.
(Hierzu Protokollerklärungen Nrn. 3 und 12)

Entgeltgruppe 4
1. Beschäftigte im Büro-, Buchhalterei-, sonstigen Innendienst und im Außendienst
mit schwierigen Tätigkeiten.
(Hierzu Protokollerklärungen Nrn. 3 und 8)

2. Beschäftigte im Büro-, Buchhalterei-, sonstigen Innendienst und im Außendienst,
deren Tätigkeit sich dadurch aus der Entgeltgruppe 3 heraushebt, dass sie mindestens zu einem Viertel gründliche Fachkenntnisse erfordert.
(Hierzu Protokollerklärungen Nrn. 3 und 7)

Entgeltgruppe 3
Beschäftigte im Büro-, Buchhalterei-, sonstigen Innendienst und im Außendienst
mit Tätigkeiten, für die eine eingehende Einarbeitung bzw. eine fachliche Anlernung erforderlich ist, die über eine Einarbeitung im Sinne der Entgeltgruppe 2 hinausgeht.
(Hierzu Protokollerklärung Nr. 3)

Entgeltgruppe 2
Beschäftigte im Büro-, Buchhalterei-, sonstigen Innendienst und im Außendienst
mit einfachen Tätigkeiten.
(Hierzu Protokollerklärungen Nrn. 3 und 9)

Entgeltgruppe 1
Beschäftigte mit einfachsten Tätigkeiten.
(Hierzu Protokollerklärung Nr. 10)

Protokollerklärungen:
Nr. 1 (1) Wissenschaftliche Hochschulen sind Universitäten, Technische Hochschulen sowie andere Hochschulen, die nach Landesrecht als wissenschaftliche Hochschulen anerkannt sind.
(2) [1]Eine abgeschlossene wissenschaftliche Hochschulbildung liegt vor, wenn das Studium mit einer ersten Staatsprüfung oder mit einer Diplomprüfung oder mit einer Masterprüfung oder mit einer Magisterprüfung beendet worden ist. [2]Diesen Prüfungen steht eine Promotion nur in den Fällen gleich, in denen die Ablegung einer ersten Staatsprüfung oder einer Diplomprüfung oder einer Masterprüfung oder einer Magisterprüfung nach den einschlägigen Ausbildungsvorschriften nicht vorgesehen ist. [3]Eine abgeschlossene wissenschaftliche Hochschulbildung liegt auch vor, wenn der Master an einer Fachhochschule erlangt wurde und den Zugang zur Laufbahn des höheren Dienstes bzw. zur entsprechenden Qualifikationsebene eröffnet; dies setzt voraus, dass der Masterstudiengang das Akkreditierungsverfahren erfolgreich durchlaufen hat, solange dies nach dem jeweils geltenden Landesbeamtenrecht für den Zugang zur Laufbahn des höheren Dienstes bzw. zur entsprechenden Qualifikationsebene gefordert ist.

(3) ¹Eine abgeschlossene wissenschaftliche Hochschulbildung setzt voraus, dass die Abschlussprüfung in einem Studiengang abgelegt wird, der seinerseits mindestens das Zeugnis der Hochschulreife (allgemeine Hochschulreife oder einschlägige fachgebundene Hochschulreife) oder eine andere landesrechtliche Hochschulzugangsberechtigung als Zugangsvoraussetzung erfordert, und für den Abschluss eine Mindeststudienzeit von mehr als sechs Semestern – ohne etwaige Praxissemester, Prüfungssemester o. Ä. – vorgeschrieben ist. ²Ein Bachelorstudiengang erfüllt diese Voraussetzung auch dann nicht, wenn mehr als sechs Semester für den Abschluss vorgeschrieben sind.

(4) Ein Abschluss an einer ausländischen Hochschule gilt als abgeschlossene wissenschaftliche Hochschulbildung, wenn er von der zuständigen staatlichen Anerkennungsstelle als dem deutschen Hochschulabschluss gleichwertig anerkannt wurde.

Nr. 2 (1) Im Sinne der Nr. 6 der Vorbemerkungen zu allen Teilen der Entgeltordnung ist vergleichbar die Entgeltgruppe 13 der Besoldungsgruppe A 13.
(2) Bei der Zahl der Unterstellten zählen nicht mit:
a) Beschäftigte, die nach Teil II Abschnitt 9 (Gartenbau, Landwirtschaft und Weinbau) eingruppiert sind,
b) Beschäftigte, die nach Teil II Abschnitt 22 (Ingenieure, technische Berufe) eingruppiert sind,
c) Beamte der Besoldungsgruppe A 13, soweit sie der Laufbahn des gehobenen Dienstes bzw. der entsprechenden Qualifikationsebene angehören.

Nr. 3 Buchhaltereidienst im Sinne dieses Tätigkeitsmerkmals bezieht sich nur auf Tätigkeiten von Beschäftigten, die mit kaufmännischer Buchführung beschäftigt sind.

Nr. 4 Gründliche, umfassende Fachkenntnisse bedeuten gegenüber den in den Entgeltgruppen 6, 8 und 9a geforderten gründlichen und vielseitigen Fachkenntnissen eine Steigerung der Tiefe und der Breite nach.

Nr. 5 Selbständige Leistungen erfordern ein den vorausgesetzten Fachkenntnissen entsprechendes selbständiges Erarbeiten eines Ergebnisses unter Entwicklung einer eigenen geistigen Initiative; eine leichte geistige Arbeit kann diese Anforderung nicht erfüllen.

Nr. 6 ¹Die gründlichen und vielseitigen Fachkenntnisse brauchen sich nicht auf das gesamte Gebiet der Verwaltung/des Betriebes, in der/dem der Beschäftigte tätig ist, zu beziehen. ²Der Aufgabenkreis des Beschäftigten muss aber so gestaltet sein, dass er nur beim Vorhandensein gründlicher und vielseitiger Fachkenntnisse ordnungsgemäß bearbeitet werden kann.

Nr. 7 Erforderlich sind nähere Kenntnisse von Gesetzen, Verwaltungsvorschriften und Tarifbestimmungen usw. des Aufgabenkreises.

Nr. 8 Schwierige Tätigkeiten sind solche, die mehr als eine eingehende Einarbeitung bzw. mehr als eine fachliche Anlernung i. S. der Entgeltgruppe 3 erfordern, z. B. durch einen höheren Aufwand an gedanklicher Arbeit.

Nr. 9 ¹Einfache Tätigkeiten sind Tätigkeiten, die weder eine Vor- noch eine Ausbildung, aber eine Einarbeitung erfordern, die über eine sehr kurze Einweisung oder Anlernphase hinausgeht. ²Die Einarbeitung dient dem Erwerb derjenigen Kenntnisse und Fertigkeiten, die für die Beherrschung der Arbeitsabläufe als solche erforderlich sind.

Nr. 10 ¹Einfachste Tätigkeiten üben z. B. aus
- Essens- und Getränkeausgeber,
- Garderobenpersonal,
- Beschäftigte, die spülen, Gemüse putzen oder sonstige Tätigkeiten im Haus- und Küchenbereich ausüben,
- Reiniger in Außenbereichen wie Höfen, Wegen, Grünanlagen, Parks,
- Wärter von Bedürfnisanstalten,
- Servierer,

- Hausarbeiter und
- Hausgehilfen.

²Ergänzungen können durch landesbezirklichen Tarifvertrag geregelt werden.

Nr. 11 (1) Eine abgeschlossene Hochschulbildung liegt vor, wenn von einer Hochschule im Sinne des § 1 Hochschulrahmengesetz (HRG) ein Diplomgrad mit dem Zusatz „Fachhochschule" („FH"), ein anderer nach § 18 HRG gleichwertiger Abschlussgrad oder ein Bachelorgrad verliehen wurde.
(2) ¹Der Bachelorstudiengang muss nach den Regelungen des Akkreditierungsrats akkreditiert sein. ²Dem gleichgestellt sind Abschlüsse in akkreditierten Bachelorausbildungsgängen an Berufsakademien.
(3) Eine abgeschlossene Hochschulbildung setzt voraus, dass die Abschlussprüfung in einem Studiengang abgelegt wird, der seinerseits mindestens das Zeugnis der Hochschulreife (allgemeine Hochschulreife) oder eine andere landesrechtliche Hochschulzugangsberechtigung als Zugangsvoraussetzung erfordert, und für den Abschluss eine Mindeststudienzeit von sechs Semestern – ohne etwaige Praxissemester, Prüfungssemester o. Ä. – vorgeschrieben ist.
(4) Ein Abschluss an einer ausländischen Hochschule gilt als abgeschlossene Hochschulbildung, wenn er von der zuständigen staatlichen Anerkennungsstelle als dem deutschen Hochschulabschluss gleichwertig anerkannt wurde.

Nr. 12 Anerkannte Ausbildungsberufe sind die nach dem Berufsbildungsgesetz oder der Handwerksordnung staatlich anerkannten oder als staatlich anerkannt geltenden Ausbildungsberufe.

Teil II Tätigkeitsmerkmale für bestimmte Beschäftigtengruppen

1. Beschäftigte in Archiven, Bibliotheken, Büchereien und Museen
Es findet Teil I Anwendung.

Tarifvertrag über die Entgeltordnung des Bundes (TV EntgO Bund) – Anlage 1: Entgeltordnung

Teil III Tätigkeitsmerkmale für besondere Beschäftigtengruppen

2. Beschäftigte in Archiven, Bibliotheken, Büchereien, Museen und anderen wissenschaftlichen Anstalten

Entgeltgruppe 12
Beschäftigte der Entgeltgruppe 11,
deren Tätigkeit sich durch das Maß der damit verbundenen Verantwortung erheblich aus der Entgeltgruppe 11 heraushebt.

Entgeltgruppe 11
Beschäftigte der Entgeltgruppe 9c,
deren Tätigkeit sich durch besondere Schwierigkeit und Bedeutung aus der Entgeltgruppe 9c heraushebt.

Entgeltgruppe 10
Beschäftigte der Entgeltgruppe 9c,
deren Tätigkeit sich mindestens zu einem Drittel durch besondere Schwierigkeit und Bedeutung aus der Entgeltgruppe 9c heraushebt.

Entgeltgruppe 9c
Beschäftigte der Entgeltgruppe 9b,
deren Tätigkeit sich dadurch aus der Entgeltgruppe 9b heraushebt, dass sie besonders verantwortungsvoll ist.

Entgeltgruppe 9b
Beschäftigte im Fachdienst in Archiven, Bibliotheken, Büchereien, Museen oder in anderen wissenschaftlichen Anstalten mit einschlägiger abgeschlossener Hochschulbildung und entsprechender Tätigkeit sowie sonstige Beschäftigte, die aufgrund gleichwertiger Fähigkeiten und ihrer Erfahrungen entsprechende Tätigkeiten ausüben.

Entgeltgruppe 8
Beschäftigte der Entgeltgruppe 5 Fallgruppe 1 oder 2,
deren Tätigkeit vielseitige Fachkenntnisse und selbständige Leistungen erfordert.
(Hierzu Protokollerklärungen Nrn. 1 und 2)

Entgeltgruppe 6
Beschäftigte der Entgeltgruppe 5 Fallgruppe 1 oder 2,
deren Tätigkeit vielseitige Fachkenntnisse und zu einem Viertel selbständige Leistungen erfordert.
(Hierzu Protokollerklärungen Nrn. 1 und 2)

Entgeltgruppe 5
1. Beschäftigte im Fachdienst in Archiven, Bibliotheken oder Büchereien mit einschlägiger abgeschlossener Berufsausbildung und entsprechender Tätigkeit.

2. Beschäftigte im Fachdienst in Archiven, Bibliotheken oder Büchereien,
deren Tätigkeit gründliche Fachkenntnisse erfordert.
(Hierzu Protokollerklärung Nr. 3)

3. Beschäftigte im Fachdienst in Museen oder anderen wissenschaftlichen Anstalten, deren Tätigkeit gründliche Fachkenntnisse erfordert.
(Hierzu Protokollerklärung Nr. 3)

Entgeltgruppe 4
Beschäftigte im Fachdienst in Archiven, Bibliotheken, Büchereien, Museen oder anderen wissenschaftlichen Anstalten mit schwierigen Tätigkeiten.
(Hierzu Protokollerklärung Nr. 4)

Entgeltgruppe 3
Beschäftigte im Fachdienst in Archiven, Bibliotheken, Büchereien, Museen oder anderen wissenschaftlichen Anstalten mit Tätigkeiten, für die eine eingehende Einarbeitung bzw. eine fachliche Anlernung erforderlich ist, die über eine Einarbeitung im Sinne der Entgeltgruppe 2 hinausgeht.

Entgeltgruppe 2
Beschäftigte im Fachdienst in Archiven, Bibliotheken, Büchereien, Museen oder anderen wissenschaftlichen Anstalten mit einfachen Tätigkeiten.
(Hierzu Protokollerklärung Nr. 5)

Protokollerklärungen
Nr. 1 Selbständige Leistungen erfordern ein den vorausgesetzten Fachkenntnissen entsprechendes selbständiges Erarbeiten eines Ergebnisses unter Entwicklung einer eigenen geistigen Initiative; eine leichte geistige Arbeit kann diese Anforderung nicht erfüllen.

Nr. 2 [1]Die gründlichen und vielseitigen Fachkenntnisse brauchen sich nicht auf das gesamte Gebiet der Verwaltung/des Betriebes, in der/dem die/der Beschäftigte tätig ist, zu beziehen. [2]Der Aufgabenkreis der/des Beschäftigten muss aber so gestaltet sein, dass er nur beim Vorhandensein gründlicher und vielseitiger Fachkenntnisse ordnungsgemäß bearbeitet werden kann.

Nr. 3 Erforderlich sind nähere Kenntnisse von Gesetzen, Verwaltungsvorschriften und Tarifbestimmungen usw. des Aufgabenkreises.

Nr. 4 Schwierige Tätigkeiten sind solche, die mehr als eine eingehende Einarbeitung bzw. mehr als eine fachliche Anlernung i. S. der Entgeltgruppe 3 erfordern, z. B. durch einen höheren Aufwand an gedanklicher Arbeit.

Nr. 5 [1]Einfache Tätigkeiten sind Tätigkeiten, die weder eine Vor- noch eine Ausbildung, aber eine Einarbeitung erfordern, die über eine sehr kurze Einweisung oder Anlernphase hinausgeht. [2]Die Einarbeitung dient dem Erwerb derjenigen Kenntnisse und Fertigkeiten, die für die Beherrschung der Arbeitsabläufe als solche erforderlich sind.

Teil I Allgemeine Tätigkeitsmerkmale für den Verwaltungsdienst

Entgeltgruppe 15
1. Beschäftigte der Entgeltgruppe 14 Fallgruppe 1, deren Tätigkeit sich durch das Maß der damit verbundenen Verantwortung erheblich aus der Entgeltgruppe 14 Fallgruppe 1 heraushebt.

2. Beschäftigte der Entgeltgruppe 13, denen mindestens fünf Beschäftigte mindestens der Entgeltgruppe 13 durch ausdrückliche Anordnung ständig unterstellt sind.
(Hierzu Protokollerklärung Nr. 1)

Entgeltgruppe 14
1. Beschäftigte der Entgeltgruppe 13, deren Tätigkeit sich durch besondere Schwierigkeit und Bedeutung aus der Entgeltgruppe 13 heraushebt.

2. Beschäftigte der Entgeltgruppe 13, deren Tätigkeit sich mindestens zu einem Drittel durch besondere Schwierigkeit und Bedeutung aus der Entgeltgruppe 13 heraushebt.

3. Beschäftigte der Entgeltgruppe 13, deren Tätigkeit sich dadurch aus der Entgeltgruppe 13 heraushebt, dass sie mindestens zu einem Drittel hochwertige Leistungen bei besonders schwierigen Aufgaben erfordert.

4. Beschäftigte der Entgeltgruppe 13, denen mindestens drei Beschäftigte mindestens der Entgeltgruppe 13 durch ausdrückliche Anordnung ständig unterstellt sind.
(Hierzu Protokollerklärung Nr. 1)

Entgeltgruppe 13
Beschäftigte mit abgeschlossener wissenschaftlicher Hochschulbildung und entsprechender Tätigkeit sowie sonstige Beschäftigte, die aufgrund gleichwertiger Fähigkeiten und ihrer Erfahrungen entsprechende Tätigkeiten ausüben.

Protokollerklärungen
Nr. 1 Bei der Zahl der Unterstellten zählen nicht mit:
a) Beschäftigte, die nach Teil III Abschnitt 17, 24 oder 25 eingruppiert sind,
b) Beamtinnen und Beamte der Besoldungsgruppe A 13, soweit sie der Laufbahn des gehobenen Dienstes angehören.

Eingruppierungsrichtlinie für Beschäftigte in Archiven, Bibliotheken, Büchereien, Museen und anderen wissenschaftlichen Anstalten [Bund]

I. Eingruppierung

[1]Im Einvernehmen mit dem Bundesministerium der Finanzen bin ich damit einverstanden, dass die Eingruppierung der Beschäftigten in Archiven, Bibliotheken, Büchereien, Museen und anderen wissenschaftlichen Anstalten nach den folgenden Maßgaben erfolgt, sofern dies für die Beschäftigten günstiger ist als nach den tariflichen Regelungen. [2]Die tariflichen Regelungen bleiben unberührt.

II. Tätigkeitsmerkmale

Entgeltgruppe 9a
Beschäftigte der Entgeltgruppe 6 dieser Richtlinie, deren Tätigkeit selbständige Leistungen erfordert.
(Hierzu Protokollerklärung Nr. 1)

Entgeltgruppe 8
Beschäftigte der Entgeltgruppe 6 dieser Richtlinie, deren Tätigkeit mindestens zu einem Drittel selbständige Leistungen erfordert.
(Hierzu Protokollerklärungen Nr. 1)

Entgeltgruppe 7
Beschäftigte der Entgeltgruppe 6 dieser Richtlinie, deren Tätigkeit mindestens zu einem Fünftel selbständige Leistungen erfordert.
(Hierzu Protokollerklärung Nr. 1)

Entgeltgruppe 6
Beschäftigte der Entgeltgruppe 5 Fallgruppe 1 oder 2 des Teils III Abschnitt 2 der Anlage 1 zum TV EntgO Bund, deren Tätigkeit vielseitige Fachkenntnisse erfordert.
(Hierzu Protokollerklärungen Nr. 2)

Entgeltgruppe 4
Beschäftigte der Entgeltgruppe 3 des Teils III Abschnitt 2 der Anlage 1 zum TV EntgO Bund, deren Tätigkeit mindestens zu einem Viertel gründliche Fachkenntnisse erfordert.
(Hierzu Protokollerklärung Nr. 3)

Protokollerklärungen

Nr. 1 Selbständige Leistungen erfordern ein den vorausgesetzten Fachkenntnissen entsprechendes selbständiges Erarbeiten eines Ergebnisses unter Entwicklung einer eigenen geistigen Initiative; eine leichte geistige Arbeit kann diese Anforderung nicht erfüllen.

Nr. 2 [1]Die gründlichen und vielseitigen Fachkenntnisse brauchen sich nicht auf das gesamte Gebiet der Verwaltung/des Betriebes, in der/dem die/der Beschäftigte tätig ist, zu beziehen. [2]Der Aufgabenkreis der/des Beschäftigten muss aber so gestaltet sein, dass er nur beim Vorhandensein gründlicher und vielseitiger Fachkenntnisse ordnungsgemäß bearbeitet werden kann.

Nr. 3 Erforderlich sind nähere Kenntnisse von Gesetzen, Verwaltungsvorschriften und Tarifbestimmungen usw. des Aufgabenkreises.

Entgeltordnung (VKA) (Anlage 1 zum TVöD)

Teil A Allgemeiner Teil – I. Allgemeine Tätigkeitsmerkmale

3. Entgeltgruppen 2 bis 12 (Büro-, Buchhalterei-, sonstiger Innendienst und Außendienst)
Vorbemerkung
Buchhaltereidienst bezieht sich nur auf Tätigkeiten von Beschäftigten, die mit kaufmännischer Buchführung beschäftigt sind.

Entgeltgruppe 2
Beschäftigte mit einfachen Tätigkeiten.
(^{1}Einfache Tätigkeiten sind Tätigkeiten, die keine Vor- oder Ausbildung, aber eine fachliche Einarbeitung erfordern, die über eine sehr kurze Einweisung oder Anlernphase hinausgeht. ^{2}Einarbeitung dient dem Erwerb derjenigen Kenntnisse und Fertigkeiten, die für die Beherrschung der Arbeitsabläufe als solche erforderlich sind.)

Entgeltgruppe 3
Beschäftigte, deren Tätigkeit sich dadurch aus der Entgeltgruppe 2 heraushebt, dass sie eine eingehende fachliche Einarbeitung erfordert.

Entgeltgruppe 4
1. Beschäftigte, deren Tätigkeit sich dadurch aus der Entgeltgruppe 3 heraushebt, dass sie mindestens zu einem Viertel gründliche Fachkenntnisse erfordert.
(Gründliche Fachkenntnisse erfordern nähere Kenntnisse von Rechtsvorschriften oder näheres kaufmännisches oder technisches Fachwissen usw. des Aufgabenkreises.)

2. Beschäftigte mit schwierigen Tätigkeiten.
(^{1}Schwierige Tätigkeiten sind Tätigkeiten, die mehr als eine eingehende fachliche Einarbeitung im Sinne der Entgeltgruppe 3 erfordern. ^{2}Danach müssen Tätigkeiten anfallen, die an das Überlegungsvermögen oder das fachliche Geschick Anforderungen stellen, die über das Maß dessen hinausgehen, was üblicherweise von Beschäftigten der Entgeltgruppe 3 verlangt werden kann.)

Entgeltgruppe 5
1. Beschäftigte mit erfolgreich abgeschlossener Ausbildung in einem anerkannten Ausbildungsberuf mit einer Ausbildungsdauer von mindestens drei Jahren und entsprechender Tätigkeit.

2. Beschäftigte, deren Tätigkeit gründliche Fachkenntnisse erfordert.
(Gründliche Fachkenntnisse erfordern nähere Kenntnisse von Rechtsvorschriften oder näheres kaufmännisches oder technisches Fachwissen usw. des Aufgabenkreises.)

Entgeltgruppe 6
Beschäftigte der Entgeltgruppe 5 Fallgruppe 1, deren Tätigkeit gründliche und vielseitige Fachkenntnisse erfordert, sowie Beschäftigte der Entgeltgruppe 5 Fallgruppe 2, deren Tätigkeit vielseitige Fachkenntnisse erfordert.
(^{1}Die gründlichen und vielseitigen Fachkenntnisse brauchen sich nicht auf das gesamte Gebiet der Verwaltung (des Betriebes), bei der die/der Beschäftigte tätig ist, zu beziehen. ^{2}Der Aufgabenkreis der/des Beschäftigten muss aber so gestaltet sein, dass er nur beim Vorhandensein gründlicher und vielseitiger Fachkenntnisse ordnungsgemäß bearbeitet werden kann.)

Entgeltgruppe 7
Beschäftigte der Entgeltgruppe 6, deren Tätigkeit mindestens zu einem Fünftel selbstständige Leistungen erfordert.
(Selbstständige Leistungen erfordern ein den vorausgesetzten Fachkenntnissen entsprechendes selbstständiges Erarbeiten eines Ergebnisses unter Entwicklung einer eigenen geistigen Initiative; eine leichte geistige Arbeit kann diese Anforderung nicht erfüllen.)

Entgeltgruppe 8
Beschäftigte der Entgeltgruppe 6, deren Tätigkeit mindestens zu einem Drittel selbstständige Leistungen erfordert.
(Selbstständige Leistungen erfordern ein den vorausgesetzten Fachkenntnissen entsprechendes selbstständiges Erarbeiten eines Ergebnisses unter Entwicklung einer eigenen geistigen Initiative; eine leichte geistige Arbeit kann diese Anforderung nicht erfüllen.)

Entgeltgruppe 9a
Beschäftigte der Entgeltgruppe 6, deren Tätigkeit selbstständige Leistungen erfordert.
(Selbstständige Leistungen erfordern ein den vorausgesetzten Fachkenntnissen entsprechendes selbstständiges Erarbeiten eines Ergebnisses unter Entwicklung einer eigenen geistigen Initiative; eine leichte geistige Arbeit kann diese Anforderung nicht erfüllen.)

Entgeltgruppe 9b
1. Beschäftigte mit abgeschlossener Hochschulbildung und entsprechender Tätigkeit sowie sonstige Beschäftigte, die aufgrund gleichwertiger Fähigkeiten und ihrer Erfahrungen entsprechende Tätigkeiten ausüben.
2. Beschäftigte, deren Tätigkeit gründliche, umfassende Fachkenntnisse und selbstständige Leistungen erfordert.
(Gründliche, umfassende Fachkenntnisse bedeuten gegenüber den in den Entgeltgruppen 6 bis 9a geforderten gründlichen und vielseitigen Fachkenntnissen eine Steigerung der Tiefe und der Breite nach.)

Entgeltgruppe 9c
Beschäftigte, deren Tätigkeit sich dadurch aus der Entgeltgruppe 9b heraushebt, dass sie besonders verantwortungsvoll ist.

Entgeltgruppe 10
Beschäftigte, deren Tätigkeit sich mindestens zu einem Drittel durch besondere Schwierigkeit und Bedeutung aus der Entgeltgruppe 9c heraushebt.

Entgeltgruppe 11
Beschäftigte, deren Tätigkeit sich durch besondere Schwierigkeit und Bedeutung aus der Entgeltgruppe 9c heraushebt.

Entgeltgruppe 12
Beschäftigte, deren Tätigkeit sich durch das Maß der damit verbundenen Verantwortung erheblich aus der Entgeltgruppe 11 heraushebt.

4. Entgeltgruppen 13 bis 15
Entgeltgruppe 13
1. Beschäftigte mit abgeschlossener wissenschaftlicher Hochschulbildung und entsprechender Tätigkeit sowie sonstige Beschäftigte, die aufgrund gleichwertiger Fähigkeiten und ihrer Erfahrungen entsprechende Tätigkeiten ausüben.

2. Beschäftigte in kommunalen Einrichtungen und Betrieben, deren Tätigkeit wegen der Schwierigkeit der Aufgaben und der Größe ihrer Verantwortung ebenso zu bewerten ist wie Tätigkeiten nach Fallgruppe 1.

Entgeltgruppe 14

1. Beschäftigte der Entgeltgruppe 13 Fallgruppe 1, deren Tätigkeit sich mindestens zu einem Drittel
- durch besondere Schwierigkeit und Bedeutung oder
- durch das Erfordernis hochwertiger Leistungen bei besonders schwierigen Aufgaben

aus der Entgeltgruppe 13 Fallgruppe 1 heraushebt.

2. Beschäftigte in kommunalen Einrichtungen und Betrieben, deren Tätigkeit wegen der Schwierigkeit der Aufgaben und der Größe ihrer Verantwortung ebenso zu bewerten ist wie Tätigkeiten nach Fallgruppe 1.

3. Beschäftigte der Entgeltgruppe 13 Fallgruppe 1, denen mindestens drei Beschäftigte mindestens der Entgeltgruppe 13 durch ausdrückliche Anordnung ständig unterstellt sind.
(Hierzu Protokollerklärung)

Entgeltgruppe 15

1. Beschäftigte der Entgeltgruppe 13 Fallgruppe 1, deren Tätigkeit sich
- durch besondere Schwierigkeit und Bedeutung sowie
- erheblich durch das Maß der damit verbundenen Verantwortung

aus der Entgeltgruppe 13 Fallgruppe 1 heraushebt.

2. Beschäftigte in kommunalen Einrichtungen und Betrieben, deren Tätigkeit wegen der Schwierigkeit der Aufgaben und der Größe ihrer Verantwortung ebenso zu bewerten ist wie Tätigkeiten nach Fallgruppe 1.

3. Beschäftigte mit der Entgeltgruppe 13 Fallgruppe 1, denen mindestens fünf Beschäftigte mindestens der Entgeltgruppe 13 durch ausdrückliche Anordnung ständig unterstellt sind.
(Hierzu Protokollerklärung)

Protokollerklärung:
Bei der Zahl der Unterstellten zählen nicht mit:
a) Beschäftigte der Entgeltgruppe 13 nach Abschnitt II Ziffern 2 und 3,
b) Beamte des gehobenen Dienstes der Besoldungsgruppe A 13

Teil B Besonderer Teil – V. Beschäftigte in Bibliotheken, Büchereien, Archiven, Museen und anderen wissenschaftlichen Anstalten

Es finden die Allgemeinen Tätigkeitsmerkmale des Teils A Abschnitt I Ziffer 3 Anwendung.

Glossar

Aggregator	Ein Aggregator ist ein Dienstleister, der digitale Medieninhalte sammelt und aufbereitet. Als Dienstleister bildet er die Schnittstelle zwischen den Rechteinhaber:innen und den Kund:innen. In der Informationswirtschaft werden Anbieter von kostenpflichtigen Fachdatenbanken oder E-Books verschiedener Verlage als Aggregator bezeichnet.[29]
Akzessionierung	Zugangsbearbeitung
Altmetrics	Altmetrics sind alternative Indikatoren zur Messung der Reichweite wissenschaftlicher Beiträge im Internet. Bei Altmetrics geht es um die Messung der Kommunikation über Forschung in Wissenschaft und Gesellschaft.[30]
Approval Plan	Werkzeug für den aktualitätsorientierten und effizienten Bestandsaufbau. Basierend auf selbst angelegten Profilen erhalten Bibliotheken regelmäßig wiederkehrend auf die eigenen Anforderungen abgestimmte Erwerbungsvorschläge.
Asynchrone Formate	In der Didaktik wird zwischen synchroner und asynchroner Lehre unterschieden. Synchrone Lehre bedeutet, dass Lehrende und Lernende gleichzeitig in einem fest definierten Zeitraum an einer Lehrveranstaltung teilnehmen. Asynchrone Lehre findet orts- und zeitunabhängig statt. Lehrende und Lernende treffen also nicht direkt aufeinander. Format bezeichnet die Art der Veranstaltung (z. B. Kurs, Workshop, Vortrag).[31]
Autopsie	Im bibliothekarischen Kontext bedeutet Autopsie die Katalogisierung von Medien anhand der Vorlage, d. h. bibliografische Angaben werden direkt von den Titelseiten des vorliegenden Werks abgeschrieben.
Bibliografie	Literaturverzeichnis
Bibliometrie	Bibliometrie ist die Lehre von der Messung wissenschaftlicher Veröffentlichungen. Dabei werden statistische Methoden angewendet. Ziel der Bibliometrie ist es, mit quantitativen Analysen von Publikationen eine Bewertung der wissenschaftlichen Leistung von Personen und Institutionen vorzunehmen.[32]
Catalogue Enrichment *auch Kataloganreicherung*	Anreicherung bibliografischer Katalogdaten durch zusätzliche Elemente zur Identifizierung der Titel bzw. der Inhalte von Werken
Coffee Lecture	Eine Coffee Lecture ist eine Vortragsveranstaltung von 10–15 Minuten, die bei einer Tasse Kaffee Informationen zu unterschiedlichen Themen vermittelt.[33]
Community Management	Community Management dient dem Austausch zwischen einem Unternehmen oder einer Organisation und seinen Kund:innen.[34]
Compliance Management	Mit Compliance Management sorgt ein Unternehmen oder eine Organisation dafür, dass sie Gesetze, Regeln und ethische Standards einhält.[35]
Corporate Design	Visuelles Erscheinungsbild eines Unternehmens

---

[29] https://de.wikipedia.org/wiki/Aggregator
[30] https://www.wissenschaftskommunikation.de/altmetric-ein-werkzeug-um-den-impact-einer-wissenschaftlichen-arbeit-in-onlinemedien-zu-messen-21601/
[31] https://www.hs-geisenheim.de/fileadmin/redaktion/HOCHSCHULE/Organisation/Einheiten/Hochschuldidaktik/eLearning/Synchrone_oder_asynchrone_Lehre_092020.pdf
[32] https://de.wikipedia.org/wiki/Bibliometrie
[33] https://doi.org/10.22032/dbt.39370
[34] https://www.bvcm.org/
[35] https://www.robin-data.io/datenschutz-akademie/wiki/compliance-management-im-unternehmen

Corporate Identity	Corporate Identity ist ein strategisches Konzept und die Summe der charakteristischen Merkmale, die ein Unternehmen kennzeichnet.[36]
Dashboard	Dashboard bezeichnet eine grafische Benutzeroberfläche, die der Visualisierung von Daten oder der Verwaltung von Systemen dient.[37]
Data Literacy	Data Literacy oder Datenkompetenz beschreibt die Fähigkeit, mit Daten sachgerecht umzugehen. Sie umfasst verschiedene Einzelkompetenzen, um Daten zu erfassen, anzupassen, zu verändern, zu interpretieren und zu präsentieren.[38]
DEAL	Das Projekt DEAL zielt darauf, neue Vertragsmodelle mit großen Wissenschaftsverlagen auszuhandeln. Durch Konsortialverträge wird wissenschaftlichen Bibliotheken, Hochschulen und Wissenschaftseinrichtungen in Deutschland der Zugang zu den elektronischen Zeitschriften des jeweiligen Verlags ermöglicht. Außerdem erlauben die DEAL-Verträge den Autor:innen der teilnehmenden Einrichtungen, Artikel im Open-Access-Verfahren in den Zeitschriften des jeweiligen Verlags zu publizieren.[39]
Depositum	Der Begriff Depositum bezeichnet Sammlungsobjekte, die in einer Gedächtnisinstitution (Archiv, Bibliothek, Museum) zur Aufbewahrung und ggf. Erschließung hinterlegt werden.[40]
DFG-Viewer	Der DFG-Viewer ist ein Browser-Webdienst zur Anzeige von Digitalisaten aus dezentralen Bibliotheksrepositorien. Der DFG-Viewer ermöglicht den Benutzer:innen, in einem Werk zu blättern, einzelne Digitalisate in verschiedenen Auflösungen zu betrachten und herunterzuladen sowie zum jeweiligen Webportal der beteiligten Bibliothek zu wechseln.[41]
Digital Humanities	Entwicklung, Anwendung und Erforschung von digitalen Techniken, Methoden und Medien zur Beantwortung geisteswissenschaftlicher Fragestellungen[42]
Discovery-System	Discovery-Systeme sind bibliothekarische Rechercheinstrumente, die aus einer webbasierter Benutzeroberfläche und einem zentralen Index für bibliografische Metadaten und Volltexte bestehen.
Dublin Core	Dublin Core ist ein Metadatenschema zur Beschreibung von elektronischen Ressourcen. Das Dublin Core Metadatenschema ist eine Sammlung einfacher und standardisierter Konventionen zur Beschreibung von Dokumenten und anderen Objekten im Internet, um diese mit Hilfe von Metadaten einfacher auffindbar zu machen.[43]
Einbandstelle	In der Einbandstelle werden die Aufträge für Einband- und Buchpflegearbeiten auf die interne Buchbinderei und auf Buchbinderwerkstätten außerhalb der Bibliothek verteilt. Die Einbandstelle legt die Einbandart fest, stellt die Aufträge zusammen, überwacht deren Rückgabe und die Qualität der Bindearbeit.
Evaluierung	Analyse und Bewertung
Feature	Merkmal, Eigenschaft, Funktion
Fremddaten	Unter Fremddaten werden im bibliothekarischen Kontext Titelaufnahmen oder auch Teile von Titelinformationen verstanden, die nicht in der eigenen Bibliothek erstellt werden. Bei der Fremddatenübernahme handelt es sich um die Übernahme von Titelaufnahmen oder

---

[36] https://wirtschaftslexikon.gabler.de/definition/corporate-identity-31786
[37] https://www.weclapp.com/de/lexikon/dashboard/
[38] https://www.bigdata-insider.de/was-ist-data-literacy-a-823501/
[39] https://open-access.network/informieren/glossar#c6199
[40] https://www.fu-berlin.de/sites/uniarchiv/service/glossar/depositum.html
[41] https://dfg-viewer.de/das-projekt
[42] König, Mareike: Digitale Methoden in der Geschichtswissenschaft. Definitionen, Anwendungen, Herausforderungen, BIOS – Zeitschrift für Biografieforschung, Oral History und Lebensverlaufsanalysen, 1–2/2017, S. 7–21. https://doi.org/10.3224/bios.v30i1-2.02
[43] https://de.wikipedia.org/wiki/Dublin_Core

	Teilen von Titelinformationen, die nicht in der eigenen Bibliothek erstellt wurden, in den eigenen Katalog.
Gemeinsame Normdatei	Die Gemeinsame Normdatei (GND) ist ein Dienst, um Normdaten kooperativ nutzen und verwalten zu können. Diese Normdaten repräsentieren und beschreiben Entitäten, also Personen, Körperschaften, Konferenzen, Geografika, Sachbegriffe und Werke, die in Bezug zu kulturellen und wissenschaftlichen Sammlungen stehen. Vor allem Bibliotheken nutzen die GND zur Erschließung von Publikationen.[44]
Ground-Truth-Daten	Fehlerfreie, manuell erhobene Daten als Grundlage für eine korrekte OCR-Texterkennung im Zusammenhang der Digitalisierung von Druckwerken[45]
IIIF-Viewer	Das International Image Interoperability Framework ist eine HTTP-Schnittstelle, mit deren Hilfe Digitalisate unabhängig von ihrem Speicherort aufgerufen und in einem dafür entwickelten Viewer angeschaut und gelesen werden können.[46]
Information Retrieval	Wissenschaft, Technik und Praxis des Suchens und Findens von Information[47]
Kalliope	Kalliope ist der überregionale Verbund und zugleich das nationale Nachweisinstrument für Nachlässe, Autografen und Verlagsarchive.[48]
Kamishibai	Kamishibai ist eine traditionelle japanische Form des bildgestützten Erzählens, bei der die besondere Wirkung von Illustrationen auf Papierbögen ausgeht. Diese werden in einem kastenförmigen Holzrahmen wie auf einer Tischbühne mit Flügeltüren präsentiert und durch das Ziehen der Bögen im Verlauf der Geschichte gewechselt.[49]
Kerberos	Kerberos ist ein verteilter Authentifizierungsdienst (Netzwerkprotokoll) für offene und unsichere Computernetze. Kerberos soll eine sichere und einheitliche Authentifizierung in einem ungesicherten TCP/IP-Netzwerk auf sicheren Hostrechnern bieten.[50]
Kodikologie	Handschriftenkunde
kollationieren	Eine Abschrift oder einen Text mit der Urschrift oder Textvorlage vergleichen, hier besonders Druckbogen oder Seiten eines Buches auf Vollständigkeit prüfen
Konsortialführung	Im bibliothekarischen Kontext ist ein Konsortium der Zusammenschluss wissenschaftlicher Bibliotheken zum zentral koordinierten Erwerb von Nutzungsrechten an Datenbanken, elektronischen Zeitschriften und E-Books. Ein Ziel des Konsortiums sind effiziente Lizenzverhandlungen. Unter Konsortialführung versteht man die Institution oder Bibliothek, die für alle am Konsortium teilnehmenden Bibliotheken die Lizenzverhandlungen mit Verlagen oder Aggregatoren führt.[51]
Korpus, Korpora	Sammlung von schriftlichen Texten
Leistungsportfolio	Gesamtes, aufeinander abgestimmtes Angebot von Leistungen eines Unternehmens oder einer Institution
Linked Data	Heterogene Daten mittels Nutzung von Metadaten eindeutig verknüpfen und referenzierbar machen

---

[44] https://www.dnb.de/DE/Professionell/Standardisierung/GND/gnd_node.html
[45] https://ocr-d.de/slides/Ground%20Truth_%20Grundwahrheit%20oder%20Ad-Hoc-L%C3%B6sung_%20Wo%20stehen%20die%20Digital%20Humanities_.pdf
[46] https://pro.deutsche-digitale-bibliothek.de/daten-nutzen/schnittstellen/international-image-interoperability-framework-iiif
[47] Stock, Wolfgang: Information Retrieval. Informationen suchen und finden. München, Wien 2007.
[48] https://kalliope-verbund.info/de/ueber-kalliope/historie.html
[49] https://www.socialnet.de/lexikon/Kamishibai
[50] https://de.wikipedia.org/wiki/Kerberos_(Protokoll)
[51] Hammerl, Michaela: Vom Umgang mit der Modellvielfalt. E-Books an wissenschaftlichen Bibliotheken. München 2017. – http://akthb.de/wp-content/uploads/2017/05/AKKH2017_ebooks_hammerl.pdf

Linked Open Data	Frei im Netz verfügbare Daten unter Verwendung von eindeutigen Identifiern (URI) verknüpfen und eindeutig adressieren
Linkresolver	Ein Linkresolver ist ein System zur Verfügbarkeitsanzeige wissenschaftlicher Publikationen. Die Aufgabe eines Linkresolvers ist es, Metadaten entgegenzunehmen und in Verbindung mit Informationen über lokale Bestandsdaten und Lizenzinformationen einen direkten Link auf elektronische Volltexte zu erzeugen.[52]
Lizenzmodell	Im bibliothekarischen Kontext versteht man unter Lizenzmodellen die diversen Geschäftsmodelle von Verlagen zur Lizenzierung elektronischer Medien.
Makerspace *auch Maker Space*	Ein Makerspace ist eine kreative Lernumgebung mit Werkzeugen und Materialien, in dem Menschen ihre Ideen umsetzen können. Ein Makerspace eröffnet die Möglichkeit, zu erforschen, zu entwerfen, zu spielen, zu basteln, zusammenzuarbeiten, nachzufragen, zu experimentieren, Probleme zu lösen und zu erfinden.[53]
Metadatenmanagement	Metadaten sind strukturierte Daten, die den Umgang mit Informationsressourcen erleichtern. Metadaten fördern die Auffindung, Identifikation, Selektion, Verwaltung und Benutzung von Informationen. Metadatenmanagement bezeichnet alle Prozesse der Verwendung und Anpassung von Metadaten und der Erfassung neuer Metadaten.[54]
Notation	Eine Notation ist eine Buchstaben- und/oder Zahlenkombination, mit der die Zugehörigkeit eines Dokuments zu einer bestimmten Gruppe eines Wissenschaftssystems (z. B. Klassifikation) bezeichnet wird.
Öffentlichkeitsarbeit	Öffentlichkeitsarbeit bezeichnet alle Aktivitäten von Unternehmen, Organisationen und Institutionen zur Erzielung von Bekanntheit und zur positiven Beeinflussung der öffentlichen Meinung.[55]
Ontologie	Im Datenmanagement formal gefasste sprachliche Darstellungen von Begriffen und deren Beziehungen untereinander. Regelbasierte Zusammenstellung von Informationsbeziehungen und -aussagen. Genutzt zur Unterstützung von Datenaustauschroutinen und Datennachnutzung.
Open Journal System	Open Journal Systems (OJS) ist eine Open-Source-Software für die Verwaltung und Veröffentlichung von Open-Access-Zeitschriften.[56]
Open Monograph Press	Open Monograph Press (OMP) ist eine Software zur Organisation des Redaktionsverfahrens für wissenschaftliche Publikationen im Buchformat. OMP hilft bei der Verwaltung von Begutachtungsverfahren, Lektorat, der Darstellung eines Katalogs, der Herstellung und der Publikation von Büchern.[57]
Open Science	Der Begriff Open Science bezeichnet Strategien und Verfahren, die darauf zielen, alle Bestandteile des wissenschaftlichen Prozesses über das Internet offen zugänglich und nachnutzbar zu machen. Der offene Zugang zu wissenschaftlichen Publikationen, Forschungsdaten und wissenschaftlicher Software verbessert nicht nur die Informationsversorgung innerhalb der Wissenschaft, sondern ermöglicht auch einen transparenteren Forschungsprozess. Open Science ist damit ein wichtiger Bestandteil der Sicherung guter wissenschaftlicher Praxis.[58]

---

[52] https://de.wikipedia.org/wiki/Linkresolver
[53] https://www.bildung.digital/artikel/einfach-machen-maker-spaces-der-schule
[54] Zurek, Fiona: Metadatenmanagement in Bibliotheken mit KNIME und Catmandu. Stuttgart 2019. – https://hdms.bsz-bw.de/frontdoor/deliver/index/docId/6553/file/Bachelorarb_Metadatenmanagement_KNIME_Catmandu.pdf
[55] https://www.seo-analyse.com/seo-lexikon/o/oeffentlichkeitsarbeit/
[56] https://www.cedis.fu-berlin.de/services/e-publishing/e-journals/ojs-faq/wasistojs.html
[57] https://www.cedis.fu-berlin.de/services/e-publishing/e-books/omp/index.html
[58] https://ag-openscience.de/open-science/

Open Source	Als Open Source wird Software bezeichnet, deren Quellcode öffentlich eingesehen, geändert und genutzt werden kann. Open-Source-Software kann meistens kostenlos genutzt werden.[59]
Organisationsmanagement	Alle mit der Gestaltung der Organisationsstruktur eines Unternehmens oder einer Einrichtung verbundenen Aufgaben wie z. B. Konzeption und Implementierung der Aufbauorganisation und der Ablauforganisation, Ausstattung der Organisationseinheiten mit Sachmitteln, Erstellung und Pflege von Organigrammen, Stellenbeschreibungen, Ablaufplänen sowie Dokumentation der Strukturen und Prozesse[60]
Persistent Identifier	Der Persistent Identifier (= dauerhafter Identifikator) dient dazu, elektronisch veröffentlichte Dokumente zuverlässig finden, identifizieren und zitieren zu können. Ein Persistent Identifier ist ein eindeutiges Etikett für ein bestimmtes digitales Objekt und bleibt immer gleich, auch wenn sich der Name oder der Speicherort einer Publikation ändert.[61]
Provenienzforschung	Forschung zur Geschichte der Herkunft von Objekten in Archiven, Bibliotheken und Museen
Provenienzmerkmal	Als Provenienzmerkmale werden Kennziffern, Aufkleber, Stempel, Etiketten, Plomben, Punzen, Exlibris etc. bezeichnet, die sich am Objekt befinden und Auskunft über seine Herkunft geben.
Public Affairs	Strategisches Management von Entscheidungsprozessen an der Schnittstelle zwischen Politik, Wirtschaft und Gesellschaft
Public Relations	Öffentlichkeitsarbeit; Management der öffentlichen Kommunikation von Organisationen gegenüber ihren externen und internen Anspruchsgruppen. Als Organisation werden unter anderem Unternehmen, Non-Profit-Organisationen, Behörden, Parteien und NGOs bezeichnet.
Qualitätsmanagement	Maßnahmen zur Planung, Steuerung und Optimierung von Prozessen in Unternehmen und Organisationen
Qualitätssicherung	Unterschiedliche Ansätze und Maßnahmen zur Sicherstellung festgelegter Qualitätsanforderungen
RDA	RDA (Resource Description and Access) ist ein Regelwerk für die Erschließung von analogen und digitalen Ressourcen in Bibliotheken, Archiven und Museen.
RDA Toolkit	Das Regelwerk RDA wird in Form eines kostenpflichtigen Online-Tools („RDA Toolkit") bereitgestellt.
Registratur	Unter Registratur versteht man die Schriftgutverwaltung einer Behörde, Firma oder einer sonstigen Einrichtung. Der Aktenplan bestimmt die Ordnung einer Registratur. Aktenpläne gewährleisten eine einheitliche personenunabhängige Ordnung innerhalb verschiedener Dienststellen oder Abteilungen. Man unterscheidet zwischen der laufenden Registratur, die alle aktuellen Geschäftsvorgänge enthält, und der Altregistratur, in die abgeschlossene Vorgänge eingeordnet werden.[62]
Release	Die fertige und veröffentlichte Version einer Software wird als Release bezeichnet.
Remote Access	Remote Access bezeichnet den Zugriff auf ein lokales Netzwerk oder einen Rechner aus größerer räumlicher Entfernung. Der Remote-Zugriff erfolgt über das Internet mit Hilfe einer

---

[59] https://de.wikipedia.org/wiki/Open_Source
[60] Gabler Wirtschaftslexikon. 19. Auflage, Wiesbaden 2019.
[61] https://forschungsdaten.info/themen/veroeffentlichen-und-archivieren/persistente-identifikatoren/
[62] https://www.regis.de/de/allgemeine_info

	VPN-Verbindung. Dazu braucht man einen VPN-Client, der sich mit dem VPN-Server im angesteuerten Netzwerk verbindet.[63]
Reporting	Berichtswesen: Erarbeitung, Weiterleitung, Verarbeitung und Speicherung von Informationen
Repositorium, Repository, Repository System	Mit dem Begriff Repository bzw. Repositorium wird eine zentrale Ablage für Daten, Dokumente, Programme, Metadaten und Datenmodelle bezeichnet. Es ist ein Verzeichnis oder Archiv, das zur Verwaltung verschiedenster Daten verwendet werden kann. Alternative Begriffe für Repository sind Data Repository oder Repository System.[64]
RFID	RFID steht für Radio Frequency Identification. Diese Technik ermöglicht es, jeden Gegenstand, der mit einem RFID-Transponder/-Tag ausgestattet ist, kontaktlos und eindeutig zu identifizieren. Ein Chip, der als Datenspeicher dient, kommuniziert hierzu über Funk mit einer Basiseinheit.[65]
Standing Order	Automatische Zusendung von Medien, nachdem sowohl der finanzielle als auch der thematische Rahmen zuvor zwischen Lieferant:in und Bibliothek vereinbart wurden
Systematic Review	Wissenschaftliche Arbeit in Form einer Literaturübersicht, die zu einem bestimmten Thema durch geeignete Methoden versucht, alles verfügbare Wissen zu sammeln, zusammenzufassen und kritisch zu bewerten
Systembibliothekar:in	Bibliothekar:in, der/die über das bibliothekarische Fachwissen hinaus über Kenntnisse und Kompetenzen im Bereich IT verfügt. Systembibliothekar:innen arbeiten an der Schnittstelle zwischen Bibliothek und Rechenzentrum bzw. IT-Abteilung.
Transformationsvertrag	Das wissenschaftliche Publikationswesen befindet sich im Prozess der Transformation mit dem Ziel, den freien Zugang zu Forschungsergebnissen als Standard zu etablieren. Dabei werden neue Geschäftsmodelle erarbeitet. Eines dieser Geschäftsmodelle besteht darin, dass bisher subskriptionspflichtige Zeitschriften auf Open Access umgestellt und über Article Processing Charges finanziert werden. Diese Umstellung kann über Verträge zwischen Einrichtungen der Informationsversorgung und Verlagen erreicht werden. Solche Verträge, die auf das Ziel der Umstellung des Publikationsmodus und der Finanzierungsstruktur abzielen, sind Transformationsverträge.[66]
transkribieren	In eine andere Schrift übertragen, besonders Wörter aus einer Sprache mit nicht-lateinischer Schrift oder Buchstaben mit diakritischen Zeichen mit lautlich ungefähr entsprechenden Zeichen des lateinischen Alphabets wiedergeben
transliterieren	Buchstabengetreue Umsetzung eines nicht in lateinischen Buchstaben geschriebenen Wortes in lateinische Schrift [unter Verwendung diakritischer Zeichen] [67]
Validierung	Die Validierung ist die Methode der Bewertung eines Produkts im Verlauf oder am Ende eines Projekts, um zu gewährleisten, dass das Produkt den vorgegebenen Anforderungen entspricht.[68]
Vergabeverfahren	Öffentliche Auftraggeber dürfen Aufträge für Lieferungen und Leistungen grundsätzlich nur im Rahmen eines Vergabeverfahrens vergeben, um sparsame Mittelverwendung zu gewährleisten und um Korruption zu vermeiden.

---

[63] https://www.ip-insider.de/was-ist-remote-access-a-606391/
[64] https://de.ryte.com/wiki/Repository
[65] https://www.rfid-basis.de/rfid-technik.html
[66] https://www.dfg.de/download/pdf/foerderung/programme/lis/ausschreibung_oa_transformationsvertraege.pdf
[67] https://www.duden.de/rechtschreibung/Transliteration#bedeutung
[68] https://projektmanagement-definitionen.de/glossar/validierung/

Verlagsmodelle	Im bibliothekarischen Kontext versteht man unter Verlagsmodellen bzw. Lizenzmodellen die diversen Geschäftsmodelle von Verlagen zum Erwerb oder zur Lizenzierung von E-Medien.
Volumen, Volumina	*Hier:* Bände (Druckschriften)
Vorakzession	Ergänzen von bibliografischen Angaben, Dublettenprüfung
Walk-In-User	Der Begriff „Walk-In-User" wird typischerweise in Lizenzverträgen verwendet. Walk-In-User dürfen die von der Bibliothek lizenzierten elektronischen Medien in den Räumen der Bibliothek nutzen. Anders als Hochschulmitglieder dürfen Walk-In-User elektronische Medien nicht über remote access nutzen.

Literatur- und Linkübersicht

Zum Thema Eingruppierung im öffentlichen Dienst gibt es einige gute Ratgeber auf dem Markt, die einerseits „juristisch genug" sind, um den Anforderungen, die diese Rechtsmaterie stellt, zu genügen und andererseits aber auch für Laien verständlich sind. Sie gehen weit über das, was hier in der AVWB darstellbar ist, hinaus, und enthalten gute Übersichten und Tabellen. Auch die vielfältige Rechtsprechung ist immer berücksichtigt. Die Werke stammen in der Regel von Autor:innen, die auch als Referent:innen bei Seminaren auftreten oder selbst als Bewerter:innen oder bei Eingruppierungsklagen als Gutachter:innen tätig sind. Die hohe Zahl von immer wieder neu bearbeiteten und aktualisierten Auflagen dürfte auch für sich sprechen.

Vorab der Hinweis auf die bereits erschienene Parallelveröffentlichung zu den AVWB, die in vielen Fällen auch für wissenschaftliche Bibliotheken nutzbar ist:

Arbeitsvorgänge in Bibliotheken: 1. Öffentliche Bibliotheken im Geltungsbereich des TVöD-VKA (AVÖB) / erarbeitet von Klaus-Peter Böttger, Kirsten Brodmann, Wolfgang Folter, Volker Fritz, Friederike Sablowski, Heike Schepp, Holger Sterzenbach. Herausgegeben vom Berufsverband Information Bibliothek (BIB) in Zusammenarbeit mit dem Deutschen Bibliotheksverband (dbv). – 1. Auflage. – Reutlingen: Berufsverband Information Bibliothek e. V. (BIB), 2020. – 158 Seiten. – ISBN 978-3-00-066947-7 [69]

Grundlagenliteratur

Anwendung der rechtlichen Regelungen (§ 12, Arbeitsvorgang, Zeitanteile etc.):

Gamisch, Annett / Mohr, Thomas: Grundlagen der Eingruppierung TVöD und TV-L: das aktuelle Eingruppierungsrecht im öffentlichen Dienst. – 8., aktualisierte Auflage. – Regensburg: Walhalla, Mai 2023. – 128 Seiten. – ISBN 978-3-8029-1523-9

Tätigkeitsmerkmale und ihre Stellung in den Entgeltordnungen (drei Parallelausgaben):

Gamisch, Annett / Mohr, Thomas: Eingruppierung TVöD-VKA in der Praxis: Die neue Entgeltordnung; Einstieg in die neuen Eingruppierungsregeln. – 2., aktualisierte Auflage. – Regensburg: Walhalla und Praetoria, 2022. – 200 Seiten. – ISBN 978-3-8029-1538-3

Richter, Achim / Gamisch, Annett / Mohr, Thomas: Eingruppierung TV-L in der Praxis: die neue Entgeltordnung: Verwaltung, körperliche/handwerkliche Tätigkeiten. – 5., aktualisierte Auflage, Bearbeitungsstand: August 2021. – Regensburg: Walhalla und Praetoria, 2021. – 240 Seiten. – ISBN 978-3-8029-1612-0

Richter, Achim / Gamisch, Annett / Mohr, Thomas: Eingruppierung TVöD-Bund in der Praxis. Die neue Entgeltordnung. 2., aktualisierte Auflage. – Regensburg: Walhalla, 2019. – 190 Seiten – ISBN 978-3-8029-1597-0

Stellenschreibungen, Tätigkeitsbewertung:

Gamisch, Annett / Mohr, Thomas: Stellenbeschreibung für den öffentlichen und kirchlichen Dienst: Nach TVöD, TV-L, TV-H, TV-V, AVR, BAT-KF; Praxishandbuch mit Musterformulierungen. – 11. aktualisierte Auflage. – Regensburg: Walhalla und Praetoria, 2023. – 231 Seiten. – ISBN 978-3-8029-1524-6

Kaufung, Harald: Tätigkeitsbewertung nach TVöD und TV-L: Eingruppierung – Bewertungsverfahren – Stellenbeschreibung – Arbeitshilfen und Übersichten. – 5. Auflage. – Stuttgart: moll, 2024. – 98 Seiten. – ISBN 978-3-415-07494-1

Textausgaben

In kleineren Textausgaben von TVöD und TV-L sind in aller Regel die umfangreichen Entgeltordnungen nicht enthalten. Die kompletten Texte sind aber u. a. in den laufend aktualisierten Bänden der „Beck-Texte im dtv" zu finden:

TV-L – Tarifrecht öffentlicher Dienst. 8. Aufl. München: dtv. 2020. XXI, 893 S. – ISBN 978-3-406-73622-3. (Beck-Texte im dtv 5788.)

TVöD – Tarifrecht öffentlicher Dienst. 9. Aufl. München: dtv. 2021. XXVIII, 901 S. – ISBN 978-3-406-77401-0. (Beck-Texte im dtv 5787.)
z. Zt. nicht lieferbar, Neuaufl. vorbestellbar

TVöD / TV-L – Tarifrecht öffentlicher Dienst. 10. Aufl. München: dtv. 2024. ca. 2000 S. – ISBN 978-3-406-81038-1. (Beck-Texte im dtv 5790.)
Angekündigt für Februar 2024

---

[69] Bestellbar unter https://www.bib-info.de/berufspraxis/keb-eingruppierung/publikationen/avoeb

Kommentare

Jährlich aktualisierte Neuauflagen mit sehr umfangreicher Textsammlung (auch mit wichtigen Arbeitsgesetzen angereichert) sowie Kommentar von TV-L oder TVöD in drei Parallelausgaben:

Effertz, Jörg: TV-L Kommentar 2024. Jahrbuch zum Tarifvertrag der Länder mit allen wichtigen Tariftexten und den Entgeltordnungen. Regensburg: Walhalla. 2024. 1500 S. ISBN 978-3-8029-7911-8

Effertz, Jörg / Terhorst, Andreas: TVöD Bund Kommentar 2024. Jahrbuch mit allen wichtigen Tariftexten und der Entgeltordnung Bund. Regensburg: Walhalla. 2024. 1360 S. ISBN 978-3-8029-7909-5

Effertz, Jörg / Terhorst, Andreas: TVöD Kommunen Kommentar 2024. Jahrbuch mit allen wichtigen Tariftexten und der Entgeltordnung (VKA). Regensburg: Walhalla. 2023. 1424 S. ISBN 978-3-8029-7910-1

Görg, Axel / Guth, Martin: Tarifvertrag für den öffentlichen Dienst. Basiskommentar zum TVÖD mit den Überleitungstarifverträgen für Bund (TVÜ) und Gemeinden (TVÜ-VKA). 9. Aufl. Frankfurt: Bund. 2022. 501 S. ISBN 978-3-7663-7104-1

Angekündigt für März 2024: 10. Aufl. 500 S. ISBN 978-3-7663-7322-9

Görg, Axel / Guth, Martin: Tarifvertrag für den öffentlichen Dienst der Länder. Basiskommentar zum TV-L mit dem Überleitungstarifvertrag TVÜ-Länder. 7. Aufl. Frankfurt: Bund. 2023. 510 S. ISBN 978-3-7663-7108-9

Links

Aktuelle Texte der Tarifverträge samt Entgeltordnungen über die Seiten der Arbeitgeber:
https://www.tdl-online.de/tv-l/tarifvertrag.html
https://www.vka.de/tarifvertraege-und-richtlinien/tarifvertraege/tvoed
https://www.bmi.bund.de/DE/themen/oeffentlicher-dienst/tvoed/arbeitsvertragsmuster/arbeitsvertragsmuster-node.html

Aus Arbeitgebersicht kommentierte „Durchführungshinweise zum TV EntgO Bund" des Bundesinnenministeriums (BMI):
https://www.bmi.bund.de/DE/themen/oeffentlicher-dienst/tvoed/entgeltordnung-tvoed-bund/entgeldordnung-info-box.html

Rundschreiben des Bundesinnenministeriums (BMI) zur „Eingruppierung von Beschäftigten in Archiven, Bibliotheken, Museen und anderen wissenschaftlichen Anstalten" vom 23.11.2022:
https://www.bmi.bund.de/RundschreibenDB/DE/2022/RdSchr_20221123.pdf?__blob=publicationFile&v=2

Gegenüberstellung des TV EntgO Bund und der Eingruppierungsrichtlinie:
https://www.bib-info.de/fileadmin/public/Dokumente_und_Bilder/Komm_KEB/Publikationen_KEB/2023_EingrMoeglichkeiten_Bund_TV_RL.pdf

Arbeitgeberseite des Niedersächsischen Finanzministeriums mit vielen Dokumenten, Richtlinien, Erlassen, Durchführungshinweisen u. ä. zum TV-L:
https://www.mf.niedersachsen.de/startseite/themen/tarife/tarifeentgelt-118322.html

Umfangreiche Sammlung an Informationsdokumenten zum Thema Eingruppierung des Bundesverwaltungsamtes. Die Themenbroschüren und Formulierungshilfen (z. B. Stellenbeschreibung) sind auch aus Arbeitnehmer:innensicht hilfreich:
https://www.bva.bund.de/DE/Services/Behoerden/Beratung/Beratungszentrum/Eingruppierung/_documents/stda_eingruppierung.html

„Kriterienkataloge Bibliothek" (einfacher / mittlerer / gehobener / höherer Dienst) mit konkreten Bibliothekstätigkeiten und ihrer Bewertung durch das BVA nach den Tätigkeitsmerkmalen (EntgO Bund!) dargestellt, hilfreich z. B. für das Erstellen einer Stellenbeschreibung:
https://www.bva.bund.de/DE/Services/Behoerden/Beratung/Beratungszentrum/Eingruppierung/_documents/stda_eingruppierung.html;jsessionid=91FCC79E8D620898E30BBED9EBBD2A90.intranet231?nn=228846#doc215660bodyText3

„Bewertungskriterien für Beschäftigte im Fachdienst von Bibliotheken" für die zum Geschäftsbereich der Beauftragten der Bundesregierung für Kultur und Medien (BKM) gehörenden Bibliotheken (u. a. DNB und Staatsbibliothek zu Berlin):
    http://files.dnb.de/Organisation/20171124_TMs_BibDienst_akt_2019_WebDAV.pdf

Seite der „Kommission für Eingruppierungsberatung (KEB)" des BIB, deren Mitglieder alle an dieser AVWB mitgearbeitet haben:
    https://www.bib-info.de/berufspraxis/keb-eingruppierung

www.ingramcontent.com/pod-product-compliance
Lightning Source LLC
Chambersburg PA
CBHW080412300426
44113CB00015B/2485